中国社科研究文库

CHINESE SOCIAL SCIENCE RESEARCH LIBRARY

嵌入与融合

——欧盟治理框架内的欧洲公民社会组织

胡爱敏 | 著

中国社会出版社

国家一级出版社·全国百佳图书出版单位

图书在版编目（CIP）数据

嵌入与融合：欧盟治理框架内的欧洲公民社会组织 /
胡爱敏著 . -- 北京：中国社会出版社，2021.4
ISBN 978 - 7 - 5087 - 6509 - 9

Ⅰ.①嵌…　Ⅱ.①胡…　Ⅲ.①社会组织管理—研究—
欧洲　Ⅳ.①C916

中国版本图书馆 CIP 数据核字（2021）第 039645 号

书　　　名：嵌入与融合——欧盟治理框架内的欧洲公民社会组织
著　　　者：胡爱敏

出 版 人：浦善新
终 审 人：尤永弘
责任编辑：陈贵红

出版发行：中国社会出版社　　　　　邮政编码：100032
通联方式：北京市西城区二龙路甲 33 号
电　　话：编辑部：（010）58124828
　　　　　邮购部：（010）58124848
　　　　　销售部：（010）58124845
　　　　　传　真：（010）58124856
网　　址：www. shcbs. com. cm
　　　　　shcbs. mca. gov. cn
经　　销：各地新华书店

中国社会出版社天猫旗舰店

印刷装订：三河市华东印刷有限公司
开　　本：170mm×240mm　1/16
印　　张：15
字　　数：208 千字
版　　次：2021 年 4 月第 1 版
印　　次：2021 年 4 月第 1 次印刷
定　　价：95.00 元

中国社会出版社微信公众号

摘　要

在 70 多年来的运作实践中，欧盟已经成长为一个强大的机构角色，获得了更强的竞争力，布鲁塞尔的决策制定越来越影响并改变着成员国的政治生态以及普通人的日常生活。在欧盟这样独特而复杂的多元化的背景下，如何做好社会协调，保证各阶层的参与，进而保证决策的民主性、科学性、可执行性，实现有效的民主治理，是非常重大的问题。欧盟是如此独特的一个政治体系，不可能完全复制民族国家采用的民主体系和制度。欧洲政治一体化进程中的挫折，尤其是《欧盟宪法条约》的失败让欧盟机构意识到，要尊重民意，在决策前吸取欧洲公民意见，从制度上保证并强化多元社会角色的参与。从另外一个角度看，在现代社会，公民对政治生活的参与，需要有合理的中介和代表，通过适当的组织机构来表达自己的利益诉求，公民社会组织就是公民参政议政的渠道之一。在欧盟多层治理框架下，公民社会组织作为公民多元利益的组织化代表，也得到了欧盟决策机构的重视，成为治理的主体之一，成为欧盟事务的积极参与者。

一、欧洲悠久的公民社会文化传统，经历了从古典到现代到当代话语的演变。公民社会概念在欧洲的久远历史可以追溯至古希腊、古罗马时代，其理论内涵随着人类社会和政治体系的发展而不断演进。古典理论认为公民社会是与野蛮状态相对立的文明社会，也是由公民构成的政治社会。中世纪后期，随着东西方贸易的发展，现代意义上的城市在欧洲相继兴起，市民为了保护自己的经济利益不受侵害，自愿组织起行业协会和同业公会，这些是广义上公民社会组织的最初形态。13—15世纪在欧洲波罗的海流域形成的汉萨同盟作为具有一些政治功能的商业贸易联合体，从某种意义上讲，是欧洲最早的跨越国界的市民社会组织，其性质与本书所讨论的欧盟范围内的公民社会组织有共同之处。而在近代启蒙思想家如洛克、孟德斯鸠等的理论中，公民社会就是政治社会，与自然状态相对立，而此时国家就是拥有了最高权威的政治社会。以黑格尔和马克思为代表的现代公民社会理论，把公民社会与政治国家分离开来，此时的公民社会主要是经济关系。而当代思想家则把公民社会视为与国家（政治）、市场（经济）分离的一个社会领域，国际关系学者们则把视线转向国际层面的公民社会概念，如对全球公民社会和欧盟层面公民社会的探讨等。在欧盟官方文件和多层治理的实践中，公民社会概念的演变也经历了一个曲折的过程，分为不同的阶段，而这个过程则标志着公民社会的地位和作用的变化，也是欧盟机构与公民社会关系不断发展的进程。

二、欧洲公民社会组织嵌入欧盟治理有着制度背景与坚实的现实基础。 欧盟经历治理转型之后，形成了多元性、多层次性的网络型治理结构。参与欧盟多层治理的主体，范围甚广，其中不仅有欧盟官方机构，各成员国层面和次国家层面的政府和行政管理机构、政党、非政府组织、利益集团、媒体以及公共舆论，当然也包括了各成员国的公民。因而，这个独特的治理安排具有极大的开放性和包容性，为公民社会组织的参与提供了良好的机会结构，因而成为公民社会政治参与的制度背景。欧盟机构已经认识到了建立一个更连贯一致的框架来改善与公民社会关系的重要性，以欧盟委员会为首的欧盟机构，采取了不同的方式把公民社会组织纳入政策制定过程，而欧盟政策过程为各类社会角色的参与提供了具体路径和可能性。

三、欧洲公民社会组织嵌入欧洲经济、政治社会体系之中，沿着独特轨迹发展，其数量和结构都有着显著特性。在欧洲一体化进程开始之前，随着民族国家的发展程度不同，公民社会团体作为民族国家的一部分，带有明显的地域性的政治和文化的烙印，这即是公民社会组织沿袭至今的社会嵌入性的根源。20世纪中期自欧洲一体化的发动机开启之后，欧洲层面的公民社会组织开始出现并随着一体化的进程而得到了不断发展，一体化初期在欧洲层面工人的组织和消费者保护组织成立；而90年代《马斯特里赫特条约》以来这个时期的共同体层面的各类组织数量呈现显著的增长态势，活动范围也在不断扩大；最近的10年欧洲公民社会组织的数量和规模都得到了长足的发展，其活跃的领域也大有扩展，公民社会组织也逐渐走向了制度化、职业化。整体来看，欧洲公民社会组织的构成形态或结构基本上属于网络组织（network of networks）或伞形组织（umbrella organization，federation of federations），涉及成千上万的社团组织，在具有高度公众关注、政治显著性的政策和议题领域（社会政策、环境保护、健康和消费者权益）为公民提供了表达渠道，以集体的方式给社会中的弱者在政治体系中提供话语机会。这就说明公民社会组织已经在欧盟层面组织起来，维护弱势群体利益、实现公共利益，为公民提供了利益表达的平台和渠道。

四、受客观条件与内在动力的影响，欧洲公民社会组织以多元化渠道和方式融入欧盟治理之中。从客观条件和外界环境来看，欧盟各机构，尤其是欧盟委员会、欧洲议会与欧洲经济和社会委员会，在一系列的政策文件或条约中指出了公民社会行为体对于欧盟政策制定过程的（潜在）贡献，采取不同方式方法把公民社会乃至公民个人纳入欧盟的政策过程，创造了很多咨询和对话机制，从制度和法律方面确保公民社会组织的参与。在主观的认知和能力方面，纵向来看，公民社会组织的政治行为不仅要受成员逻辑（logic of membership）的影响，还受到影响逻辑（logic of influence）的指导，其对自身作用和功能的认识和界定也受欧盟治理语境的影响，有参与意愿。同时，公民社会组织也具备了与民族国家内部各类政治权威和其他利益团体斗争抑或是合作的能力，在超国家机构、国家机构的互动中积累了相当的经验，民主参与能力得到锻炼和培养，自我管理、自我规制能力也得到锻炼和提高。

欧洲公民社会组织对欧盟治理的政治参与的方式和途径主要有：直接参与到和决策有关的过程，如参加欧盟机构的咨询、对话、反馈等决策环节，反映自己的偏好和愿望；间接影响决策，如通过与欧盟机构和官员建立长期的经常性的联系、游说、举行抗议活动、大型运动等，对决策机构施加压力，提高公众意识和欧盟机构对某议题的重视；在传统的策略之外，还充分利用欧盟机构的电子政府功能积极参与到欧盟政治过程中。

五、欧洲公民社会组织嵌入并融合到欧盟治理过程，是欧盟治理主体，对欧盟民主生活也有价值。作为公民群体的制度化的利益表达途径之一，公民社会组织成为欧盟治理结构中的参与主体。公民社会组织的参与被欧盟机构和学者们视为是欧盟民主合法性缺乏症的解药，具有民主潜质。公民社会组织是民主的学校，可以给公民提供民主生活必要的训练、知识和经验，具有教育和社会化功能。公民社会组织在欧盟治理结构内部也承担了组织社会生活的功能，是阐明合法的国家或治理结构方法或手段，借由界定公共机构和民众的各自不同的活动范围，动员、鼓励并促成疏离的个人参与政治，既减轻了公共机构的负担，无疑也会强化公民之间的团结。在欧盟这个庞大的利益代表体系中，公民社会组织是重要的构成元素。这样，公民社会组织在跨国的欧盟层面代表着公民，并负责监督政治过程以使决策者对自己的行为负责。而在欧盟的参与式民主中，公民社会组织是最重要的角色。在欧盟治理框架内，代议制民主和参与式民主相辅相成，共同构成了欧盟民主生活。而公民社会组织就身处这样的民主环境中，具有了不同于其他社会和政治角色的身份和地位，成为欧盟治理合法性的来源。

欧洲公民社会组织的参与是欧盟民主生活的组成部分，但民族国家的安排仍然起着实质性的决定作用，国家及其代理人仍然掌握着欧盟机构的运行及决策过程，因而公民社会组织获得的只是发言权而不是决定权。与拥有雄厚资源实力的经济利益集团和大公司比较起来，欧洲公民社会组织可以获得的机会和能够对欧盟政策施加的影响却又比较弱小和有限。可以肯定的是，欧盟治理的实践起码为各类包括公民社会组织在内的社会角色提供了渠道或者机会结构，使得他们的意见和利益得以被欧盟官方机构获悉，公民社会组织和普通公民都可以主动加入欧盟的政策形成过程，而不再只是被动接受和回应政策对自己的影响，这样的实践会影响公民对欧盟的认知，对于进一步的欧洲认同的形成或有益处。

Abstract

After more than 70 years practice, the European Union grows into a powerful institutional player, and gains more competence. The decisions taken at the European Capital are increasingly influencing and changing the national political ecology as well the daily life of common people. Under the unique and complex circumstances of the EU, it is an urgent and severe problem, to accomplish the goal of effective governance, via social coordination, the participation of societal groups, and also scientific decision. However, the Union is sui generis system so that it could not simply duplicate the democratic system like the national states. The drawing back of the European political integration, in particular the failure of the EU Constitutional Treaty drove EU institutions to recognize the significance of respecting the public opinion, and of strengthening the participation of diversified societal actors in policy process. On the other hand, in modern society most of citizens could only participate in the political life through appropriate medium and representatives (such as political parties or interest groups), to articulate their interest and demand, rather than present themselves at the level of decision making. Civil society organizations are just such participatory channel for citizens. Under the framework of EU multilevel governance, civil society organizations as institutional representatives of various interests are active players in the European public affairs.

1. Historical Evolution of the Civil Society Theories

The long tradition of the concept of Civil Society in Europe could trace back to ancient Greek and Rome times. Classical civil society theory regards civil society as civilized society that is opposite to the Barbarism society, and also political society composing citizens. In late medieval times, modern cities became into being with the development of east – west trade. With the view of protecting their own interest, the residents of cities voluntarily joined the guilds and associations, which could be viewed as enfant form of civil society organization. Hanseatic League in 13 – 15 century as a commercial and trade federation with political function also could be regarded as European civil society organization in some broad sense.

In the eyes of enlightenment thinkers, such as Locke and Montesquieu, civil society equated to political society, namely the state. Hegel and Karl Marx separated civil society from political state, and civil society mainly referred to the economic relations.

Contemporary theorists regard the civil society as a social sphere different form state (political sphere) and market (economic sphere) , whilst the students of international relation turn to the civil society concept beyond the nation state, such as the global civil society and European civil society. In official documents and governance practice of the EU, the civil society concept also has undergone different stages, which represent the gradual transformation of role and function of civil society, also the relationship between the EU institutions and the civil society.

2. Institutional Background and Practical Foundation for the Embeddedness of Civil Society Organizations in EU Governance

After the Governance turn, the European Union turns into a diversified, multilevel network governance structure. European governance brings diverse actors into its system, including EU institutions, national governments and administrative of member states, sub – national and local governments, political parties, NGOs, interest groups, media and public opinion, as well as the citizens of member states. Hence, with great openness and inclusiveness, the unique governance arrangement of EU offers civil society organizations an opportunity structure, and then becomes the institutional framework for the for the participation of civil society organizations.

In recent years, EU institutions have recognized the need to establish a more coherent framework to improve their relation with civil society actors. This holds true, in particular, for the supranational institutions of the EU, above all the European Commission (EC) . The European Parliament (EP) and the European Economic and Social Committee (EESC) have been very active in bringing the civil society organizations into the policy making, which offers access and possibility for various societal actors.

3. Historical Development and the Embeddedness Status Quo of European Civil Society Organizations in European Union

In pre – EU time in Europe, as part of political life in nation states, civil society groups bear territorial, political and cultural imprint, which serves as deep – rooted social embeddedness of today' s civil society organizations.

Since the establishment of European Community, Civil Society Organizations appeared at European level and evolve with the development of European Integration. At the early period, European organizations on workers and consumer were established. Since the Maastricht Treaty the number of Community level organizations increased fast, the range of their activities got widened. In the decade of 21st Century, beyond the increased number and issue areas, there is a trend of professionalization in the European Civil Society Organizations.

In terms of the organizational structure, European Civil Society Organizations come under the category of network of networks or umbrella organization, federation of federations, involving thousands of organizations and associations. They are active at high salient policy areas, such as social policy, environment protection, health and consumer, etc. Thus, they offer channel for citizens, give voice to the weaker in society in a manner of collective action. In other words, civil society has been organized on European level.

4. Driversified Engagement of European Civil Society Organizations in EU Governance

Regarding the incentives for the Participation of European civil society organizations, there are favorable external environment and conditions, and also incentives based on subjective cognition and capability of the civil society actors themselves. For the former factor, EU institutions, above all the European Commission, European Parliament and European Economic and Social Committee, recognized the potential contribution of civil society actors to EU politics in a series of policy documents and treaties, and take various effective measures to involve the civil society into the policy process. For this purpose, the consultation and dialogue mechanisms with civil society organization have been strengthened, and thus set up legal basis and institutional guarantee for participation of European civil society organizations.

In terms of the subjective factor, civil society organizations are subject to the logic of membership and the logic of influence. EU institutions together with the policy process shaped the civil society discourse under the background of EU governance, and this influences the cognition of civil society organizations on their own role and function. Moreover, civil society organizations gain experience of interacting with supranational institutions and governments, and thus are equipped with capabilities of competing and cooperating with other institutions and interest groups. In short, European civil society organizations have acquired capabilities of democratic participation, self – management and self – regulation in practice.

There are diversified channels for civil society organizations to engage in the European governance: direct participation in policy process, such as consultation, dialogue and feedback etc. ; indirect influence on the decision – making, such as lobbying, demonstration, campaign etc. In addition, it is another strategy influencing the policy process for civil society organizations to take part in the interactive network of the EU e – government.

5. Embeddedness and Convergence: the Participation Value of European Civil Society Organizations in European Multilevel Governance

As one institutionalized channel of interest intermediation of citizen groups, civil society organizations are active players in EU governance. It is the expectation of EU institutions and academia to eliminate the democratic deficit via involvement of European civil society organizations.

Civil society organizations serve as school of democracy, offering citizens necessary training, knowledge and experience. That is to say, civil society organizations bear the function of socialization. In the European governance structure, civil society organizations also take the role of organizing social life, adding legitimacy to the public institution and the governance structure. They motivate, encourage and facilitate the alienated individuals to engage in politics. As a result, the workload of public institution would be reduced, and the solidarity among citizens strengthened.

In the democratic life of the EU, participation of European Civil Society Organization equate to "governance by the people" . In the democratic representation system of the EU, on one hand, civil society organization is important constituency, since they represent the citizens on supranational level, and monitor the political process to make the decision maker accountable. In EU participatory democracy, on the other hand, civil society organizations are foremost actors. Under the framework of European governance, representative democracy and participatory democracy complement each other, thus constitute EU democratic life. Under such circumstances, civil society organizations comprise the source of democratic legitimacy. Nonetheless, the civil society organizations only acquire voice rather than vote in European governance, and their influence on the politics is rather weaker than economic interest groups.

To be sure, EU governance offers societal actors including European civil society organizations political opportunity structure, channeling their interests and opinions heard on EU institutions. Hence, civil society organizations and common people could actively join the policy process of the EU, rather than passively respond to the policies. Such practice would influence the cognition of the European citizens on the Union, and this may contribute to the further European identity.

经历即是美好（代序）

> 所谓真正的智慧，都是曾经被人思考过千百次；但要想使它们真正成为我们自己的，一定要经过我们自己再三思维，直至它们在我个人经验中生根为止。
>
> ——歌德

毕业数年后，我重新捡起博士论文，在精心修改润色后看到它出版，心中有欣喜、有感慨，也有留恋。这篇论文诞生于我的留学岁月，那是我人生中最为宝贵的学习时期。我不由得重新回忆起那段痛苦又快乐、奋斗并收获的青春时光。

作为硕博连读的国际政治学研究生，我硕士和博士两个阶段的导师方雷教授和刘玉安教授都有多年国外访问学者的经历。巧合的是，两位导师在指导我期间都在欧洲访问，他们视野宽广、胸襟开阔、学贯中西、广征博引，令我备生向往之意，由此确定欧洲为研究方向，也萌生了留学的愿望。在两位导师的支持与肯定下，我申请了2006年国家留学基金委与德国学术交流中心（DAAD）联合奖学金。同时，在郇庆治教授的悉心指点下，我以英文撰写了开题报告，自行与多所德国大学的教授电邮联系。幸运的是，这些教授对待我的建议很认真。尤其是曼海姆大学的贝阿特·科勒－科赫（Prof. Dr. Beate Kohler－Koch）教授引导我多次修改了开题报告，欣然同意接受我作为她的博士研究生，发来接收函。在顺利通过基金委和 DAAD 联合举办的面试之后，我成为当年全国 27 名赴德留学生之一。2007 年在同济大学接受了一年的德语语言与跨文化交流学习之后，我以班级第一的成绩顺利毕业，拿到了德国签证。

在乍暖还寒的 2008 年春天，我以中德联合培养博士生身份，赴德国曼海姆大学欧洲经济社会研究中心（MZES）留学，开始了两年多的海外新生活。留学期间，时时处处皆学习，我潜心领略这个世界的多彩多姿，在独立生活和学习的历练中得到成长，习得了自省与反思的益处，心态变得更加包容和客观，我也越来越安定与从容、自信与乐观，最重要的是找到了自己身为华夏儿女的根与魂。2014 年，在欧美同学会组织的征文比赛中，我在自己的文章中说："出国留学其实是站在离祖国很远的地方看着她，所以更希望她强大而美好。出国留学与家乡远隔重洋的时刻，我才真正体会了'祖国'对我而言是什么。祖国，就是我的根，是我身体里流动的血。"这样的感受和体验，得到了众多学长的认可与肯定，我的征文因此获得了一等奖第一名，并在全国性的交流座谈会上交流发言。

博士论文写作很折磨，也是奇迹频现的过程。有几次，写作遭遇了瓶颈，好几天都没有思路，不知如何延展，"山重水复疑无路"，日思夜想皆论文。奇迹突然发生了，夜间我就清晰地梦见了下一步的写作思路，连特定的词语和句子都历历在目。早晨醒来时我蒙眬中抓起笔，把梦中的思路记录下来，按照这个思路去写作果然很顺利。这样"柳暗花明"的奇迹，让我感觉如同门捷列夫研究元素周期表时的神奇。回国时，我花了两个月的时间把英文版翻译为中文版，这个阶段也甚是痛苦，中英两种语言体系的不同此时体现得非常明显，相当于重新写作，通宵达旦地翻译写作修改过程让我身心备受折磨。这篇论文的原稿为英文版，20 万字的初稿写完之后，我的中、英、德三语互译、互通的能力迅速提升，实现了流畅变换。做案例和实证分析时，我在十多种完全陌生的欧洲语言系统中不断转换，自己也感惊奇的是逐渐摸索到一些语言规律，也不会发生混淆。

博士论文写作期间，我把时间更多放在夯实学科基础、掌握研究方法、培养学术思维、训练学术能力方面，科勒－科赫教授给了我最严格、最系统的学术训练，让我大为受益。曾经学到的观点方法与治学态度，从过去到现在一直到将来都将影响着我的学术生涯，无论经历了怎样的学术转型，博士论文中的关键词依然是我科研的主导方向。

今天写下这些文字，是对自己曾经"衣带渐宽不言悔"学习生涯的回顾与总结，感谢自己曾经的努力与苦修，今天才能体味到"蓦然回首"的豁朗。

是为序。

胡爱敏

2020 年 2 月 8 日

目　录
CONTENTS

导　论

一、问题的提出

2009 年《里斯本条约》最终得到欧盟所有成员国的批准，并于当年 12 月 1 日正式生效。自此欧洲一体化翻开了崭新的一页，欧盟进入一个新的发展阶段：欧盟现今已经具备了独立的法律人格，配备了政府首脑——欧盟理事会主席（"总统"）及外交和安全政策高级代表（"外长"）对外承担起代表欧盟的职能，也有了自己的"宪法"对内部行政事务、机构进行规制，因此我们可以认为其已经具备了"国家"形态。《里斯本条约》以里程碑式的文本，对欧盟的整体运作和机构进行了规定，为欧洲的有效运作和进一步的欧洲一体化提供了法律和制度性的基础。无疑，欧盟已经成长为一个强大的机构角色，获得了更强的竞争力，布鲁塞尔的决策制定越来越影响并改变着成员国的政治生态以及普通人的日常生活。在欧盟这样独特而复杂的多元化的背景下，如何做好社会协调，保证各阶层的参与，进而保证决策的民主性、科学性、可执行性，实现有效的民主治理，是非常重大的问题。

在 70 多年来的运作实践中，欧盟逐渐形成了多层次治理体系，为社会力量的参与提供了可能。然而，由于距离公民遥远，欧盟政治过程和布鲁塞尔的欧盟机构的民主赤字问题深受诟病，此类情形偏离了欧盟奠基者对促进欧洲团结和富强的美好期待。欧盟是如此独特的一个政治体系，不可能完全复制民族国家采用的民主体系和制度。欧洲政治一体化进程中的挫折，尤其是欧盟宪法条约的失败让欧盟机构意识到，要尊重民意，在决策前吸收欧洲公民意见，从制度上保证并强化多元社会角色的参与。实质上，自欧共体成立之初，欧盟就秉持着咨询外部专家和各类角色的传统，努力把多样化的社会利益纳入自己的决策。为了寻求有效的解决之道，近年来学者们和布鲁塞尔的政治家们也开始把目光投向了公民社会，希望公民社会组织可以把欧盟机构与欧洲公民之间的距离拉近一些，增强公民对欧盟的认同和信任。

从另外一个角度看，在现代社会，公民对政治生活的参与，需要有合理的中介和代表，通过适当的组织机构来表达自己的利益诉求，公民社会组织就是公民参政议政的渠道之一。而在欧盟框架内，在一体化的进程中，欧洲各国的公民的参与意识也在提高，他们体会到欧盟的决策和法律对自身的影响，也认识到可以组织起来像影响民族国家政府一样影响欧盟的决策。在利益集团的大家庭里，具备着非营利、非政府性等特性的公民社会是种特殊的有组织的社会力量，它们代表着不同于商业利益和领土性的政府部门利益的其他多元化的利益。由于其突出的中介功能，在欧盟多层治理框架下，公民社会组织作为公民多元利益的组织化代表，也得到了欧盟决策机构的重视，成为治理的主体之一，成为欧盟事务的积极参与者。为了更好地保护和促进特定公民群体的利益，公民社会组织也试图接触决策者以阐明各自的利益和主张。经过长期的实践经验的积累，经过双方的持续互动，在欧盟框架内社会力量对政策过程的参与沿着制度化的轨道继续发展。在路径依赖的惯性驱使下，无论是欧盟官方机构还是社会力量都希望维持合作关系。在欧盟机构和公民社会组织等的共同努力下，二者间制度化的互动关系已然存在：欧盟官方机构有正式的特定的制度、规则来界定二者的行为准则和关系，各方的利益和要求也在互动过程中得到表达和协调。公民社会组织等利益相关者对欧盟治理过程的参与也就得到了制度的保障。这体现了在当今经济全球化不断发展、利益日趋多元化的世界中社会事务的组织与运作的有效形式。

问题在于：什么是欧洲公民社会组织？它们是如何发展和组织起来的？公民社会概念如何进入欧盟研究视野？在何种背景下公民社会组织得以参与欧盟事务和欧盟决策过程？参与的动机、渠道和方式如何？公民社会组织的参与又将对欧盟治理乃至欧洲一体化产生何种影响？这些就是本书要努力解答的问题。

二、欧盟治理与公民社会的研究述评

自 20 世纪 80 年代以来，治理话语是国际关系理论领域的主流词语之一，着重强调了在复杂的异质性的国际无政府状态下如何对社会进行管理和规制。而欧盟作为全球化、区域化的成功典范，为治理理论的实践提供了极好的试验场。自 20 世纪 90 年代后期以来，欧盟治理成为欧洲研究领域的热门话题。治理的本质是各类公私行为体之间的密切合作，在欧盟框架内，则是指欧盟超国家机构和国家政府等与非政府机构之间的互动。多年来由于合法性危机、民主赤字等问题屡屡遭人诟病，欧盟也在极力寻求有效的解决方案和弥补措施。而公民社会话语的复兴则给政治家、科学家们带来了希望，他们寄希望于公民社会的参与为欧盟的民主提供改善的契机。国内外的学术界对欧盟治理和公民社会组织开展了研究，从不同的层面、不同的角度对其进行了探讨。近年来国外的研究视野更宽阔、更具有规范意义，同时也有系统的实证研究，如对在特定领域的欧盟决策过程中欧盟各官方机构与社会各角色之间的合作和利益协调的分析，注重怎样改进欧盟治理的合法性输入及输出，公民社会在欧盟治理过程中的角色与作用等，试图发掘公民社会的潜在民主价值。这些成果展示出一幅欧盟多层治理的多维图景，为我们深入了解欧盟这一特殊政治系统的运行过程、社会发展情况及欧洲一体化进程提供了丰富的资料和文献。

（一）治理理论的兴起与欧盟治理的理论与实践

1. 治理理论的兴起

自 20 世纪 80 年代起，治理（governance）一词就代替了政府统治（government）和调节控制成为学术界和政治家们的热门词语，而它的广泛使用标志着政治科学对现实社会中的政体、政策和政治的因应变化。传统意义上的政府统治与调节控制是指在民族国家边界内等级制基础之上的协调，主要角色是各级政府机构、公民选举出的政治家、官僚们等。但当今世界，各类跨国的、非政府的角色纷纷登上政治舞台，各类角色间的相互依赖加深，即使是民族国家内部政治和事务也变得更加复杂和多样，单纯地仅靠从上到下的统治的方法已经无法完全解决政治生活和社会事务，政府失灵和市场本身的内在缺陷也使得人们寻求有效的解决方法。为应对日益异质性的现代社会的挑战，强调多元社会主体自下而上参与社会政治事务管理的治理理论应运而生。治理是指在复杂的相互依赖的环境中协调不同角色行为的理论，① 而治理行为（governing）本身包括了社会、政治和管理行为体的所有活动，是有目标地努力去指导、操控、管理社会部门或社会事务。社会的和政治的治理方式是指公私行为体并非独立活动，是"联合起来（co‐arrangements）行动"② 或者开展持续的互动，治理的组织方式则是"应以增强社会角色独立的适应性的、反应性的解决问题的能力为目的"。③

---

① JACHTENFUCHS M, BEATE KOHLER‐KOCH. *The Transformation of Governance in the European Union* ［G］. MZES Arbeitspapiere Arbeitsbereich Ⅲ / Nr. 11. Mannheim, 1995.

② *KOOIMAN J. Social‐Political Governance：Introduction* ［M］//KOOIMAN J. *Modern Governance. New Government Society Interactions.* London：Sage，1993：1‐9.

③ 原文为：Governing, has to be organized in a way to "enhance the independent adaptive, reactive, and problem‐solving capacities of societal actors, which means to motivate and to enable them to react purposefully at any moment of changing conditions" （Jachtenfuchs, Markus and Beate Kohler‐Koch. The Transformation of Governance in the European U‐nion. MZES Arbeitspapiere Arbeitsbereich Ⅲ / Nr. 11. Mannheim 1995.）

　　德国政治学家、欧盟治理研究专家贝阿特·科勒－科赫指出："如同政府一样，治理的本质也是作出具有约束力的决定。政府与治理之间的区别在于，政府是建立在一个由宪法确定的权威基础上并负责制定具有约束力的决定的组织机构，是一个拥有明确权力、倾向于按照既定程序进行调控的代理机关。每当没有政府进行治理时，治理就会表现出不同的特性。"① 治理是"正式地和非正式地指导并限制一个团体集体行动的程序和机制"②，需要政府、私人部门和非政府组织之间的网络化合作，等级制的规则和制度安排则不再具有独霸性的地位。因而，作为一个持续的政治过程，"治理是关于不同公民的偏好和意愿转化为有效政策选择的方法手段，也是多元社会利益如何转化为统一行动以及怎样实现社会行为体的服从"。③

　　罗西瑙（James N. Rosenau）作为治理理论的主要倡导者，将治理定义为一种由共同的目标支持的社会管理活动，治理的参与主体中既有政府中的公共机构及角色，也有非正式的、非政府的私有部门和其他社会角色，在维持秩序对经济和社会进行调节中更多的是公私行为体之间的合作。他认为，治理的内涵更丰富，既包括了政府机制，也包含那些非政府甚至非正式的机制，各类公民群体和组织、机构等可以通过治理的各类机制满足自己的愿望，实现自己的利益需求。"治理是只有被多数人接受（或者至少被它影响的那些最有权势的人接受）才会生效的规则体系；然而政府的政策即使受到普遍的反对，仍然能够付诸实施"。没有政府的治理是"这样的一种规章机制：尽管它们未被赋予正

① Kohler－Koch, Beate. *European governance and system integration*. European Governance Papers（EUROGOV）No. C－05－01, http：//www. connex－network. org/eurogov/pdf/egp－connex－C－05－01. pdf.

② 约瑟夫·奈, 约翰·唐纳胡. 全球化世界的治理［M］. 王勇, 等译. 北京：世界知识出版社, 2003：11.

③ Kohler－Koch, Beate and Rainer Eising. *The Transformation of Governance in the European Union*. London：Routledge , 1999：14.

式的权力，但在其活动领域内也能够有效地发挥功能"。① 因而，对于建构在高级等级制基础之上的民族国家而言，治理是有效政府管理的重要补充；而对于缺乏等级体制、缺乏强制性权威的国际关系领域，要解决全球性问题，可行性的选择则是通过政府之间、社群之间的互动，实施治理以达到目的。可以看出，治理是在不同的制度关系中运用权威去控制、规范、引导公民和众多角色的各种行为，维持社会秩序，从而最大限度地促进公共利益的实现。

根据全球治理委员会的经典定义，治理是"各种公共的或私人的机构管理其共同事务的诸多方式的总和，它是使相互冲突的或不同的利益得以调和并且采取联合行动的持续的过程。这既包括有权迫使人们服从的正式制度和规则，也包括各种人们同意或以为符合其利益的非正式的制度安排"。② 国际关系领域中的治理则首先是各国之间，尤其是大国之间的协议与惯例的产物，既涵盖了政府的规章制度，也包括非政府性机制。全球治理则是在全球空间范围的革新的政治行为方式，通过各方面、多层次谈判来解决问题，满足各方的利益需求与愿望。全球治理中的角色包括民族国家政府（各类公共机构）、私人部门（跨国公司等经济行为体）和第三部门（非政府组织等），各类角色在互动和合作中对社会事务进行管理，最后促进问题的解决。

治理理论以其灵活性的设计为千差万别的现代社会提供了另外一种解决问题的方案和基本制度框架模式。治理理论提出之后，迅速在各类研究领域获得了广泛应用。

2. 欧盟治理的理论与实践

而作为国际政治领域的重要研究对象，欧洲一体化和欧盟也当仁不让地进入了治理理论的研究视野，治理理论已经成为学者们解释欧洲一

---

① 詹姆斯·N. 罗西瑙. 没有政府的治理［M］. 张胜军，刘小林，等，译，南昌：江西人民出版社，2001：5.

② 俞可平. 全球治理引论［J］. 马克思主义与现实，2002（1）：20－32.

体化现实的重要方法工具和分析框架，也是欧盟机构着力推行的管理机制和制度安排原则。根据笔者 2010 年 7 月 19 日在曼海姆大学图书馆网络目录的文献查询，以欧盟治理为关键词，得出的成果列表为 672 项之多（书为 497 册，论文为 175 篇），其中 1995 年之前的成果只有 10 项；1995—2000 年的成果为 134 项，而 2001 年以来的成果则为 528 项。由此可见，自 20 世纪末至今西方学术界对于欧盟治理的研究最为蓬勃，成果丰硕，出现了欧盟研究的"治理转向"①，这影响到了对有效的政策协商和行政管理的方法的思考，这些观点也建构了欧盟治理改革的创意。

欧盟作为全球化进程中成功的一体化的典范，是在经济和政治结构方面高度相互依存的体制，其中权力转移到政策制定的不同层级，其操作方式则取决于议题的重要程度、政治过程的相互渗透及跨国界政治行动的可能性，而以一种非常特殊的方式对具有约束力的安排和约定的遵循行为形成了制度化的机制，因此，新的治理模式就出现了。就欧盟治理的来源和一般性质来说，"欧盟治理是各成员国参加国际谈判协调的产物，也是公民个人、压力集团、政府间组织和非政府间组织形成的混杂联合的结果"。② 在欧盟治理框架中，国家、政府是其重要行为体之一，各成员国通过谈判、协议、条约等体现了各方共识的方式和手段参与欧盟基本事务的管理，这一治理体系也"鼓励各类非政府组织、利益集团、公司企业和社会个人的广泛参与、共同协作，它体现出欧洲联盟这一新型组织形式的复杂性、动态性、自愿性、非强制性、地理范围上的交叉重叠性和非中心化等特征"。③ 在欧盟背景下，治理是一个过程和状态，在此过程里，社会角色对欧盟政治过程的"参与工程"

---

① Kohler - Koch, Beate and Berthold Rittberger. The "Governance turn" in EU studies [J].
Journal of Common Market Studies, 2006, 44: 27 - 49.

② 贝阿特·科勒－科赫. 转型视角下的欧洲联盟治理 [J]. 南开学报（哲社版），2006（1）.

③ 吴志成. 欧洲多层级治理：理论及其模式分析 [J]. 欧洲研究，2003（6）：40.

(participatory engineering)① 也已经形成了制度化的建构，公共角色和私有角色都参与对社会关系和冲突的有意识的规制。在此语境下，各类角色间的关系经由"制度结构、利益和社会角色的互动"② 形成。

　　就欧盟治理的结构特征而言，绝大部分欧盟研究学者认为，欧盟治理是一种以多层级网络治理为主的模式，③ 在其中各类角色在各个层面开展了不同程度的互动。在欧盟内部，共同体机构、成员国和次国家层面行政区域的责权划分和界限都很模糊，界限淡化源自不断强化的各层级机构和行为体之间的互相渗透和互相影响。而按照拉哈博士的总结，这归根结底在于，各个层级都在对相关事务进行治理，而且各个层级都并列叠加着各类机构和角色，它们各有相应的人员、规则、准则、管理程序和议事日程，④ 这样就构成了纷繁复杂的治理网络。网络治理是一

---

① "参与工程"这个名词能够较好地概括社会角色对欧盟事务的参与机制，由科勒－科赫教授和齐特尔倡导和运用。见 Kohler－Koch, Beate. *Political Representation and Civil Society in the EU*. Paper prepared for CONNEX Thematic Conference on Political representation. European University Institute Florence, May 25－26, 2007. Zittel, Thomas. *Participatory Engineering*：*Theoretical Assessment and Empirical Findings*. In Kohler－Koch, Beate；Dirk De Bièvre und William Maloney (Hrsg.) *Opening EU－Governance to Civil Society*. Mannheim：CONNEX Report Series, 2008. Nr. 5：119－144.

② Finke, Barbara. 2007. *Civil Society Participation in EU Governance*. Living Reviews In European Governance. http：//www. Livingreviews. org/lreg－2007－2 (10－04－2008).

③ 相关的论述如 Kohler－Koch, Beate. *Europe in Search of Legitimate Governance*. ARENA Working Papers WP 99/27. 1999；Jachtenfuchs, Markus. *Democracy and Governance in the European Union*. In P. Jachtenfuchs, Markus；Thomas Diez and Sabine Jung (ed.). *Which Europe?*：*Conflicting Models of a Legitimate European Political Order*. European Journal of International Relations, 1998. No. 4；吴志成. 欧洲多层级治理：理论及其模式分析 [J]. 欧洲研究, 2003 (6)；贝阿特·科勒－科赫. 转型视角下的欧洲联盟治理 [J]. 南开学报 (哲社版), 2006 (1)；Zimmer, Annette. *Governance and Civil Society*. http：//www. nez. uni－muenster. de/download/Zimmer＿Civ＿Gov. pdf (Nachwuchsgruppe "Europäische Zivilgesellschaft und Multilevel Governance"－NEZ－Working Paper), 2007.；Kohler－Koch, Beate. *Civil Society in EU governance－a remedy to the democratic accountability deficit?* Concepts & Methods, 2008. Vol. 4, issue 1：3－6.

④ 法布里斯·拉哈. 欧洲一体化史 (1945—2004) [M]. 北京：中国社会科学出版社, 2005：119.

种特别适合国家间的联盟（union of states）的治理方式，它可以通过协商过程、制度化的规范定位和功能性的代表来获得合法性。① 在欧盟治理中，居于核心地位的决策方式是协商，各类各层级政府机构和其他行为体主要是通过共识（consensus）来实现决策，如把规则性权力委托给独立机构承担，机构框架内以协商（deliberation）方式而不是讨价还价（bargaining）达成决议，其决策过程的特点在于"政治议题的复杂性、政策过程的分割性和政策结果的分离性"。② 这样，通过把各类社会角色纳入决策过程，塑造欧洲范围的倡议联合，在功能性的利益协调基础上，网络治理扩大了欧盟的政治空间，使得欧盟成为建立在跨国政治空间上的特殊体系。

也有一些学者把开放协调方式（Open Method of Coordination）作为欧盟多层治理模式的案例进行了研究，因为这是一种"软"的公开的决策方式，给国家和次国家层面的公共权威机构留出了余地，它们可以灵活应对和调整执行欧盟的特定政策，而不会造成与整体目标的矛盾冲突。在这种决策方式中，各方通过协商、讨论的途径对议题作出决定，关注的是透明、民主参与和共同学习对决策的重要性。③

在 21 世纪前 10 年中，国内对欧盟治理的研究方兴未艾，欧盟治理

---

① Kohler – Koch, Beate. *Europe in Search of Legitimate Governance.* ARENA Working Papers WP 99/27. 1999.

② Kohler – Koch, Beate and Berthold Rittberger. *The "Governance turn" in EU studies.* In: JCMS: Journal of Common Market Studies, 2006, 44: 27 – 49.

③ 对于公开协调方式这一治理方式的"软"特性的论述，见 Bierhoff Jan and Jamal Shahin. *An Electronic Union? First Steps Towards a New Relationship between the EU and Civil Society.* Workshop of CONNEX 2005; Smismans, Stijn. *New Modes of Governance and the Participatory Myth.* European Governance Papers (EUROGOV) No. N – 06 – 01, http://www. connex – network. org/eurogov/pdf/egp – newgov – N – 06 – 01. pdf; Benz, Arthur. *Accountable Multilevel Governance by the Open Method of Coordination?* European Law Journal, 2007, 13 (4): 502 – 522; Moeller, Kolja. *European Governmentality or decentralizd network governance? The case of European employment strategy.* RECON Online Working Paper 2010/08, www. reconproject. eu/projectweb/portalproject/RECONWorking Papers. html.

结构和欧盟决策过程是国内学者们关注的重点。可见到的国内学者的代表性著作有郇庆治的《多重管治视角下的欧洲联盟政治》（2002）和吴志成的《治理创新：欧洲治理的理论、历史与实践》（2003），以及刘文秀的《欧洲联盟政策及政策过程研究》（2003），他们从宏观的视角研究欧盟治理和欧洲政策过程，主要关注的是超国家层面的欧盟机构的活动，及国家层面的政府角色等在欧洲一体化和欧盟治理中的功能与作用。郇庆治教授从 3 个层面分析了欧洲内部存在的多重管理和治理方式，揭示的是欧盟治理的多样性、异质性。吴志成教授则关注的是欧盟治理的历史演变和治理的结构安排，着重强调的是欧盟治理作为欧洲一体化过程的制度创新所具备的作用。据 2010 年 6 月底对中国知网、万方数据库两大数据库的查询结果看，以欧盟治理为关键词搜索得到的结果为：2000—2010 年，国内可以见到的期刊文章主要有：吴志成和李客循的《关于欧盟治理及创新》（2003）、刘文秀与汪曙申的《欧洲联盟多层治理的理论与实践》（2004）、牛海彬的《欧盟治理的变量与困境》（2004）、李华的《浅析欧盟的治理结构》（2005）、张迎红的《试论欧盟多重治理结构中的民主机制》（2006）、朱贵昌的《多层治理理论与欧洲一体化》（2006）、吴志成和杨娜的《欧盟治理机制的演进》（2008）、伍贻康的《欧盟治理模式的特征、效应评价》（2008）、付鹏和王宏禹的《一体化过程中的治理理论及模式》（2009）等。这些论文从不同角度论述欧盟治理及相关的问题，为我们了解欧洲一体化进程中的欧盟治理的结构、特性等情况提供了相对清晰的脉络。其间，高校博士硕士论文方面，只有关于欧盟区域经济治理与制度变迁博士论文 1 篇，偏向于经济学，以欧盟治理机制为题目的硕士论文 2 篇（《欧洲一体化进程中的治理机制探析》《欧洲联盟多层级治理的理论和实践——以结构基金的运作为例》），关于欧盟决策机制的演进 1 篇。

（二）欧盟的合法性危机和民主赤字

自从 1992 年《马斯特里赫特条约》以后，欧盟民主赤字（democracy deficit, democratic deficit）问题成为欧洲研究界的讨论热点，而2005 年《欧盟宪法条约》的失败又再次为这个议题升温。欧洲政治一体化的问题引发了国内外学界作了大量研究，对欧盟民主赤字、合法性赤字的概念进行了界定，探究了民主赤字、合法性赤字的产生根源，提出了解决的途径与对策。其中，公民社会组织的参与是缓解民主合法性赤字的途径之一。公民社会组织成为布鲁塞尔的"宠儿"，与欧盟治理安排导致的"民主赤字"或"合法性赤字"问题密切相关，这也是很多学者研究得出的结论。① 以欧盟委员会为首的欧盟机构，采取了不同的方式把公民社会组织纳入政策制定过程，把公民社会看作是对合法性赤字潜在的补救方式和合法的伙伴，目的是寻找与公民社会组织紧密合作可能带来的益处。②

1. 欧盟民主赤字的概念

首先我们需要了解民主的含义，一般而言，民主是指一种独特的政

① Finke, Barbara. *Civil Society Participation in EU Governance.* Living Reviews in European Governance. http：//www. Livingreviews. org/lreg – 2007 – 2 (10 – 04 – 2008)；Zimmer, Annette. *Governance and Civil Society.* http：//www. nez. uni – muenster. de/download/ Zimmer_ Civ_ Gov. pdf（Nachwuchsgruppe "Europäische Zivilgesellschaft und Multilevel Governance" – NEZ – Working Paper）；Zimmer, Annette and Birgit Sittermann. 2005. *Brussels Civil Society.* ISTR Conference working papers series：http：// www. jhu. edu/ ~ istr/pubs；Peeters, Marguerite A. *The principle of participatory democracy in the new Europe：a critical analysis.* Paper for the Conference on "Nongovernmental organizations：the growing power of an unelected few". American Enterprise Institute. June 11, 2003；Kohler – Koch, Beate. *The Organisation of Interests and Democracy in the European union,* paper prepared for the workshop "The Institutional Shaping of EU – Society Relations", CONNEX Research Group 4, Mannheim, 14 – 15 October 2005；Kohler – Koch, Beate. 2008b. *Representation, Representativeness, and Accountability in EU – Civil Society Relations.* Paper presented at the CONNEX Final Conference "Efficient and Democratic Governance in a Multi – Level Europe" workshop 5. Mannheim, March 6 – 8.

② Zimmer, Annette. *Governance and Civil Society.* http：//www. nez. uni – muenster. de/ download/Zimmer_ Civ_ Gov. pdf（Nachwuchsgruppe "Europäische Zivilgesellschaft und Multilevel Governance" – NEZ – Working Paper）；Saurugger 2007, Sabine. "*Organized civil society*" *as a legitimate partner in the European Union.* http：//www. ceri – sciences – po. org. 2007.

治秩序，为治理和制度设计提供特定的历史和制度背景。① 而根据罗伯特·达尔的定义，民主是指在一个小的组织或集会内部决策时给予每个成员同等的话语权，而民主的终极条件则是政治平等。对达尔来说，一个国家只有当它把所有的人都纳入选举决策过程，每个人的利益都得到同样平等对待时，才能被称为民主。当然，所有人还必须得到足够的信息来作出有力的选择。达尔设定了 5 项指标来衡量一个组织内部的成员对决策程序同等参与情况，包括"有效的参与，平等投票，启蒙式的理解，控制议程，包括所有成年人"（effective participation，voting equality，enlightened understanding，control of the agenda，and inclusion of adults）。②

民主需要一系列制度化的治理控制程序，以保障被统治者对于制定集体约束性规则过程的参与。因而，任一政治体系里的公民都需要表达自己的偏好，并获得"真正的机会以改变事件的进程"。③ 在欧盟去中心化的背景下，民主更具有了一种特别的意义，必须增加"系统的稳

---

① March，James G. and Johan P. Olsen. *Democratic Governance* ［M］. New York：Free Press，1995：2.

② 这些指标是罗伯特·达尔在他的著作 On Democracy 和 Democracy and its Critics 中提出的，原文为："Before a policy is adopted，all the members of the association must have equal and effective opportunities for making their views about should – be policy known to the other members . When the decision finally being made，every member must have an equal and effective opportunity to vote，and all votes must be counted as equal. Within reasonable limits as to time，each member must have equal and effective opportunities for learning about the relevant alternative policies and their likely consequences. The members must have the exclusive opportunity to decide how and，if they choose，what matters are to be placed on the agenda. Thus the democratic process required by the ... preceding criteria is never dosed. The policies of the association are always open to change by the members，if they so choose. All，or at any rate most，adult permanent residents should have the full rights of citizens that are implied by the first four criteria". 需要强调的是平等有效的机会（equal and effective opportunities）在整个过程中非常重要。见 Dahl，Robert A. *Democracy and its Critics*. New Haven：Yale University Press，1989：37.

③ Jachtenfuchs，Markus. *Democracy and Governance in the European Union*. European Journal of International Relations，1997，No. 4.

定性和解决问题的效率"。① 欧盟框架内的民主因而有了新的定义：如果实质性的决策是公开产生的，如果存在一个机制，保证这个决策是在平等基础上有效地经由其成员确定的，那么这样的政治体系就是民主的②，其规范性的衡量指标则是相互性、公开性和问责性。欧洲一向是"民主的宝藏所在地"③，民主也就成为从民族国家到当今的欧盟所一直向往和追求的目标。

另外一个概念是民主合法性，这是欧洲民主国家政治传统的规范性观念，即公共机构的决策需要得到其所管辖的对象群体的认可。在马克斯·韦伯的眼中，合法性则意味着一种特质，指一个体制的决策和执行的程序是可以被其治下的民众接受的特质，通常是用来描述民族国家和民众之间的关系的。而塞缪尔·马丁·李普塞特则认为，合法性包含着政治体系制造和维护一种信心的能力，使人相信现存的政治机构是最适合社会实情的安排。④ 与此相似，雅格顿·福克斯和其他政治学家主张说，合法性是来自政策调控的对象对政治体系的普遍化的信任程度，或

---

① Jachtenfuchs, Markus. *Democracy and Governance in the European Union*. European Journal of International Relations, 1997, No. 4.

② Hueller , Thorsten and Beate Kohler－Koch . *Assessing the Democratic Value of Civil Society Engagement in the European Union*. In Kohler－Koch, Beate；Dirk De Bièvre und William Maloney (Hrsg.) 2008. Opening EU－Governance to Civil Society. Mannheim：CONNEX Report Series Nr. 5.

③ "Europa erscheint uns als Hort der Demokratie". In Hartmut Kaelble. *Wege Zur Demokratie, von der Franzoesischen Revolution zur Europaeische Union*. Deutsche Verlags－Anstalt (DVA), Stuttgart－München. 2001.

④ Lipset, Seymour Martin. *Political Man：The Social Bases of Politics*. Garden City：Doubleday. 1960：77.

者体系内部的各角色对治理的正确性的承认。① 简言之，对自由的民主社会来说，合法性起码要具备三大元素：机构的行为表现，机构对民主价值如共识、代表与责任性的遵从，以及公民对特定集体的政治认同。② 这在欧盟多中心、异质性的治理框架下特别适用，欧盟的合法性有赖于欧盟机构的行为、机构中的民主理念的贯彻与执行，以及被治理者（包括公民、利益集团、公民社会组织等）的认同。

　　合法性依据其来源，共有两大支柱：输入合法性和输出合法性（input legitimacy and output legitimacy）。输入合法性指对机构安排的信任，这样的机构应该保障治理过程能够普遍地回应被统治者的偏好，这可以称为"民治"的政府，如民主选举官员、公共咨询等；而输出合法性意味着采取的政策应该能够有效解决被统治者面临的共同问题，这可以称为"民享"的政府，如政策要迎合公众的需要和价值观，顺应公意。因而，合法性对政治体系的稳定性和健康运转有特别重要的意义。③ 民主合法性，就意味着民主代表和责任性成为政治体系的主要标尺。在民主体系中，只要利益代表的不均衡及其对政治的影响被限制在一个"可以承受"的框架内，社会利益的组织将是合法的和功能

① Jachtenfuchs, Markus. *Democracy and Governance in the European Union.* European Journal of International Relations, 1997, No. 4 ; Jachtenfuchs, Markus. 1997. *Democracy and Governance in the European Union.* In P. Jachtenfuchs, Markus; Thomas Diez and Sabine Jung. 1998. *Which Europe?: Conflicting Models of a Legitimate European Political Order.* European Journal of International Relations, No. 4; Smismans, Stijn. *Law, legitimacy, and European governance: functional participation in social regulation.* Oxford [u. a.]: Oxford University Press, 2004.

② Beetham, David. *The Legitimation of Power.* Humanities Press International, Atlantic Highlands, 1991.

③ P. Jachtenfuchs, Markus; Thomas Diez and Sabine Jung. 1998. *Which Europe? Conflicting Models of a Legitimate European Political Order.* European Journal of International Relations, 1998, 4 (4): 409 – 445; Parkinson, John. *Legitimacy Problems in Deliberative Democracy.* Political Studies. 2003. Vol. 51, 180 – 196.

性的。①

对欧盟的民主赤字问题，其概念和定义也各种各样，并无定论。至少是从《马斯特里赫特条约》以来，欧盟超国家治理的民主赤字问题引发了公众和学界对监控失衡的担忧。民主赤字使得布鲁塞尔的机构和官员们长期以来备受诟病②，也是学术界的研究兴趣所在，民主赤字、合法性赤字的研究也是欧盟研究领域的热门话题。③ 欧盟民主赤字问题，并非指以往的民主被腐蚀，而是指"与欧洲政治一体化相伴随而来的、与欧盟机构（应该可以用民主的规范来测量的）联系在一起的对民主的期待"，④ 指欧盟是否可以找到它的民主合法性以继续推进一

---

① Kohler – Koch, Beate et al. *Enhancing Multi – Level Democracy by Organizing Civil Society Input.* Paper presented at the 20th IPSA World Congress, Fukuoka, July 9 – 13, 2006.

② 原文"Das Demokratiedefizit der Europaeische Union ist zu eineim Dauervorwurf an die Bruesseler Kommissare geworden". In Hartmut Kaelble. *Wege Zur Demokratie, von der Franzoesischen Revolution zur Europaeische Union.* Deutsche Verlags – Anstalt (DVA), Stuttgart – München, 2001.

③ 相关的论述可参见：Majone, Giandomenico. *Europe's "Democratic Deficit": The Question of Standards.* In: European Law Journal, 1998, 4 (1): 5 – 28; Lord 2003; Follesdal, Andreas and Simon Hix. *Why there is a Democratic Deficit in the EU: A Response to Majone and Moravcsik.* European Governance Papers (EUROGOV) No. C – 05 – 02, http://www.connex – network.org/eurogov/pdf/egp – connex – C – 05 – 02.pdf; Holzhacker, Ronald. *Democratic Legitimacy and the European Union.* In: Journal of European Integration. Vol. 29 (3), 257 – 269; Wiener, Antje. 2007. *Analysing Democratic Legitimacy Collaboratively.* European Integration, Vol. 29, No. 3, 381 – 385; Ehin, Piret. *Competing Models of EU Legitimacy: the Test of Popular Expectations.* Journal of Common Market Studies, 2008. Volume 46, Number 3: 619 – 640; Eriksen, Erik O. and John Erik Fossum (eds). *What Democracy for Europe? Proceedings from the RECON Midterm Conference.* ARENA Report 2010. No. 3; RECON Report No. 11; Majone, Giandomenico. *Transaction – cost efficiency and the democratic deficit.* Journal of European Public Policy, 2010. Volume 17. Issue 2. Pages 150 – 175.

④ 原文为："the growing democratic expectations that came with political integration, combined with institutions—the European Parliament in particular—that can and should be measured according to democratic norms." 见 Warren, Mark E.. Citizen Participation and Democratic Deficits: Considerations from the Perspective of Democratic Theory. In: DeBardeleben, Joan and Jon Pammett (eds). *Activating the Citizen: Dilemmas of Participation In Europe and Canada.* Palgave MacMillan. 2009.

体化。

按照富勒斯达尔和希克斯（Andreas Follesdal and Simon Hix）的总结，欧盟民主赤字涉及 5 个方面的观点①：第一，欧洲一体化意味着行政权力的扩张和国家议会控制力的削弱。与民族国家不同，欧盟的机构设计则是在联盟层面的决策为行政主体所主导，即理事会里各国的部长们和委员会里政府命名的委员们，他们在布鲁塞尔的活动已经超出了国家议会的控制。第二，欧洲议会在欧盟机构中太弱，很多学者和评论者建议增加欧洲议会的权限，这个目标在经历了 20 多年欧盟机构改革直到《里斯本条约》生效至今，已经部分实现。但相对于行政行为体而言，欧洲议会的权力仍然较弱。第三，真正意义上的"欧洲"选举并不存在，尽管公民们在民族国家内部选举自己的政府，并选举欧洲议会议员。因为真正可以称得上"欧洲选举"是要确定欧洲层面的领导人选和政党，或者决定欧盟政策日程的走向。而这两类选举都并非真正欧洲性的，这使得欧洲公民对欧盟政策议题的偏好只能对决策结果施加间接影响。第四，即便是欧洲议会权限扩大了，或者真正意义上的欧洲选举得以举行，但从制度和心理上讲，欧盟离选民仍然太过遥远。在制度方面，通过选举对理事会和委员会进行控制已经被移除，而从心理上讲，欧盟与公民所熟悉的国家的民主机构有很多不同，所以，公民无法理解欧盟，也不会认为欧盟是民主体系，更不会认同它。第五，欧洲一体化产生了"政策漂移"（policy drift）②，使得政策偏离了选民的政策理想。部分由于前述 4 个原因，欧盟的决策通常不受大部分成员国公民的支持，而国家政府则在欧盟层面承担另外一些目标任务，这些目标任务是在国家层面无法做到的，因为政府要受国家议会、司法机关和合作

---

① Follesdal, Andreas and Simon Hix. *Why there is a democratic deficit in the EU: A response to Majone and Moravcsik.* in JCMS – Journal of Common Market Studies, 2006, Vol. 44, Issue 3: 533 – 562.

② Scharpf, Fritz. *Governing in Europe – Effective and Democratic?* Oxford: Oxford University Press. 1999.

主义利益群体结构的控制。另外一种说法强调在欧盟决策中的私人利益的作用和地位，因为在欧盟的结构体系中，欧盟的决策过程是多元主义的，经济利益集团更有动力在欧盟层面组织起来，这些因素导致了欧盟的政策更有利于资本所有者的利益。①

2. 欧盟合法性赤字的产生缘由

鉴于欧盟政策过程与政治的复杂性，也由于欧盟决策机构与普通公民距离遥远，欧盟治理安排面临着诸多不足。民主赤字与欧盟治理的合法性赤字不仅是选择参与其纵向和横向网络互动的人员及其代表性的问题，欧盟治理安排缺少社会的嵌入性（societal embeddedness），欧盟也不存在完整的类似民族国家内部那样的一个政党体制，无法有效地承担政治代表的功能。② 欧盟机构与公众之间也缺乏可靠的关系而导致“相互性的明显不足”（deficiency of reciprocity）。③

另外，更重要的是，欧盟缺乏一个充分了解信息的欧盟公民群体，也没有像民族国家内部那样基于共同的规范和价值观的民众共同体——欧洲大众（demos），更没有形成一个可以交换思想、批判性的争论和协商过程的公共领域。④ 在欧盟这样一个以民族国家为成员的复杂体系中，异质性的语言、文化和各国传统使得其难以形成在民众间共同的价值观和行为规范，而且也缺乏全欧性的大众传播媒体，更不存在有效的

---

① Follesdal, Andreas and Simon Hix. *Why there is a Democratic Deficit in the EU: A Response to Majone and Moravcsik.* European Governance Papers（EUROGOV）No. C – 05 – 02, http: //www. connex – network. org/eurogov/pdf/egp – connex – C – 05 – 02. pdf. 2005.

② Mair, Peter and Jacques Thomassen. *Political representation and government in the European Union.* Journal of European Public Policy, 2010. 17: 1, 20 – 35.

③ Zimmer, Annette. *Governance and Civil Society.* http: //www. nez. uni – muenster. de/download/Zimmer_ Civ_ Gov. pdf. （Nachwuchsgruppe "Europäische Zivilgesellschaft und Multilevel Governance" – NEZ – Working Paper）. 2007.

④ Habermas, Jüergen. *Between Facts and Norms*, Cambridge: Polity Press, 1992; Zimmer, Annette. *Governance and Civil Society.* http: //www. nez. uni – muenster. de/download/Zimmer_ Civ_ Gov. pdf. （Nachwuchsgruppe "Europäische Zivilgesellschaft und Multilevel Governance" – NEZ – Working Paper）. 2007.

跨国层面的政党体系来汇聚和代表公民的意愿。这就是说，欧盟缺乏代议制民主的前提条件，缺乏全欧范围内的公共空间，也缺乏一个跨国的政治基础结构。①

根据欧盟官方的术语解释，民主赤字主要是由于欧盟及其机构的运作方式太过复杂而导致民主的缺乏，而且对普通公民来说也难以接近②，难以得到公民的认同。因此，民主赤字也可以称为合法性赤字，这成为欧盟民主改革道路上的障碍。③ 民主赤字、合法性赤字概念主要和欧盟机构构成的特质相关：④ 欧盟的超国家机构设置及决策过程本身缺乏民主，拥有立法权的欧盟理事会由各国部长构成，而这些部长是各成员国指派的，代表的是各国利益；欧盟委员会也缺乏民主合法性，仅仅代表欧盟的整体利益；唯一由欧洲公民选举出来的欧洲议会的权限则

---

① 相关论述见 Abromeit, H.. *Democracy in Europe: Legitimizing Politics in a Non - State Polity*. New York: Oxford, 1998; Lord, Christopher. *Democracy in the European Union*. Sheffield Academic Press. 1998; Weiler, J.. *Fundamental Rights and fundamental boundaries: on standards and values in the protection of human rights*. In Neuwhal, Nanette A. and Allan Rosas. The European Union and Human Rights. The Hague, Kluwer, 1995: 51 - 76; Kohler - Koch, Beate. 1999. *Europe in Search of Legitimate Governance*. ARENA Working Papers WP 99/27.

② 来自欧盟官方网站对民主赤字的术语解释。原文为：The democratic deficit is a concept invoked principally in the argument that the European Union and its various bodies suffer from a lack of democracy and seem inaccessible to the ordinary citizen because their method of operating is so complex. The view is that the Community institutional set - up is dominated by an institution combining legislative and government powers (the Council of the European Union) and an institution that lacks democratic legitimacy (the European Commission) . At every stage of the European integration process, the question of democratic legitimacy has become increasingly sensitive. The Maastricht, Amsterdam and Nice Treaties have triggered the inclusion of the principle of democratic legitimacy within the institutional system by reinforcing the powers of Parliament with regard to the appointment and control of the Commission and successively extending the scope of the co - decision procedure. 见 http: //europa. eu/scadplus/glossary/democratic_ deficit_ en. htm.

③ Warleigh, Alex. *Democracy in the European Union: Theory, Practice and Reform*. London: SAGE. 2003: 2.

④ Armstrong, Kenneth. *Rediscovery Civil Society: the European Union and the White Paper on Governance*. European Law Journal, 2002. Vol. 8, No. 1.

比较小，无法如民族国家内部的议会一样独立承担决策功能。由于欧盟决策层次的增多，公民与欧盟决策中心的距离比较遥远（COM 2001），导致公民对欧盟事务参与的难度加大，也导致了欧洲公民的政治冷漠。而一体化的精英们未能把大多数选民转为政治一体化的支持者。一般而言，政府层级越多、民众离决策中心的距离越远，就越会导致低层级的行为者缺乏动机参与高层级的政治过程。[1] 而欧盟委员会过于"依赖外部的某些专家意见"（external expertise）来进行决策的实践做法也挑战了欧盟政策制定的民主本质，也就是说，欧盟的"技术官僚"特性（technocracy）对欧盟的民主赤字也须担负重要的责任。[2]

由此看来，欧盟民主赤字是结构性的，是欧盟作为超国家联盟而内生的缺陷与不足。随着欧洲一体化的推进，这种内嵌性的民主合法性不足的问题变得越来越敏感，也引起了欧盟机构的警惕。[3] 于是，《马斯特里赫特条约》《阿姆斯特丹条约》和《尼斯条约》已经逐步把民主合法性的原则纳入欧盟机构体系中来，增强欧洲议会的权力，不断扩大共同决策程序的政策领域等。民主赤字也是学者们担忧的问题，担心其会削弱欧盟治理的基础，影响到公民对它的信心。

3. 消弭民主赤字的对策与途径

欧盟是一个独特的政治体系，被学者们称为"多中心的直接协商多元政体"（Directly Deliberate Polyarchy，DDP)[4] 或者"基于分散的

---

[1] Maloney, William A. and Jan van Deth. *The associational impact on attitudes towards Europe: a tale of two cities.* In Maloney, William and Jan van Deth (eds.), 2008: *Civil Society and Governance in Europe from national to international linkages.* Cheltenham, UK [u. a.]: Edward Elgar, 2008: 3.

[2] Peeters, Marguerite A.. *The principle of participatory democracy in the new Europe: a critical analysis.* Paper for the Conference on "Nongovernmental organizations: the growing power of an unelected few". American Enterprise Institute. June 11, 2003.

[3] 见 http: //europa. eu/scadplus/glossary/democratic_ deficit_ en. htm.

[4] Sabel, Charles F. and Jonathan Zeitlin. *Learning from Difference: the New Architecture of Experimentalist Governance in the EU.* European Law Journal, 2008, 14 (3): 271 – 327.

民主主体和多元分散的民主权威基础之上的多层次的、大规模的、多角度的政体"①，与传统的民族国家差异非常大，合法性赤字或民主不足的问题的解决也有很大不同。在西方民族国家内部，在代议制民主下，公民通过选举自己的代理人在政府中表达自己的利益，这些通过公开选举产生的政府或议会的代表（elected representatives）会动员并把机构外部或基层公民的直接呼声传递到政府中去，但这些选举出来的官员和公务员们远非韦伯所主张的"中立的官僚机构"（neutral bureaucratics）②，并不能完美履行代表职能。因此，公民仍然需要通过非选举出来的行为体（non - elected actors）如雇主协会和工会等参与政治过程，表达自己的偏好和利益。③ 另外，公民也可以在公共领域内讨论协商，促进决策和执行的科学性和民主性，弥补治理安排内生的不足。④（新）合作主义的传统和福利国家制度多年的实践为国内治理安排提供了很多经验，也有相应的机制来保障民主的实现。民族国家内部的治理安排导致合法性不足的问题，可以由民族国家内部公众领域的存在而得到消解，因为在治理过程中，公民、利益群体及其他利益相关者可以通过大众传媒和其他渠道等对政治议题进行广泛的讨论，参与主体之间得以在公共领域中开展政策讨论和协商，以达成共识。这样既提高了政策的可

① Polycentric system of directly – deliberative polyarchy, or what is the same, "as a multi-level, large – scale and multi – perspectival polity based on the notions of a disaggregated democratic subject and patterns of diverse and dispersed democratic authority". Erik Oddvar Eriksen and John Erik Fossum. *Europe's Challenge：Reconstituting Europe or Reconstituting Democracy?* http：//www. reconproject. eu/main. php/EriksenFossum ＿ Paper ＿ RECONworkshop＿ Mar09. pdf? fileitem = 5423278 >.

② Weber, Max. *Economy and Society.* California：University of California Press. 1913.

③ Zimmer, Annette. *Governance and Civil Society.* http：//www. nez. uni – muenster. de/download/Zimmer＿ Civ＿ Gov. pdf（Nachwuchsgruppe "Europäische Zivilgesellschaft und Multilevel Governance" – NEZ – Working Paper）. 2007.

④ Zimmer, Annette and Birgit Sittermann. 2005. *Brussels Civil Society.* ISTR Conference working papers series. http：//www. jhu. edu/ ~ istr/pubs.

接受性，也可以减少政策执行的成本①，最终有可能弥补赤字。

在后国家时代，超国家层面的民主赤字问题的解决，更需要有效的方法。从欧盟决策体系来看，欧盟的合法性在于其行为得到了来自各方一致的广泛支持，这支持来自理事会中民主负责的国家政府的同意、直选出来的欧洲议会的肯定以及足以影响欧盟委员会的议程设定的受欧盟决策影响的和组织起来的利益的认可。因此，为了治愈合法性不足这一顽疾、减少民主赤字，欧盟机构开始找寻可能的工具和补救方法。首先，扩大欧洲议会权限、提高其地位的议会化过程是增强民主合法性的主要途径之一。欧洲议会作为一个欧盟治理体系中的第一支柱机构之一，理应承担相应的决策职能、拥有相当的权限，但显然在欧盟超国家的机构安排中它不具备民族国家体制中议会的功能，而且虽然它是由各成员国的公民直接选举出来，但本身的构成就缺乏民族国家政体内的完善的政党制度来表达公民的意志和偏好，在欧盟决策体系中居弱势地位。为了改善这种情形，欧盟机构及国家政府的首脑们经过多次讨论和协商，通过修改条约来进行持续的机构改革，逐步提高议会的地位，增加其权限。在《里斯本条约》中，欧洲议会已经具有了与部长理事会同等的决策权，即两个机构分享共同决策权（co - decision）；欧洲议会可以行使共同决策权的政策领域范围也得到极大扩充；欧洲议会也获得了预算权，可以设置欧盟的整体收支预算。② 议会地位的提高和权限的增加，有利于"部分缓和由议会的地位弱化而引起的合法性不足"。③

---

① Kohler – Koch, Beate. 1999. *Europe in Search of Legitimate Governance.* ARENA Working Papers WP 99/27；Kohler – Koch, Beate. 2008d. *Civil Society in EU governance – a remedy to the democratic accountability deficit?* Concepts & Methods, 2008：4, issue 1, p. 3 – 6；Zimmer, Annette. *Governance and Civil Society.* http：//www. nez. uni – muenster. de/download/Zimmer_ Civ_ Gov. pdf（Nachwuchsgruppe "Europäische Zivilgesellschaft und Multilevel Governance" – NEZ – Working Paper）. 2007.

② 见英文版《里斯本条约》（Treaty of Lisbon Amending the Treaty on European Union and the Treaty Establishing the European Community）.

③ 伍慧萍. 欧盟治理中的公共领域与市民社会 [J]. 德国研究, 2008 (3).

尽管如此，欧盟的结构性特征决定了在其决策层面无法完整地体现议会制民主，增强代议制民主机制也无法完全解决合法性赤字问题，因为多层次的、功能性分化的决策过程依然离普通公民太远，也缺乏有效的政治控制，只能通过参与式民主的辅助来弥补合法性的不足，要借助利益攸关群体（stakeholders）的加入来增加决策过程的民主和广泛代表性，欧盟机构为此要考虑到广泛存在的利益群体的利益需求。① 此处，利益攸关群体不仅是指政策的目标群体，还包括了来自公民社会和专家团体的行为体，有鉴于当今时代相互依存的广泛存在，它们的利益不可避免地也会受到政策影响。复兴后的公民社会理论和公民社会组织作为汇集公民利益和公民参与的渠道之一，进入了欧洲一体化的理论视野和欧盟治理实践。换句话说，欧盟合法性危机、民主危机的讨论把公民社会话语引入欧盟治理，公民社会组织凭借其中介性的功能参与到决策和执行活动中来，拓宽了公民的政治参与渠道，实现参与式民主，是弥补欧盟治理合法性赤字的途径之一。②

---

① Finke，Barbara. *Civil Society Participation in EU Governance*. Living Reviews in European Governance. http：//www. Livingreviews. org/lreg – 2007 – 2（10 – 04 – 2008）；Kohler-Koch，Beate. *Political Representation and Civil Society in the EU*. Paper prepared for CON-NEX Thematic Conference on Political representation. European University Institute Florence，May 25 – 26，2007.

② 持此类观点的论著不在少数，可参考下列文献：Peeters，Marguerite A. *The principle of participatory democracy in the new Europe：a critical analysis*. Paper for the Conference on "Nongovernmental organizations：the growing power of an unelected few". American Enterprise Institute. June 11，2003. Zimmer，Annette and Birgit Sittermann. *Brussels Civil Society*. ISTR Conference working papers series. http：//www. jhu. edu/ ~ istr/pubs；Finke，Barbara. 2007. *Civil Society Participation in EU Governance*. Living Reviews in European Governance. http：//www. Livingreviews. org/lreg – 2007 – 2（10 – 04 – 2008）；Kohler – Koch，Beate. *The Organisation of Interests and Democracy in the European union*，paper prepared for the workshop "The Institutional Shaping of EU – Society Relations"，CONNEX Research Group 4，Mannheim，14 – 15 October 2005；Kohler – Koch，Beate. *Representation，Representativeness，and Accountability in EU – Civil Society Relations*. Paper presented at the CONNEX Final Conference "Efficient and Democratic Governance in a Multi – Level Europe" workshop 5. Mannheim，March 6 – 8，2008；Kohler – Koch，Beate. *Civil society and EU democracy："astroturf" representation*? Journal of European Public Policy，2010，Vol. 17，Issue1：100 – 116.

（三）公民社会组织与欧盟治理的关系

根据笔者 2010 年 7 月 19 日在曼海姆大学图书馆网络①目录的文献查询，以"欧盟治理中的公民社会"（civil society in European governance）为关键词，得出的成果列表为 66 项之多（著作为 60 册，论文为 6 篇），其中 2000 年之前的成果只有 4 项；2000 年以来的成果则为 62 项。而当日根据社会科学引文索引（SSCI②）的检索，同样以欧盟治理和公民社会（European governance * civil society）为主题词，在 1990—2010 年的成果为 55 篇论文，涉及不同的学科门类如政治学、公共管理学、国际关系、社会学等，2008 年 12 篇，2009 年 11 篇，2007 年 9 篇，2010 年 6 篇，2005 年 5 篇，2003 年和 2006 年各 3 篇，2002 年和 2004 年各 2 篇，2003 年和 1999 年各 1 篇。可以初步判断，西方的学者们（起码是英语世界）自从 21 世纪的前 10 年才开始把关切的目光转向公民社会组织对欧盟治理与事务的参与的研究上，而公民社会与欧盟治理的关系也是欧盟机构关注的实际问题。自 1994 年以来，欧盟委员会的框架计划③（主要是 1998—2002 年的第 5 个框架计划和 2002—2006 年的第 6 个框架计划）资助了很多科研项目对公民社会组织和欧盟治理相关课题进行深入研究，从各个角度描述、探讨了公民社会组织与欧盟的治理、民主的关系，出版了大量相关的著作及其他成果，为我们提供了丰富而翔实的材料，是本书研究的主要文献资料来源。

---

① 见德国曼海姆大学图书馆网站。
② 见网站 ISI web of knowledge。
③ 指 European Framework Programme，是欧盟委员会对科学研究的资助和支持计划，每 4 年为一个周期。自从 1994 年的第 4 个框架计划开始，对人文和社会科学方面的研究进入欧盟资助的范围。从 1994 年到 2006 年间，受到资助的有关欧盟治理（EU governance）的课题为 73 项，参与课题研究的大学和科研机构 751 家，资助总额仅第 5、6 个计划就接近 6300 万欧元（数据见 Larat and Schneider, 2009, Trends and Patterns in Governance Research）。

1. 公民社会概念的复兴

20 世纪 70 年代以来，公民社会概念在政治话语中重新被挖掘出来，尤其是中东欧的政治转型和拉丁美洲的独立运动使学术界重新认识了公民社会的作用和地位。这一复苏标志着政治科学中民主理论的转折点。① 在此之前的 20 多年间，西方的民主理论中的主导话语是代议制民主，主要集中在民主体系的合法性的输出（output legitimacy）方面，而合法性的输入（input legitimacy）则成为参与式民主的主导论调，公民社会的复兴是参与式民主重要的构成部分。据西方学者的研究，公民社会理论重获生命力，起码要缘于 3 项各不相同的社会和政治路径②：首先是福利国家的"增长的极限"③，指福利国家的发展挑战了民主国家解决问题的能力，超出了其能力底线；其次，自 20 世纪 80 年代以来，受到良好高等教育的公民越来越多地意识到并开始指摘代议制民主的闭门政策，以高知公民为主体的社会运动的兴起给代议制政府施加了不小的压力；最后，在国际舞台上，全球化也只能拱手让位于"没有政府的治理"④，而这样的治理则伴随着国际范围内非政府组织的勃兴。在上述 3 股力量的驱使下，在纷繁变换的环境中，社会科学研究及欧盟机构都把视线转向了公民社会理念，寄希望于借公民社会的加入来寻求深化和扩大民主参与。换句话说，欧盟公民社会组织的参与蕴含着对更好的规制、更有效的咨询、多层次民主治理等目标的追寻理想。

---

① Zimmer, Annette. *Governance and Civil Society*. http：//www. nez. uni – muenster. de/download/Zimmer_ Civ_ Gov. pdf；Zimmer, Annette and Matthias Freise. *Bringing Society Back in：Civil Society, Social Capital, and Third Sector*. In：Maloney, William A. and Jan W. van Deth.（eds）. Civil Society and Governance in Europe. From national to international linkages. Cheltenham & Northampton：Edward Elgar, 2008：20.

② Zimmer, Annette. *Governance and Civil Society*. http：//www. nez. uni – muenster. de/download/Zimmer_ Civ_ Gov. pdf.

③ Flora, Peter（eds）. *Growth to Limits：the western welfare states since world war II*. Berlin：De Grueter, 1986.

④ Rosenau, James N. and Ernst – Otto Czempiel. *Governance without Government：Order and Change in World Politics*. Cambridge University Press, 1992.

国内近年来对公民社会、市民社会的研究数量也非常丰富。在万方数据和中国知网两大数据库中，以公民社会、市民社会为关键词的搜索结果则颇为丰富，直接关系到公民社会理论的历史嬗变的文章至少40篇。在公民社会研究方面，专家和学者们多角度地挖掘了公民社会的西方理论源流，主要联系到民族国家内部公民社会的构建，为笔者分析梳理公民社会概念的演进提供了有益的材料。

2. 组织起来的公民社会：布鲁塞尔利益集团中的一类

近年来，在布鲁塞尔各种利益代表迅速出现和发展，主要表现在欧洲层面上的利益代表有了大量增加，许多新的欧洲利益组织联盟已经建立，各类行为体也在布鲁塞尔设立了联络点，职业说客们也积极参与到欧洲事务中来（科勒－科赫，2004；2006）。欧洲利益团体以"协会的协会"（association of associations）方式组织起来①，在国家层面和欧盟层面的各类场合开展长久和昂贵的游说工作。欧盟治理实质上是形成了一种"欧洲化的利益协调体系"② 和向各类行为体开放的政治空间。③加上原本复杂的欧盟决策体系，布鲁塞尔已经成为各类利益行为体相互竞争又相互合作的场域，牵涉进欧盟决策程序中的私人利益行为体、次国家行为体的越来越多，在各政策领域和不同的决策阶段，各类角色和欧盟的互动形式也各种各样。

与此同时，在实践中，公民社会组织作为一支代表多元利益的社会力量，以集体的面貌聚集在布鲁塞尔，成为各类组织起来的利益（organized interests）中的一类，也同商业利益群体等角色一起，参与了欧盟治理活

---

① Jachtenfuchs, Markus and Beate Kohler – Koch. *The Transformation of Governance in the European Union.* MZES Arbeitspapiere Arbeitsbereich Ⅲ ／ Nr 11. Mannheim 1995.

② Kohler – Koch, Beate. *The Organisation of Interests and Democracy in the European Union*, paper prepared for the workshop "The Institutional Shaping of EU – Society Relations", CONNEX Research Group 4, Mannheim, 14 – 15 October 2005.

③ 贝阿特·科勒－科赫. 欧洲治理的演变和转型［M］//俞可平. 全球化：全球治理. 北京：社会科学文献出版社，2003：282.

动。它们的性质迎合了欧盟运作机能的需求，也正是欧盟政体自身的独特之处吸引着利益代表去追求自身的权利并施加影响。① 有学者研究了在布鲁塞尔组织起来的大型公民社会组织，称它们为"consortia"②，如绿8集团（Green 8）、欧洲公共健康联盟（EPHA）、社会平台（Social Platform）等，简单探讨了其组织规模和它们与欧盟机构的互动。③

　　于是"组织起来的公民社会"（organized civil society）成为一个新的流行词语，指那些与布鲁塞尔的公共机构有直接的、制度化的关系的组织群体，包括非政府组织、社会运动组织及网络、倡议群体、慈善团体、自助团体和推广性组织的代表。④ 第三部门研究者们认为公民社会组织是承担多功能和多任务的实体，从事游说活动、提供服务，也具有社会融合功能。⑤ 这些表明，布鲁塞尔已经成了公民社会组织、各种利益团体、游说组织聚集的"风水宝地"。

----

① 贝阿特·科勒-科赫. 转型视角下的欧洲联盟治理［J］. 南开学报（哲社版），
　 2006（1）.
② Consortia 英文原意为大财团、大鳄。而布鲁塞尔的公民社会组织由于规模比较大，
　 涵盖了诸多组织，会员总数也就非常可观，因而，称之为公民社会中的大鳄也不为
　 过。
③ Eisele，Gudrun. 2005. *European civil society – a glance at recent literature.* Junior Research
　 Group "European Civil – Society and Multilevel Governance". http：//nez. uni – muen-
　 ster. de/download/eisele_ – _ european_ civil_ society. pdf；Peeters，Marguerite A. *The*
　 principle of participatory democracy in the new Europe：a critical analysis. Paper for the Con-
　 ference on "Nongovernmental organizations：the growing power of an unelected few". A-
　 merican Enterprise Institute，June 11，2003.
④ Greenwood，Justin. *Review Article：Organized Civil Society and Democratic Legitimacy in the*
　 European Union. British Journal of Political Sciences，2007，37：333 – 357；Ruzza，
　 Carlo and Emanuela Bozzini. *Organised Civil Society and European Governance：Routes of*
　 Contestation. In：European Political Science. 2008，Jg. 7，Heft 3，S. 296 – 303.
⑤ Zimmer，Annette and Matthias Freise. *Bringing Society Back in：Civil Society，Social Cap-*
　 ital，and Third Sector. In：Maloney，William A. and Jan W. van Deth.（eds）.
　 2008. Civil Society and Governance in Europe. From national to international linka-
　 ges. Cheltenham & Northampton：Edward Elgar. 19 – 44；Zimmer，Annette and Birgit Sit-
　 termann. *Brussels Civil Society.* ISTR Conference working papers series. http：//
　 www. jhu. edu/ ~ istr/pubs. 2005.

3. 公民社会组织对欧盟政策过程的参与

组织起来的公民社会的出现给欧盟治理面临的困境提供了解决方案，把公民社会组织纳入欧盟政策过程研究成为欧盟机构和学界的共识。在秉承着咨询体制外的专家、协会、利益群体的经验做法的基础上，至少从 2001 年欧盟治理白皮书颁布以来，以欧盟委员会为代表的欧盟各机构开始讨论与公民社会组织建立密切合作的可能性和可能的收益，已经明确地表达了把公民社会组织纳入自身政治过程的愿望（"involvement of civil society"，COM 2001），着力发掘公民社会的潜能，并把公民社会组织的参与作为解决欧盟多层治理的民主赤字和合法性赤字的良药（remedy for the democratic deficit of the Union）。作为组织起来的公民社会的合法性代表的经济和社会委员会，更是把公民社会组织的参与列入了优先考量（EESC 1999）。不仅仅是欧盟机构的官员们承认了公民社会对欧盟的重要性和对欧盟民主的潜力，政治理论家和社会科学家们也展开了对欧盟治理与公民社会组织的关系的研究。欧盟委员会自从 1998 年起，耗资百亿在各框架计划中资助了由知名专家学者和学术科研机构领衔开展的有关欧盟民主治理和公民社会参与的数百项课题，推动了对此问题的研究热潮，其中重大项目有 Connecting Excellence on European Governance（CONNEX），Organised Civil Society and European Governance（CIVGOV），European Civil Society Network（CiSoNet），New Modes of Governance（NEWGOV），Civil Society，Citizenship and New Forms of Governance in Europe（CINEFOGO），等等。各类研究的主要方向为：

（1）公民社会与欧盟机构的关系。科勒－科赫和其他一些学者研究了欧盟与公民社会关系的发展过程[1]，认为公民社会组织与欧盟机构

---

① Kohler – Koch, Beate. *The Three Worlds of European Civil Society – What role for civil society for what kind of Europe?* Policy and Society, 2009. Vol. 28, Issue 1. pp. 47 – 57; Kohler-Koch, Beate et al. *Enhancing Multi – Level Democracy by Organizing Civil Society Input.* Paper presented at the 20th IPSA World Congress, Fukuoka, July 9 – 13, 2006.

已经形成了制度化的合作关系，有特定的制度和程序、规则和规范对二者的合作关系进行规定和指导。在欧盟机构中，欧盟委员会是非常积极推动欧盟与社会关系的角色，而且明确表达了改进欧盟民主合法性的愿望。① 戴拉·伯达（Della Porta）和拉扎（Ruzza）从欧洲新社会运动的角度研究了公民社会组织与欧盟治理的关系，认为环保主义、反种族歧视等方面的社会运动组织起到了动员欧盟层面公民社会的作用，是宪政要素（constitutionalizing factor），有可能自下而上地促进欧洲认同的发展。② 另外一些研究对欧盟与国家层面公民社会的关系进行考察，认为欧盟机构是一种政治资源，而非政府组织则是驱动变革的重要角色。欧盟资源的使用的确增加了国家层面公民社会组织的能力，欧盟在提供机会的同时也对它们的活动施加了限制。③

（2）公民社会组织对欧盟治理的参与。芬克（Finke）认为是欧盟合法性危机问题使得公民社会被重新发现和重视，20 世纪 80 年代兴起

① Kohler－Koch and Finke 2007；Kohler－Koch, Beate. *Representation, Representativeness, and Accountability in EU－Civil Society Relations.* Paper presented at the CONNEX Final Conference "Efficient and Democratic Governance in a Multi－Level Europe" workshop 5. Mannheim, March 6－8, 2008. Kohler－Koch, Beate. *Civil Society and Representation: is there a Hole in the Whole?* Paper presented at the CONNEX workshop on Representation. EUI Florence, April 23－24, 2008. http://www.connex－network.org/eurogov/pdf/egp－connex－C－05－01.pdf；Kohler－Koch, Beate. *Civil Society in EU governance－a remedy to the democratic accountability deficit?* Concepts & Methods, 2008. Vol. 4, Issue 1: 3－6；Kohler－Koch, Beate. *Civil society and EU democracy:"astroturf" representation?* Journal of European Public Policy, 2010. Vol. 17, Issue1, 100－116.

② Della Porta, Donatella. *The Emergence of European Movements? Civil Society and the EU.* Paper presented at the plenary session of the CINEFOGO Network of Excellence. Mid－Term conference on European Citizenship－challenges and possibilities. Roskilde University, Denmark, June 1－3, 2007；Ruzza, Carlo and Vincent Della Sala (eds.). *Governance and Civil Society in the European Union* (Vol. 1: Normative Perspectives). Manchester: Manchester University Press, 2007；Ruzza, Carlo. *EU Public Policies and the Participation of Organized Civil Society.* Working Papers del Dipartimento di studi sociali e politici, Università degli studi di Milano. 2005－11－25.

③ Sudbery, Imogen. *The European Union as political resource: NGOs as change agents?* Acta Politica, 2010. 45, 136－157 (14 April 2010).

的利益团体研究和 20 世纪 90 年代展开的参与式治理研究也是公民社会研究的理论源头。她也区分了两种不同的公民社会研究途径，即以合法性输出为主导的研究（注重的是公民社会组织对有效的治理和问题解决的贡献）和合法性输入为目标的研究（关注的是增强参与式民主）方法。① 有多位学者研究了组织起来的公民社会或公民社会组织对欧盟治理参与，认为它们是组织起来的利益群体，可以代表公民参与欧盟事务。② 同时，组织起来的公民社会对欧盟的参与也可以作为争论和竞争（contestation）的途径③，如同其他利益代表一样，公民社会组织也成为游说欧盟机构的一员，它们也按照成员逻辑和影响逻辑开展活动，并且变得更加专业化。有学者分析了公民社会对全球治理和欧盟治理的参与的不同方式④，也有学者研究在扩大后的欧盟中新入盟的中东欧国家的公民社会组织对欧盟治理的参与及其影响，认为它们的力量及影响与

---

① Finke, Barbara. *Civil Society Participation in EU Governance*. Living Reviews in European Governance. http：//www. Livingreviews. org/lreg－2007－2（10－04－2008）.

② Eising, Rainer. *Interest groups in EU policy－making*. http：//europeangovern ance. livingreviews. org/Articles/lreg－2008－4/；Steffek, Jens and Stijn Smismans. *Civil Society participation in European Governance. NEWGOV Policy Brief*, 2007, *No. 11*.

③ Ruzza, Carlo and Emanuela Bozzini. *Organised Civil Society and European Governance：Routes of Contestation*. In：European Political Science, 2008 Jg. 7, Heft 3, S. 296－303；Bozzini, Emanuela. *Organized Civil Society and European Governance：Findings and Contributions to the State of the Art from the CIVGOV project*. In：Freise, Matthias（ed.）. European Civil Society on the Road to Success? Baden－Baden：Nomos. 2007.

④ Steffek, Jens and Patrizia Nanz. *Emergent Patterns of Civil Society Participation in Global and European Governance*. In：Steffek, Jens et al.（eds.）：Civil Society Participation in European and Global Governance, A Cure for the Democratic Deficit? London：Palgrave, 2007：1－29.

老成员国相比都处于弱势。①

　　（3）一些研究关注的是欧盟治理中的参与机制（participatory engineering），包括欧盟治理如何向不同的包括公民社会在内的社会角色开放（opening EU governance to civil society），使它们得以在欧洲层面组织起来，并给弱势行为体以发言权。② 事实上，欧盟的决策过程对讨论而非对讨价还价开放③，这样以适当方式来平衡竞争性的利益。④ 而欧盟机构塑造了欧洲层面的公民社会话语⑤，特别是欧盟委员会努力为公民社会的欧洲化提供条件，为它们提供资金，并设定咨询规则⑥，一些案例分析则侧重于不同政策领域中欧盟机构的咨询（consultation）机制中公民社会组织的参与，也提到咨询机制作为一种制度对于参与其中的角

---

① Lane, David. *Civil Society in the Old and New Member States*: *Ideology*, *institutions and democracy promotion*. In: European Societies, 2010. Volume 12, Issue 3, 293 – 315; Pleines, Heiko. *Is this the way to Brussels? CEE civil society involvement in EU governance*. Acta Politica , 2010. 45, 229 – 246（14 April 2010）; Sissenich, Beate. *Weak states*, *weak societies*: *Europe's east – west gap*. Acta Politica, 2010. 45, 11 – 40（14 April 2010）; Kutter, Amelie and Vera Trappmann. *Civil society in Central and Eastern Europe*: *The mbivalent legacy of accession*. Acta Politica, 2010. 45, 41 – 69（14 April 2010）.

② Zittel, Thomas. *Participatory Engineering*: *Theoretical Assessment and Empirical Findings*. in Kohler – Koch, Beate; Dirk De Bièvre und William Maloney（Hrsg. ）2008. *Opening EU – Governance to Civil Society*. Mannheim: CONNEX Report Series / Nr. 5, 2008: 119 – 144.

③ "Arguing other than bargaining", arguing 与 bargaining 的区别在于: arguing 是一个经过协商达成共识的过程，而 bargaining 则是零和游戏，是参与者对利益分配的讨价还价，A 之得即是 B 之失。

④ Kohler – Koch, Beate. *Organized Interests in the EC and the European Parliament*. European Integration online Papers（EIoP）, Vol. 1（1997）N° 9; http: //eiop. or. at/eiop/texte/1997 – 009a. htm; Kohler – Koch, Beate. *European governance and system integration*. European Governance Papers（EUROGOV）No. C – 05 – 01, http: //www. connex – network. org/eurogov /pdf/egp – connex – C – 05 – 01. pdf.

⑤ Smismans, Stijn. *European Civil Society*: *Shaped by Discourse and Institutional Interests*. European Law Journal, 2003. Vol. 9, No. 4.

⑥ Sánchez – Salgado, Rosa. *Giving a European dimension to civil society organizations*. Journal of Civil Society, 2007. Vol. 3, No. 3.

色行为的影响。① 通过对欧盟制宪过程的考察，福苏穆和特伦茨（Fos-
sum and Trenz）指出，这一过程为社会争议开放了一个空间，而且把注
意力集中在对欧盟事务方面的公共讨论上。②

（4）公民社会（的参与）与欧盟民主的关系，这是一个新的研究
领域。民主是欧洲政治一体化的组织原则和推动力，欧盟民主制度的前
提是一个跨国范围内的公共领域的建立，维持其运转必要的机制则需要
特定的制度安排，这种安排即是参与式治理。参与式治理的优势在于提
高决策的质量，而这正是欧盟大力鼓励和实行的治理安排，公民社会组
织的参与或者可以促进欧盟善治。③ 出于在欧盟重新构建民主的愿望，
无论是政治学科、社会学科还是法律学科都对欧盟多层治理安排中的民
主问题进行了探讨，有关代议制民主、协商民主和参与式民主的方法都
对欧洲公民社会具备的合法性和民主化潜力抱有希望。无论是自上而下
的伙伴关系还是自下而上动员"社会成员"的途径都在公民社会概念

---

① Quittkat, Christine and Barbara Finke. *The EU Commission Consultation Regime*, in：
Kohler – Koch, Beate, Dirk De Bièvre and William Maloney（Eds.）. Opening EU –
Governance to Civil Society. Mannheim：2008. ［CONNEX Report Series / No. 5］：183 –
222；Kohler – Koch, Beate and Vanessa Buth. *Civil Society in EU Governance? Lobby
Groups like any other?* TranState Working Paper, 108. SFB 597. Staatlichkeit im Wan-
del. 2009；Persson, Thomas. *Democratizing European Chemicals Policy：Do Consultations
Favor Civil Society Participation?* Journal of civil society, 2007, Vol. 3, No. 3：223 –
238；Kohler – Koch, Beate and Barbara Finke. 2007. *The Institutional Shaping of EU – so-
ciety Relations：A Contribution to Democracy via Participation?* Journal of Civil Society,
Vol. 3, No. 3.

② Fossum, John Erik, and Hans – Jörg Trenz. 2006. When the people come in：Constitution-
making and the belated politicization of the European Union. European Governance Papers
（EUROGOV）No. C – 06 – 03, http：//www. connex – network. org/eurogov/pdf/egp –
connex – C – 06 – 03. pdf.

③ Heinelt, Hubert. *Participatory Governance and European Democracy*. In Kohler – Koch,
Beate and Berthold Rittberger（ed.）. Debating the Democratic Legitimacy of the European
Union. Lanham：Rowman and Littlefield Publishers. 2007；De Schutter, Olivier. *Europe in
Search of its Civil Society*. European Law Journal, 2002. Volume 8, Number 2, June,
198 – 217.

的旗帜下得到了关注。①

自 21 世纪初以来，以贝阿特·科勒-科赫教授为主要代表，从民主代表性（representation）和责任性（accountability）的视角，长期开展持续研究，讨论公民社会的参与对欧盟民主的可能性促进。② 有学者研究欧盟背景下公民社会与代议制民主安排的关系③，考察了组织起来的公民社会对欧盟民主合法性的意义④，也考察了在中南欧民主构建过程中公民社会的作用。⑤ 有学者从协商民主的角度看公民社会的参与对欧盟民主的促进方面的潜力，认为凭借公民社会的输入可以提高多层体系的民主⑥，指出了公私行为体之间的合作互动具备的民主潜能，在盟

---

① Liebert, Ulrike and Hans - Jörg Trenz. *Civil society and the reconstitution of democracy in Europe：Introducing a new research field.* Policy and society, 2009. Vol. 28, Issue 1.

② Kohler - Koch, Beate. 2002. *Interdependent Governance：Accountability and System Transition.* Paper presented at the First Pan - European Conference on European Union Politics. Bordeaux；Kohler - Koch, Beate. *Civil Society and Representation：is there a Hole in the Whole?* Paper presented at the CONNEX workshop on Representation. EUI Florence, April 23 - 24, 2008；Kohler - Koch, Beate. *Civil Society in EU governance - a remedy to the democratic accountability deficit?* Concepts & Methods, 2008：4, Issue 1：3 - 6；Kohler - Koch, Beate. *The Three Worlds of European Civil Society - What role for civil society for what kind of Europe?* Policy and Society, 2009. Vol. 28, Issue 1. pp. 47 - 57；Kohler - Koch, Beate. *Civil society and EU democracy："astroturf" representation?* Journal of European Public Policy, 2010. Vol. 17, Issue 1：100 - 116.

③ Rittberger, Berthold. *The historical origins of the EU's system of representation.* In：Journal of European Public Policy. 2009. Vol. 16（1）, 43 - 61；Trenz, Hans - Jörg. *European civil society：Between participation, representation and discourse.* In：Policy & Society, 2009. Vol. 28（1）：35 - 46.

④ Greenwood, Justin. Review Article：*Organized Civil Society and Democratic Legitimacy in the European Union.* British Journal of Political Sciences, 2007. 37, 333 - 357.

⑤ Mavrikos - Adamou, Tina. *Challenges to democracy building and the role of civil society.* In：Democratization, 2010. Volume 17, Issue 3：514 - 533.

⑥ Friedrich, Dawid. *Old Wine in New Bottles? The Actual and Potential Contribution of Civil Society Organizations to Democratic Governance in Europe.* RECON Online working paper 2007/08；Kohler - Koch, Beate et al. *Enhancing Multi - Level Democracy by Organizing Civil Society Input.* Paper presented at the 20ᵗʰ IPSA World Congress, Fukuoka, July 9 - 13, 2006.

框架内则指公民社会组织的参与对促进欧盟民主的可能性。①

相比较而言，国内关于公民社会组织对欧盟治理的参与的相关成果比较少。可以见到的有谭康林 2008 年的文章《公民社会组织对欧盟政策制定的影响——以生物技术政策为例》，伍慧萍的《欧盟治理中的公共领域与市民社会》（2008）。只有一篇硕士论文（田也《浅析市民社会组织在欧盟治理中的作用》，2006）简单地对市民社会组织在欧盟治理中的作用进行了探讨，认为欧盟的特殊治理结构是市民社会组织发挥作用的平台。该论文简单梳理了欧盟层面的市民社会组织的发展状况，认为他们通过 4 种策略进行说服、交往和施压活动影响决策，对欧盟的政治决策进行影响，包括信息策略、抓住象征性事件、通过成员国和监督政策的执行。论文还详细论述了欧盟层面市民社会组织在以下 3 个方面的作用：影响欧盟的决策，弥补政府治理能力的不足，增进民主政治。这篇论文认为市民社会组织包括所有非政府行为体，把工商企业等经济行为体也都纳入其范围。其他一些文章的内容则零星散布，如欧盟不同政策领域的非政府组织的参与，或者开放式协调法。

（四）对公民社会参与欧盟治理的研究评价

根据上述对有关欧盟治理中公民社会参与的研究，展示了治理理论在欧盟的理论和实践，欧盟的合法性危机和民主赤字问题与公民社会的话语的关系，以及公民社会组织与欧盟治理的关系研究等，为我们了解欧盟的运作提供了丰富的文献和资料，笔者从中受益匪浅。但其中仍然有不足之处：

对公民社会组织的界定较窄且模糊。笔者搜集到的资料中，公民社

---

① Kohler - Koch, Beate. *Political Representation and Civil Society in the EU*. Paper prepared for CONNEX Thematic Conference on Political representation. European University Institute Florence, May 25 - 26, 2007; Kohler - Koch, Beate. *The Organization of Interests and democracy in the European Union*. In: Kohler - Koch, Beate and Berthold Rittberger (eds.). Debating the Democratic Legitimacy of the European Union. Lanham: Rowman & Littlefield, 2007.

会是一个混合性的概念，范畴不够清晰。大部分公民社会研究者，把经济利益群体如工商业协会、公司等也列入了公民社会范畴。笔者认为，这些角色所要追寻的是特定群体的利益（special interest），是追求自身利益的最大化，与那些公益组织的目标（public interest）有极大不同，二者如果归属于同一类则会导致公民社会概念更加模糊。而欧洲公民社会有时指欧盟成员国内部的公民社会组织，有时却又指欧盟范围内所有公民社会组织的综合，有待进一步明确。

能够见到的少数关于欧洲层面的公民社会组织的研究，关注到了公民社会组织的欧洲化现象，注意到公民社会在欧盟层面组织起来的现象，但对其历史发展、现状，对欧盟事务的参与和影响都是单独进行考察，极少专门对在欧盟层面的公民社会群体进行系统的研究。

国内的研究对欧盟治理中公民社会组织的参与研究更加稀少。国内对欧盟治理的研究，大多是从宏观的层面把欧盟治理作为主要研究对象，关注欧盟的治理安排及欧盟机构间决策的过程以及欧盟改革的进程。另一方面，把注意力放在了国家层面的公民社会和市民社会概念，也关注到了欧盟成员国内部的利益集团和公民社会组织，而很少把公民社会与欧盟的民主问题联系在一起。

上述不足之处，是今后的研究需要弥补的，也是本书努力的方向。

三、核心概念

在开展正式的研究之前，确立文章中的核心概念是很有必要的，可以为文章的写作设定一个大致的概念框架，确定研究对象，使研究的开展更紧扣主题。

（一）公民社会与公民社会组织

公民社会（civil society），国内又翻译为"市民社会""民间社会"。本书采纳了社会学广义的三分法概念，视公民社会为位于国家和市场之间的中介领域。这样，"公民社会"只是一个很抽象的规范性的概念，自身并不具备实体意义，需要实体来承担它在政治和社会舞台的角色，也即"有组织的公民社会""组织起来的公民社会"（organized civil society）或直接说是"公民社会组织"（Civil Society Organization, CSO），这些是活跃在一个独立的不同于国家、市场或私人（家庭）领域的独特空间的结构化的民间组织，它们可以为不同的社会群体的利益鼓与呼。这个概念涵盖了很多具有下列特征的组织：非官方、非营利、独立自主、自愿、公共利益为指导。而本书的研究对象——作为欧盟治理的参与主体之一的欧洲公民社会组织（European civil society organizations），则是指总部设立在布鲁塞尔（Brussels - based）、活动范围为全欧的、代表着公共利益的、致力于影响欧盟决策和欧盟机构的非政府非营利组织，是一个比较狭义的概念。

（二）治理与欧盟治理

治理，指的是"一个过程和状态，在其中，公私行为体对社会关系和冲突进行有意识的规制"①，是用来规范参与主体行为的规则体系，并由此重新评估非国家行为体（non - state actors）在决策中的价值，这个体系也就具有了制度特性。② 在国家层面，不同于自上而下的国家行为体主导的统治方式，与治理相联系的是另外一幅画面，是指在政治事务中各类行为体之间的互动景象，政策的制定和执行不仅涉及国家行为体、选举出来的政治家、官僚们，也包括了私营部门的行为体，如各种

---

① Kohler - Koch, Beate and Berthold Rittberger. 2006. *The "Governance turn" in EU studies*. In：JCMS：Journal of Common Market Studies, 44：27 - 49.

② Mayntz, Renate. *Governance im modernen Staat*. In：Arthur Benz（Hrsg.），Governance-Regieren in komplexen Regelsystemen. Eine Einführung. Wiesbaden：VS Verlag für Sozial-wissenschaften, 2004：65 - 76；Zimmer, Annette. *Governance and Civil Society*. http：// www. nez. uni - muenster. de/download/Zimmer _ Civ _ Gov. pdf（Nachwuchsgruppe "Europäische Zivilgesellschaft und Multilevel Governance" - NEZ - Working Paper），2007；Finke, Barbara. *Civil Society Participation in EU Governance*. Living Reviews in European Governance. http：//www. Livingreviews. org/lreg - 2007 - 2（10 - 04 - 2008）.

类型和各领域的协会组织、商业企业、游说团体、社会运动和公益组织、非政府组织、非营利组织或公民社会组织。可见，治理模糊了公共领域和私有领域的界线，经由公私行为体间的合作而形成的伙伴关系是治理过程中的常态，也是非常有益的工具。治理代表着政策形成和执行过程中参与的增加以及民主的深化。

欧盟治理是指在欧盟这一超国家政治体系中的社会管理的过程和行为体系，包含了欧盟内部影响权力运作的所有规则、程序和做法，这个过程中的行为体包括了欧盟超国家机构、成员国政府、经济集团和非政府组织等，这些行为体开展了不同程度的互动，其目的在于通过新的治理方式使欧盟更贴近欧洲公民，增强民主并强化欧盟机构的合法性。这一治理要体现在制定和执行更好的更具一致性的政策，把公民社会组织和欧盟机构紧密联系起来。治理也包括改进欧盟立法质量，使之更透明更有效。[①] 本书中的欧盟治理是一个治理框架和管理体系，为公民社会组织的参与提供了制度背景和框架。

（三）政治参与

一般而言，政治参与是指公民通过一定的方式直接或间接地影响政府的决定和与政府活动相关的公共政治生活的政治行为。由此可以看出：首先，政治参与的主体是公民，参与是一种行为，是自下而上的有目的性、指向性的活动，该活动旨在影响政府决策。而这样的行为既包括行为者自动地影响决策，也包括受他人动员而去影响决策者、影响政府相关活动的举动，最终的目的是公共政策中满足和实现利益。政治参与的形式多种多样，如政治选举、结社、政治表达等。但在现代社会生活中，由于公民个人极少可以直接参与到政府和国家的政策制定过程中对其施加影响，而是要通过选举自己的代理人进入议会和政府，通过他们来表达自己的偏好和利益，如议会中各党派成员。公民可以加入

---

① 见欧盟官方网站对欧盟治理条目的术语解释。

各类社会组织，通过集体的方式表达意见，因而，各类组织也成了公民利益的代言人。其中，那些以非官方、非营利、独立自主、自愿、公共利益为指导的公民社会组织，作为汇集同类公民（like‐minded）利益、维护其权益的组织化的机构，就是本书中的政治参与主体。参与的指向对象则是欧盟层面的法律和政策制定过程和行为。本书中的政治参与就是指以布鲁塞尔为基地的公民社会组织组织起来去影响欧盟层面的决策及立法过程的行为和过程。

四、理论基础

本书作为综合性的研究，建构在多重理论和视角的有力支撑之上。

（一）新制度主义（neo‐institutionalism）

新制度主义是研究欧洲一体化和欧盟的理论范式之一。这一理论认为，制度是指一系列结构、规则和操作程序，是包括了"相对持久的规则和有组织的实践的集合，这些规则和实践嵌于意义和资源结构之中"①，其中的重要因素包括规定特定场合下适当的行为的规则和做法；嵌植于认同和归属感中的意义结构；制造行为能力的资源结构。制度主义的核心假定是制度可以创造秩序和可预测性的元素，因为制度可以塑造、强化并制约行为体的行为，使他们在适当行为的逻辑下采取行为。制度还是认同和角色作用的载体和纽带，也标志着政体的特征、历史和

---

① March, James G. and Johan P. Olsen. *Elaborating the new Institutionalism*. ARENA Working paper, 2005. No. 11. 对新制度主义的论述还可见于：March, James G. and Johan P. Olsen. *Rediscovering Institutions*, New York: Free Press, 1989; March, James G. and Johan P. Olsen. *Democratic Governance*. New York: Free Press, 1995; Kohler‐Koch, Beate. *Network Governance within and beyond an enlarged European Union*. In: Verdun, Amy and Osvaldo Croci (eds). The European Union in the Wake of Eastern Enlargement, institutional and policy‐making challenges. Manchester and New York: Manchester university press, 2005: 35–53.

视野，根据新制度主义理论，政治机构是秩序的确定者和行为的规制者，可以通过制定适当的共同的行为规范以降低交易成本，并通过共同努力来解决问题。欧盟即是这样的一个基于共同的原则、规范、规则和程序之上的机构，欧盟整体有共同的利益，遵循共同的原则和规范，而欧盟内部独立的部门则又有特定的机构形象和部门利益，有独特的行为方式。这些特征对欧盟机构与公民社会组织的关系都有一定的影响。欧盟治理结构安排也如此，不仅有些特定的规则、规范和程序塑造和限定涉入其治理过程的行为体的行动，同时也确立了一种秩序，在这个秩序空间里，不同的行为体之间的互动也遵循着相应的规则和程序。公民社会组织作为欧盟治理制度框架下的角色之一，也遵循着该框架的特定规则，把自身的特点、偏好也带入了这个庞大的机构中。

（二）欧盟多层次治理理论（multilevel European governance）

欧盟治理理论是研究欧盟社会管理的一种理论方法，强调欧盟内部的异质性和复杂性、参与主体的多样性，以及行为体之间关系的多重性。欧盟治理不同于民族国家的治理，也不同于全球治理。就欧盟治理的来源和一般性质来说，"欧盟治理是各成员国参加国际谈判协调的产物，也是公民个人、压力集团、政府间组织和非政府间组织形成的混杂联合的结果"。① 在欧盟治理框架中，国家、政府是其重要行为体之一，各成员国通过谈判、协议、条约等体现了各方共识的方式和手段参与欧盟基本事务的管理，这一治理体系也鼓励各类非政府组织、利益集团等的广泛参与、共同协作，体现出欧洲联盟这一新型组织形式的复杂性、动态性、自愿性、非强制性、地理范围上的交叉重叠性和非中心化等特征。在欧盟背景下，治理是一个过程和状态，在此过程中，公共角色和私有角色的互动方式、社会角色对欧盟政治过程的参与机制也已经制度

---

① 贝阿特·科勒-科赫. 转型视角下的欧洲联盟治理［J］. 南开学报（哲社版），2006（1）.

化了。公民社会组织是欧盟治理的参与主体，也是欧盟治理的指向
对象。

（三）协商民主理论（deliberative democracy）

协商民主理论主张一种特别的治理形式，即自由平等的公民在公共
协商过程中，进行对话、评论、审视相关理由，赋予立法和决策合法
性，从而实现社会的目标。这一民主流派探索的是公共领域中政治决策
和协商之间的联系，借由向政治体系提出社会关心的主题和议题，使决
策者证明他们的决策有利于共同利益的做法，可以提供民主合法性。哈
贝马斯是协商民主理论的推动者，他认为，公民社会有利于公共领域的
形成，在这个空间里各类行为体开展协商和讨论，达成一致意见。公共
领域是一个"通过公民社会的协会组织网络植根于生活世界的交流结
构"①，一个运转良好的公共领域有赖于一个特定的社会基础结构，这
个结构是公民社会提供的，也要由公民权利来保障。哈贝马斯强调公民
社会的机构性核心是非政府、非经济联系和志愿组织，它们主导着公共
领域的机构架构，是生活世界的社会成分（society component）。公民社
会"由那些在不同程度上自发出现的社团、组织和运动所形成。这些社
团、组织和运动关注社会问题在私域生活中的反响，过滤和传递并将这
些反响放大并集中和传达到公共领域之中。公民社会的关键在于形成一
种社团的网络，对公共领域中人们普遍感兴趣的问题形成一种解决问题
的话语体制"。② 由此可见，被哈贝马斯视为公民社会的组织核心的那
些机构和实体，是真正把公民在私有领域的经验联系到公共领域中正式
的政治决策过程的中介。

而在另外一位理论家阿伦特的协商民主话语中，公共领域则是一种

① Habermas, Jürgen. *Between Facts and Norms* ［M］. Cambridge：Polity Press，1996：359.

② Habermas, Jürgen. *Between Facts and Norms* ［M］. Cambridge：Polity Press，1996：367.

开放、多元与民主的政治空间，在这个空间里每一个平等的社会共同体成员可以自由参与和平等交流。阿伦特特别强调的是公共领域和公民社会的公共性，公共性不仅意味着无障碍的开放性，还表示着一种平等、积极的政治参与，意味着对多样性的尊重与肯定。自我认识离不开与他人的沟通和交流，在互动式的参与辩论中，公共领域的公共性即得到体现，人类认识自我的经验与认识社会的能力得到了提高。总之，在协商民主理论中，完善民主程序、扩大参与范围、自由平等对话是消除群体间的矛盾和社会冲突、实现公共利益的有效途径，公民对政治生活的积极参与和国家与社会之间的界限是不可或缺的两个重要元素。而公民社会组织应该代表生活世界的多元化的利益，并参与公共的、自我反思性的横向的交流互动。在欧盟治理背景中，协商民主理论中的公共领域和公民社会概念具有了新内涵，公民社会组织的参与成为欧盟协商式决策过程的组成部分。

（四）参与式民主理论（participatory democracy）

顾名思义，参与式民主则是强调所有公民可以直接充分地参与公共事务决策，从议程的设定到执行都应该有公民的参与。当代意义上的"参与式民主"（participatory democracy）概念在 20 世纪 60 年代提出，最初主要关注社会民主领域的参与，特别是与工作场所的民主管理联系在一起。1970 年佩特曼的《参与和民主理论》一书的出版标志着参与民主政治理论的正式出现。此后参与式民主一直被研究者们认为是代议民主的补充：有鉴于公民们对现有民主机构的支持日益收敛和广泛的政治冷漠症，参与式民主强调要以各种方式加强和扩大参与，弥补代议制民主的缺陷，提高民主制度的政治效能。[①] 欧盟民主治理视野中的参与式民主是一个强调公民对政治生活的参与的术语，包括了公民通过社团

---

① 有关参与式民主的详细论述见 Zittel and Fuchs, 2007；Finke, Barbara. *Civil Society Participation in EU Governance*. Living Reviews in European Governance. http：//www. Livingreviews. org/lreg – 2007 – 2（10 – 04 – 2008）.

组织对欧盟的政策过程和欧盟机构的行为进行影响的行动，也包括公民直接通过百万人签名倡议直接提出政策动议（citizen initiative）的做法。

（五）民主理论的多元视角

公民社会组织对政治事务积极的参与是现代民主的显性特征，不同的民主理论分支强调参与的不同侧面。对本课题而言，自由的民主理论中的多元主义观点有较强的解释力。在这一视角下，民主的基本规范是平等代表性：一个政治体系之所以可以称为民主，是它必须确保每个公民有同样的权利和同等的机会参与，这样公民可以对决策过程施加平等的实际的影响。而当代社会，公民个人是不可能直接亲自参加到决策过程中的，需要由代表（representative）或代理人（agent）代替他们鼓与呼，如通过选举议会中的政党、议员和政府首脑等。代表（representation），词源上是指把某些字面上或者实际上没有显现的东西呈现出来。① 在现代社会，大多数人不能亲自出现在决策过程，因而需要由代表者（representative）来行使这个职能。代表是一种机制，通过它公民可以间接地参与政府事务，是民主真正的构成元素，是自由主义民主的"阿基里之踵"②；代表又是指公民通过合法的方式影响政治决策和公共部门官员的行为的程序和过程。③ 就这一机制的来源而言，代表制有不同模式：选举性的代表制（通过从竞争的政党里投票选举出代表性的大会，即议会）和功能性代表制（通过公民的自愿组织和利益集团中的其他私人行为体）。本书主要着重于讨论功能性代表制，它涉及公民社会组织作为"政治过程的中介群体"而充当的代表功能，并支持

---

① PITKIN H. F. *The Concept of Representation* ［M］. Berkeley and Los Angeles：University of California Press，1967：9.

② POLLACK J.，et al. *On Political Representation，myths and challenges*. RECON Online Working Paper，2009/03，http：//www. reconproject. eu/ projectweb/ portalproject/ RECONWorkingPapers. html.

③ Eriksen，Erik O. and John Erik Fossum. *Reconstituting European Democracy*. ARENA working paper，2008. No. 01.

"各类组织与公共权威部门的直接互动"。① 在功能性代表制下，平等权的实现比在选举代表制下困难得多，因为公民的自愿组织面临很多难题，其中最大的两个障碍是由角色的特质导致的结构失衡以及集体行动的逻辑。② 所以，并非所有公民和他们的组织及特定利益都能够同样被代表。这样，公民社会组织就获得了代表性的作用：③ 除了由政党和选举出来的官员代表自己以外，公民在欧盟层面也可以由公民社会组织来代表；另外，公民社会组织也负责监督政治过程以使决策者对自己的行为负责。

五、研究思路与创新之处

从方法上来说，本书属于综合性的、系统的研究。在掌握国内外相关研究现状的基础上，进行了理论的细致梳理，确立了理论框架，写作中采取了定性分析与定量分析的紧密结合，并通过案例来佐证书中的观点。

（一）创新之处

1. 选题的视角新

本书从公民社会组织的政治参与入手，考察欧盟这样复杂独特的庞大的政治体系内部民主的实现途径。本书认为公民社会组织对欧盟治理的参与具有民主潜质，是民主定义中"民治"原则（by the people）的

---

① SMISMANS S. *Law*, *legitimacy*, *and European governance*: *functional participation in social regulation* [M]. Oxford [u. a.]: Oxford University Press, 2004.

② KOHLER – KOCH B, et al. *Enhancing Multi – Level Democracy by Organizing Civil Society Input* [M]. Fukuoka: the 20th IPSA World Congress, 2006.

③ KOHLER – KOCH B. *Civil Society and Representation*: *is there a Hole in the Whole?* [R]. EUI Florence: the CONNEX workshop on Representation, 2008; KOHLER – KOCH B. Civil Society in EU governance – a remedy to the democratic accountability deficit? [J]. Concepts & Methods, 2008, 4 (1): 3 – 6.

体现。不同于其他欧盟研究，本书把欧洲一体化和欧盟治理作为公民社会组织的参与行为的历史背景和框架条件，以小见大，主要目的是揭示欧盟的民主治理的实现。本书指出，欧盟的结构性特征决定了在其决策层面无法完整地体现议会制民主，只能通过参与式民主的辅助来弥补合法性的不足，公民社会则是参与式民主的重要角色。

2. 对公民社会概念的发展与延伸

传统的公民社会一般都是对民族国家（state）而言的，强调一国国内的公民社会组织发展情况及其对国内事务和政治的参与。尤其是中国近年来国内学界对公民社会的研究，更是着眼于地域意义上的国家层面的公民社会组织，并未把它与欧盟超国家层面的民主与治理联系起来。本书则把视角投向了以布鲁塞尔为总部的公民社会组织，它们是欧洲一体化、欧盟事务参与的主体之一，本身就是在新的特定条件下产生和发挥作用的新生事物，突破了传统意义上的公民社会的概念和内涵。

3. 研究系统性

本书通过对欧盟层面公民社会组织的历史发展和组织现状的研究，提供了具有历史感和现实意义的较为详尽的状况描述和比较分析，数据翔实、新颖。并在静态的分析基础上进一步揭示其动态的活动，研究其对欧盟事务参与过程中的方式与途径，最后对其参与的价值进行了客观评估。

（二）研究思路和文章结构安排

在掌握大量国内外有关欧盟治理和公民社会等方面研究的资料和文献的基础上，本书从一个新的角度对欧盟治理的过程进行了较为深入的研究，把林肯关于民主的定义——民有、民治和民享（of the people, by the people and for the people）——和内涵延伸到欧盟治理层面，着重探讨欧盟这一特殊政体内部如何通过公民及其组织对欧盟决策过程的参与来体现民治意义上的民主治理（governance by the people），借由参与式的民主来辅助欧盟的代议制民主，以弥补欧盟民主合法性的不足，促进欧盟治理的实现。

在结构安排方面，本书第一章对欧洲公民社会理论的文化传统与历史流变进行了梳理和总结，追溯了欧盟机构官方视野中公民社会话语的演变过程，并在此基础上提出了自己对公民社会和欧洲公民社会组织的定义，主要是以布鲁塞尔为基地的、势力范围为全欧洲、代表公共利益的公民社会组织，它们是本书中参与欧盟治理的主体。

第二章则主要论述了欧洲公民社会组织嵌入欧盟治理的制度背景与现实基础，认为欧盟治理以独特的多元性、多层次、开放性的治理安排为公民社会组织的参与提供了良好的机会结构。

第三章阐释了欧洲公民社会组织对欧洲经济政治社会体系的嵌入性，回顾了欧洲公民社会组织发展历程及历史形态，介绍了欧盟层面公民社会组织的发展状况、规模等，认为它们已经在欧盟层面组织起来，维护弱势群体利益、实现公共利益，为公民提供了利益表达的一个平台和渠道。

第四章首先考察了公民社会组织融入欧盟治理的动机，回答了公民社会组织为何、如何可能参与治理的问题，论述了公民社会组织参与欧盟事务的多元化渠道和方法，并用实际的案例来阐明它们是如何参与的问题。

第五章则努力探究欧洲公民社会组织嵌入并融合到欧盟治理的功能与作用，分析欧洲公民社会组织政治参与的价值。

第一章　欧洲公民社会的文化
传统与话语演进脉络

公民社会概念在欧洲有着悠久的历史传统，其久远历史，可以追溯至古希腊、古罗马时代，其理论内涵随着人类社会和政治体系的发展而不断演进。公民社会话语到了 20 世纪 70 年代创新获得了生机，近年来成为国际关系、政治学领域的热门话题，影响到西方社会民主理论的探讨，也引起了包括我国学者在内的亚洲学术界的兴趣。但至今，公民社会的定义，仍然由于研究者各自的背景、出发点和角度的不同而具有各种各样的色彩。本章着重梳理西方公民社会理论的演进脉络，探讨公民社会这个概念从古典的到现代的公民社会理论的演进及各阶段理论的主要观点，主要线索是分析各种理论对国家－社会关系的侧重点，进而讨论公民社会概念在欧盟官方话语中的变迁，并在此基础上提出自己对公民社会和欧洲公民社会组织的概念界定。

一、欧洲公民社会的文化传统

公民社会概念源于欧洲，经历了从古典到现代到当代话语的演变。

（一）城邦与古典公民社会理论

从词源上讲，英文中的公民社会（civil society）来源于拉丁文 societas civilis。古希腊、古罗马时代，"公民社会"概念被学者们用来描述城邦或城市生活。公元前10世纪至公元前8世纪，古希腊由散布在爱琴海附近的岛屿和一些政治独立的城邦构成，而这些城邦起初被称为"卫城"，是设立了护卫、防护机构的村庄或居住区，这些城邦按照各自的方式安排自己的各项政治制度和社会秩序，逐渐形成了政治共同体，建立起城邦共和国，由居住其中的全体公民掌握其运转，这也是直接民主的起源。古希腊的城邦共和国中最有成就、对后世影响最大的当数雅典，在其极盛时期，全体公民得以最大限度地直接参与国家的管理，行使当家做主和民主监督的权利，实现了公民内部政治权利的平等和参政机会的均等，这极大激发了公民的积极性，也激发了社会的活力。恰如亚里士多德所言，城邦是一个至善的团体，城邦的政治是基于公民善德的美德政治，城邦生活是一种追求公共幸福的高尚的道德生活，这样的城邦生活是一种理想中的生活方式。因此，城邦也就是公民社会，是指与野蛮社会相对立的文明社会。

另外，在亚里士多德眼里，城邦是一个由自由和平等的公民所组成的社会结构，公民是城邦的主体，他们享有参与城邦政治活动的权利，这些政治权利主要包括议事和审判等，而这样的社会则可称为 Politike Koinonia。由此可见，亚里士多德认为人类本质上是政治动物，公民权和政治参与权是不可分开的。只有在城邦的政治生活中，人们才得以行使各项政治权利，反之，如果离开了城邦生活，人就不能被称为公民了。当然，对亚里士多德来说，城邦中的奴隶和妇女、自由民是不能被称为公民的，也就无法参与城邦管理活动。因而，城邦本质上是一个政治聚集地和政治的共同体，而基于城邦生活基础上的公民社会实质上就是一种政治社会。由此，亚里士多德的公民社会概念奠定了古典公民社会理论传统的基础。

公元前1世纪，西塞罗在古罗马政治和民主实践的基础上，对公民社会概念进行了进一步发展。他把亚里士多德使用的这个词 Politike Koinonia 翻译为拉丁文 societas civilis，认为 societas civilis "既是单一国家，而且也指业已发达到出现城市的文明政治共同体的生活状况。这些共同体有自己的法典（民法），有一定程度的礼仪和都市特性（野蛮人和前城市文化不属于市民社会）、市民合作及依据民法生活并受其调整以及'城市生活'和'商业艺术'的优雅情致"。① 这样看来，西塞罗的公民社会概念强调了其文明性，认为它是文明共同体，公平正义和道德在社会中起到主要的纽带和约束作用；这样的社会里既有特定的城市文化又有商业生活的氛围，还有特定的法律对政治生活进行管理和规则，是人们依法行事的政治共同体，有国家的形制。总体上说，西塞罗的公民社会理论与亚里士多德的理论同出一系，都认为公民社会是与野蛮状态相对立的文明社会，强调人的美德和正义的作用，同时公民社会也是由公民构成的政治社会。他们都属于古典公民社会理论的代表人，为后世的公民社会理论提供了坚实的基础。

自此之后的西方历史上最为黑暗的中世纪，基督教和神学家们垄断了知识传播的话语权，限制了公民社会理论的继续发展。亚里士多德的拉丁文版著作重新引起了人们的注意力，成为神学家和国王的辩护士争相利用的武器，他们或者为教会的权力辩护，或者论证国家与宗教之间的权力分工。但他们的观点，依然是以依亚里士多德的古典公民社会理论为蓝本，认为公民社会（市民社会）是政治社会或文明社会。

根据对古典公民社会理论的梳理，可以看出，这一时期的公民社会基本特征在于：首先，以政治结构和政治组织来界定公民社会，认为公民社会是政治社会、政治共同体或国家。公民社会拥有自己的法典和制度，而这些也是人类开始对自己的社会生活进行组织管理的标志。其次，公民社会当然意味着公民群体可以享受政治权利，这是与亚里士多德、西塞罗生活的古希腊和古罗马当时的社会发展和制度情况相符合的，城市里的具备公民资格的人们在法典的规制下参与对城邦（城市

---

① 戴维·米勒，韦农·波格丹诺. 布莱克维尔政治学百科全书［G］. 邓正来，等，译. 北京：中国政法大学出版社，1992.

共和国）的治理。最后，公民社会是有别于野蛮社会和野蛮状态的文明社会，这样的社会特指在城市中的生活，自由的、平等的公民在文明的状态下，共同创造美好的生活。这表明人类的发展进入了一个新阶段，摆脱了野蛮状态，进入文明社会。

（二）现代城市兴起与汉萨同盟

中世纪后期，随着东西方贸易的发展，现代意义上的城市（city）在欧洲相继兴起，如威尼斯、热那亚、米兰、伦敦、巴黎、汉堡等。商业和贸易是城市的主要经济来源，也就是说，经济利益和自由贸易是城市生活的主导。城市与乡村的不同在于，乡村居民主要从事农业生产，而城市则是从事工商业生产的人的居住地。伴随着工商业的发展和城市的繁荣，城市生活产生了一个相对于农民而言新的社会阶层，即生活在城市中的市民阶级①，他们是商人、工人或手工业者、工厂主等。当时流行着一句谚语"城市的空气使人自由"，这描绘了城市生活氛围的宽松。在此情形下，市民阶级的自我意识逐渐加强，他们在意大利的一些城市发展壮大，并逐渐走上国家政治舞台，成为一支独立的政治力量。作为从事贸易的商人或手工业者，他们在经济上日渐富裕，为了保护自己的经济利益不受侵害，自愿组织起行业协会和同业公会来表达愿望和要求。这些协会和行会是城市社会的有机组成部分，也是后来广义上公民社会组织的最初形态。

12 世纪到 13 世纪中期，欧洲莱茵河领域的商业贸易相当活跃，对外贸易的范围日益扩大，逐渐波及波罗的海流域。这个时期，北欧的海盗活动猖獗，势力也在扩大，他们把目标瞄向了从事海上贸易的商船。从事北欧贸易的商人深受其害，经济利益遭受损失，但无法独自抵御匪患。13、14 世纪的到来使得事情有所改观，此时，德国北部沿海城市

---

① 英语为 citizen，德语为 Buerger。

为了维护自己的贸易利益，联合起来组成汉萨同盟（Hanseatic League）。① 为了减少对货物造成的损失，13 世纪 80 年代，莱茵地区的各商人组织则自愿联合起来以维护共同的利益，并与吕贝克及其他控制波罗的海贸易的北德城市结成联盟，共同应对海盗和劫匪，确保贸易安全。加入同盟的包括绝大多数北德沿海城市，吕贝克、汉堡和不来梅是其核心，后来科隆、但泽、里加和柯尼斯堡也陆续加入。汉萨同盟垄断了东欧、北欧同西欧的贸易，在 14 世纪末 15 世纪初达到鼎盛时期，结盟城市多达 160 多个，同盟者之间相互享有商业优惠。汉萨同盟是商业贸易联合体，但也具有政治功能，如协调本组织成员的利益冲突、同力抗击海盗和劫匪等，以维护盟内的和平与秩序。按照黑格尔和马克思对"公民社会"的理解，汉萨同盟就是欧洲最早的跨越国界的市民社会组织，其性质与本书所讨论的欧盟范围内的公民社会组织有共同之处。

理论是对社会现实的反映。随着城市生活的发展，公民、市民（citizen）作为生活在城市中的一类新的社会阶层而具有了独特的思想观念和主张，反对专制压迫，主张自由和平等。工业革命和机械化生产的推动，使得他们逐渐发展为新的市民——资产阶级或者工人阶级。14 世纪，英文 civil society 的说法在欧洲正式出现，指由城市公民构成的民间生活，并逐渐成为政治学理论中的重要词语。与此相似，在德语中市民是 Buerger，指的是居住在由围墙围起来的城市中的人，而市民社会/公民社会的德语本意 Buerger gesellschaft 则是指由市民构成的一种社会生活状态。

（三）启蒙运动与近代公民社会理论

到了 16—17 世纪，启蒙运动中的哲学家们、思想家们转向古代典籍中寻找有力的理论支持，也根据启蒙运动的新思想元素对诸多理论进行新的挖掘性解读，促进了近代公民社会理论的形成，其中代表人物有

---

① 德语为 Hanse，意为工会、会馆、集团和同盟。

洛克和孟德斯鸠。

洛克认为，公民社会先于国家而存在，认为人类原来所处的自由、平等、独立的自然状态存在着严重缺陷，对这种自然状态的缺陷的弥补只有人们把一部分自然权力赋予政治社会和国家。每个人通过相互间的协议和契约，自愿把自然法的执行权（也即最高权力）交给了公民社会或政治的社会（civil or political society）。获得最高权力的政治社会就可以使"每一个个人和其他最微贱的人都平等地受制于那些他自己作为立法机关的一部分所制定的法律"。① 在这种政治社会的基础上人们才能够进一步组成国家，主权作为最高统治权威，共同体中的每个人都必须服从。人们通过社会契约摆脱了自然状态，进入了公民社会或政治社会，公民社会因而是与自然状态相对立的社会形态。显然，在洛克这里，公民社会以政治社会的面貌出现于国家产生之前，"国家之于市民社会（公民社会），只具工具性的功用，是手段而非目的。这就意味着，作为手段的国家原则上是不能渗透市民社会（公民社会）的。从反面来讲，是市民社会（公民社会）决定国家，因为国家的权力源是人民。一方面，人民为了保护自身而通过多数同意的社会契约让渡给国家的只是其部分权力，国家只享有这部分权力，而主权则依然在民。倘若国家违背契约而滥用权力侵吞市民社会（公民社会），后者就可以依凭主权收回曾让渡的权力，可以不再服从国家，直到推翻它，建立新的政权"。② 这样看来，在洛克那里，公民社会就是政治社会。出于巩固革命果实的目的，他所关注的主要是主权归属的问题，所看到的主要是市民社会（公民社会）的政治属性。

秉承了洛克《政府论》中阐述的公民社会和国家的思想，孟德斯

---

① 洛克. 政府论（下篇）［M］. 叶启芳，瞿菊农，译. 北京：商务印书馆，1964：59.

② 邓正来. 市民社会与国家——学理上的分野与两种架构［M］//邓正来，亚历山大. 国家与市民社会：一种社会理论的研究路径. 北京：中央编译出版社，1998：93.

鸠在论述其三权分立学说的时候，也巧妙地结合了人民代表制的安排。"在一个自由的国家里，每个人都被认为具有自由的精神，都应该由自己来统治自己，所以立法权应该由人民集体享有。然而这在大国是不可能的，在小国也有许多不便，因此人民必须通过他们的代表来做一切他们自己所不能做的事情。"① 人民代表成为公民社会与国家之间的中介，公民社会与国家之间由人民代表联系在一起，公民社会通过代表参与国家活动，国家通过代表去治理公民社会。随着人民代表活动范围和权限的不断扩大，为了减少决策的拖延和迟缓，"已接受选民一般指示的代表不必在每一件事情上再接受（引者注：人民大众）特别的指示"②，而可以直接绕过公民社会而进行决策，公民社会与国家的距离也就在不断增大，这样，孟德斯鸠的理论为公民社会与国家的分离开启了序幕。

近代公民社会理论中，公民社会的范围和基础摆脱了古典公民社会理论的城市和城邦生活，转而设定在民族国家基础之上，公民社会就是政治社会，与自然状态相对立。当政治社会拥有了最高权威的时候，国家就出现了。

（四）民族国家与现代公民社会理论

在民族国家产生以后，西方的政治哲学发展到了新阶段，围绕着国家概念，在启蒙运动以来的思想家们的理论基础上，19世纪，以黑格尔和马克思为代表的哲学家又把公民社会理论继续往前推进。

黑格尔在对以往的理论和思想进行总结的基础上，第一次把国家与公民社会区别开来，认为公民社会是与政治国家相对立的一个领域。黑格尔在《法哲学原理》中指出，"市民社会（公民社会）是个人私利的

---

① 孟德斯鸠. 论法的精神（上册）[M]. 张雁深，译. 北京：商务印书馆，1978：159.

② 孟德斯鸠. 论法的精神（上册）[M]. 张雁深，译. 北京：商务印书馆，1978：179.

战场，是一切人反对一切人的战场。同样，市民社会也是私人利益跟特殊公共事务冲突的舞台，并且是它们二者共同跟国家的最高观点和制度冲突的舞台"。① 他把公民社会当作是家庭和国家之间的差别的阶段，主张公民社会与政治国家的分离，看到了公民社会的利益与政治国家之间的利益冲突，强调国家对社会生活各领域的决定和规范功能。这种新思想反映了不断变化的经济现实：私有财产的界定、市场竞争的出现和中产阶级的勃兴以及人们对自由日益强烈的需求。因而，在黑格尔的观念中，公民社会指的是物质生活领域，公民社会的存在必须以国家为前提，从属于国家，政治国家决定了公民社会。

马克思则批判地继承了黑格尔的思想观点，对公民社会理论进行了完善，首先说明了国家与公民社会的关系应该是公民社会决定和制约国家，而非反之。马克思考察了公民社会这一观念的运用与 18 世纪财产关系的发展情况，认为真正的市民社会是随同资产阶级的成长一起发展起来的；公民社会是直接从生产和交往中发展起来的社会组织，公民社会和公民社会里的人是现代国家的自然基础。继而马克思又指出，公民社会包括所有人的在生产力发展的特定阶段的一切物质交往，即该阶段的整个商业生活和工业生活。这是马克思对公民社会概念的完整界定，此时已经是对"经济基础决定上层建筑"的经典阐释了。

以黑格尔和马克思为代表的现代公民社会理论，把公民社会与政治国家分离开来，并分析了公民社会与国家之间的关系问题，此时的公民社会主要是经济关系。现代意义上的市民社会理论是社会发生巨大变革时期的产物，它的产生和不断的变化折射出国家和社会的关系、经济和政治的发展及人们对政治参与的渴望，公民对政治的积极参与将影响着社会的变革和国家的现代化进程。

---

① 黑格尔. 法哲学原理［M］. 北京：商务印书馆，1996：289.

二、当代公民社会理论及代表性观点

进入 20 世纪，理论家们和思想家们从各自的视角和立场入手，对公民社会进行新的解读和界定。尤其是随着中东欧的历史性的转变，公民社会承担了动员群众力量的功能，相应地，与公民社会相关的理论开始了新一轮复兴。其中比较著名的代表人物有非正统的新马克思主义者葛兰西（Gramsci）、柯亨（Cohen）和阿拉托（Arato），以及协商民主理论代表人哈贝马斯（Jürgen Habermas）。根据他们的观点，公民社会都是规范性的概念，作为一个社会领域而存在。宽容和非暴力，协商和公共讨论以及公开、高度的国民性都是公民社会的构成特性。[1]

（一）葛兰西的公民社会理论

葛兰西认为公民社会是各类行为体为争夺文化霸权而进行权力角逐的一个社会领域。在《狱中札记》中，葛兰西对公民社会理论进行了新的阐释。葛兰西的主要思想为，国家等于公民社会加上政治社会，而不等于马克思经典论断中的经济基础加上层建筑。所谓政治社会，指的是强制性的国家机构，包含政府、军队和司法部门等，行使暴力性质的强制功能（即传统意义上的国家），而公民社会则是由相对自主的、非强制性的非政府组织和机构（如教会、工会、行会和社团等）构成，代替统治阶级行使非强制性的"霸权"职能。因而，公民社会是霸权的另外一种表现形式，即文化霸权。在葛兰西眼里，公民社会与政治社会关系密切，公民社会指一切的私人社会团体和组织机构，是个人活动的舞台，也是公民与国家之间联系的纽带，通过公民社会，国家得以对民众进行思想道德方面的指导、教化，为政治社会的运转提供思想道德

---

[1]　Zimmer, Annette. *Governance and Civil Society*. http：//www. nez. uni – muenster. de/download/Zimmer_ Civ_ Gov. pdf.

和意识形态方面的支持。而强有力的政治社会的存在则成为公民社会发挥作用的物质基础保障，政治领导权则要以文化领导权的存在为前提和基础。两种权力的密切结合才可以保证西方资本主义至今的稳固存在和发展。有学者认为，葛兰西赋予了公民社会以文化意义，从意识形态的角度理解公民社会，开创了当代公民社会/市民社会理论研究的序幕。

（二）哈贝马斯的公共领域论

哈贝马斯则强调公民社会具备的潜质，即它为协商和话语提供了一个社会领域。哈贝马斯提出了"公共领域"概念，以此来阐明公民社会见解。他发展了协商民主理论，认为基于普遍利益基础上的协商和对话是这一类型民主的中心。政治行为之所以具有合法性，是因为原则上它们要得到受此法律和规定约束的每个人同意，经由公共领域内自由的非扭曲的商谈达成。① 公共领域的主要构成部分（组织性的基础结构）是公民社会，其核心是一个组织系统，在这个系统中，对解决普遍利益有关的问题的讨论得以制度化。"'市民社会'（公民社会）的核心机制是由非国家和非经济组织在自愿基础上组成的。这样的组织包括教会、文化团体和学会，还包括了独立的传媒、运动和娱乐协会、辩论俱乐部、市民论坛和市民协会，此外还包括职业团体、政治党派、工会和其他组织。"② 因而，公民社会组织性的中流砥柱就是那些或多或少同时出现的组织、协会、社会运动，它们有能力发现社会问题，把问题带入政体中，浓缩它们，并最后把它们以扩大化的方式传递到政治公众手中。③ 在哈贝马斯那里，公民社会是与国家（政治领域）、市场（经济领域）相对立的公共领域。

---

① Habermas, Jürgen. Faktizität und Geltung：*Beiträge zur Diskustheorie des Rechts und des demokratischen Rechtstaats*，Frankfurt am Main：Suhrkamp Verlag，1992.

② 哈贝马斯. 公共领域的结构转型［M］. 曹卫东，等译. 上海：学林出版社，1999：1990 年版序言.

③ Habermas, Jürgen. Faktizität und Geltung：*Beiträge zur Diskustheorie des Rechts und des demokratischen Rechtstaats*，Frankfurt am Main：Suhrkamp Verlag，1992：443.

著名学者柯亨、阿拉托（Cohen & Arato）等提出"国家－经济－公民社会"的三分法来代替"国家－公民社会"的二分法。在他们的论著《公民社会与政治理论》中，二位学者认为，公民社会主要由社会和文化领域构成，包括了处于政府和市场之间的非政府组织，社会运动，工人联合会和志愿性的组织，等等。[1] 公民社会有时与国家和市场领域重叠并开展互动，有时却又与这些强势的影响领域产生冲突。他们主张把经济领域从市民社会中分离出去，同时强调它的社会整合功能和文化传播与再生产功能。同时代的历史学家考卡（Kocka）则提出了四分法，把公民社会定义为一个位于国家、市场和私人生活之间的社会性的领域，其主要构成成分是志愿性的协会、网络和非政府组织。[2]

（三）对跨国层面公民社会的讨论

20世纪90年代对公民社会的讨论发生了"组织性的转向"（organizational turn），主要考虑到公民社会的基本构成结构以及涉及的广泛的组织类型。[3] 这一转向为大量的实证研究开辟了新的通道，学界开始探究不同社会背景中公民社会组织的境遇及对政策和政治的影响，国际关系学者们则把视线从单纯的民族国家内部层面转向国际层面的公民社会概念，也就是超越民族国家的公民社会（civil society beyond national borders），如对全球公民社会和欧盟层面公民社会的探讨等。跨国层面

---

[1] Cohen, Jean L. and Andrew Arato. *Civil Society and Political Theory* (*New ed.*)：Boston MA：MIT－Press. 1994.

[2] Kocka, Juergen. *Civil Society and the role of politics. In：Scher, Gerhard (eds). Progressive Governance for the XXI Century. Contribution to the Berlin Conference.* Munich. 27－35, 2002.

[3] 见 Zimmer, Annette. *Governance and Civil Society.* http：//www. nez. uni－muenster. de/download/Zimmer_ Civ_ Gov. pdf. 安奈特·季默女士（Annette Zimmer）是德国明斯特大学教授，任职于社会政策和政治学系，是国际第三部门学会的主席团成员（International Society of Third Sector Research，ISTR）。主要研究方向为非营利部门、公民社会等，领衔多项有关第三部门、非营利组织与欧盟治理研究课题，其作品在欧盟治理和公民社会领域有一定地位和影响。

的公民社会概念通常被视为积极的元素，因为它的出现应该会解决许多全球治理问题，起码应该减轻全球化的消极影响，尤其是社会分化和断层现象。①

1. 全球化与全球公民社会

随着全球化的快速推进和全球治理的深入，国际舞台的行为体也呈现了多元化态势。全球化作为跨越国界的相互依存网络的强化，以及信息、货物、人口在国际范围内的迅捷流动，影响了治理的供求关系。"加速的全球化显然与全球公民社会组织的兴起同时发生"②，这一全球化过程促成了非政府组织在许多国家尤其是在国家领域中数量和影响的增加，也导致了"全球结社革命"③ 的出现。实质上，非政府组织和公民社会的联盟的活动一直非常活跃。在无政府的国际社会中，公民社会概念被定义为"独立于国家和市场的社团和行动领域"④，也是一个"观念、价值观、机构、组织、网络和个人的领域，它们超越了民族国家的社会、政体和经济的限制而开展活动"⑤，在这个领域中，公民自愿组织起来寻求对他们而言非常重要的目标，也就是说公民社会是有特定的价值观和追求的行为体。公民社会行为体包括慈善机构、邻里组织、俱乐部、公民权利倡议组织、环境组织、扶贫协会等，其目的是通过独立的志愿行动，给市场和政府行为体施加影响，他们关注某些社会

---

① Bourgeois, Flore – Anne. *"European Civil Society"*: *Analytical and Political Problems in the Use of a Loaded Concept.* Paper prepared for the workshop "The Institutional Shaping of EU – Society Relations", CONNEX Research Group 4, Mannheim, 14 – 15 October 2005.

② Brown, Janet Welsh, Pamela S. Chasek and David L. Downie. *Global Environmental Politics (Dilemmas in World Politics).* Routledge. 2003: 225.

③ Salamon, Lester M.. *The Rise of the Nonprofit Section*, in Foreign Affairs, 1994. Vol. 74, No. 3: 109. Salamon 1994.

④ Brown, Janet Welsh, Pamela S. Chasek and David L. Downie. *Global Environmental Politics (Dilemmas in World Politics).* Routledge. 2003: 227.

⑤ Anheier, Helmut, Marlies Glasius and Mary Kaldor. *Global Civil Society* 2001. Oxford University Press, 2001: 21.

群体尤其是那些弱势群体①的利益，为他们代言。

国际层面的公民社会组织形式有国际非政府组织、跨国网络、跨国联盟，还有跨国社会运动组织等。这些不同的组织形式为公民社会提供了活动的渠道，也拓展了公民社会组织的活动空间。在全球化背景下，这些国际公民社会组织的活动领域主要有：提供服务、对灾害作出回应、进行政策分析与倡议、促进共同学习和国际问题解决等。研究认为，国际公民社会组织及联盟在国际性决策和政策的制定和实施过程中起到了辅助或者倡议作用，它们已经"展示了参与影响国际治理的斗争的能力"②，努力改变国际事务的进程。因而，公民社会组织是全球化中新的经济、文化和政治行为体之一，是国际政治中一支不可忽视的力量，它们与国家和经济行为体开展合作，也推动了新的国际治理秩序的形成。

2. 欧盟背景下的公民社会

20世纪90年代，欧洲统一大市场的形成，给欧洲社会带来新的变化和挑战，欧洲经济共同体的发展面临新的关键性的抉择。欧洲范围内非政府行为体的发展和作用受到新的关注，《马斯特里赫特条约》的艰难签署给政治家和学者们深刻的启示：若失去了坚实的政治基础，经济方面的一体化将无法生存。因此，为了建设一个"政治性的欧洲"，也为了消弭"民主赤字"，欧洲公民及其组织对欧盟事务的参与成为解决方案之一，也成了欧盟机构主要是欧盟委员会与欧洲经济和社会委员会的官方话语。

凯布雷（Kaelble）主要讨论了深嵌于国家层面和环境中的公民社会概念是否也适用于跨国层面，如欧盟。在他那里，公民社会的核心要

① 这些群体之所以被称为弱势，因为它们这些群体在原先制度内部缺乏发言权和发言能力，其权利和利益无法得到维护。
② Brown, Janet Welsh, Pamela S. Chasek and David L. Downie. *Global Environmental Politics (Dilemmas in World Politics)*. Routledge. 2003：236.

素——"非国家性，相对于公共机构、市场和私人领域的自主性，自动的公民价值观，非中心化的特征以及与公众的联系"①，都既适用于国家也适用于欧洲层面，因而欧盟背景下公民社会也是与国家、市场相分离的一个领域，具备特定的价值观，与公众的联系紧密。为使公民社会概念适合欧盟情形，有必要对其进行如下修正。其一，由于欧盟不是一个国家，欧洲公民社会则面临着与国家层面的公民社会不同的危险，国家内部公民社会通常因为被国家控制而失去自主权，反之，由于欧盟委员会通常提议设立欧洲公民社会组织或联盟，公民社会有可能因为缺乏距离而失去自主权，而不是因为被政治机构控制过严。其二，如果存在欧洲大众的话，并且不只是各国民众的简单总和，更朝向于专家性，欧洲公众的这个特征会影响公民社会。其三，欧洲公民社会是多元的、非中心化的结构，其中民族国家的安排仍然是本质性的决定因素。因而，公民社会是一个中介性的社会领域，连接着社会和跨国治理，而且不是各国公民社会的简单总和。②

　　广义的欧洲公民社会的主要组织构架包括了欧洲各国国内的公民社会组织，也包括了欧洲层面的各类组织的联盟、网络等。欧洲各国公民社会组织的欧洲化也是学者们研究的话题，这是指国家层面的公民社会

---

① "The core elements of civil society in his view, the non – stateliness of civil society, its autonomy towards public institutions, the market and the private sphere, its autonomous civic values, its decentralized characters and its link to the public – are conceivable for the European as well as for the national level". 见 Kaelble, Hartmut. 2004. Gibt es seine europaeische Zivilgesellschaft? In Gosewinkel, Dieter. et al. Zivilgesellschaft – national und transnational. Berlin: edition Sigma: 267 – 284. 转引自 Eisele, Gudrun. *European civil society – a glance at recent literature*. Junior Research Group "European Civil – Society and Multilevel Governance". http://nez.uni – muenster.de/download/eisele_ – _ european _ civil_ society. pdf.

② 具体论述见 Armstrong, Kenneth. 2002. Rediscovery Civil Society: the European Union and the White Paper on Governance. European Law Journal, Vol. 8, No. 1; Bourgeois, Flore – Anne. *"European Civil Society": Analytical and Political Problems in the Use of a Loaded Concept*. paper prepared for the workshop "The Institutional Shaping of EU – Society Relations", CONNEX Research Group 4, Mannheim, 14 – 15 October 2005.

组织在欧盟层面设立办事处，把布鲁塞尔作为其活动的又一战场。

（四）当代公民社会概念的流变

根据公民社会理论的历史流变，我们可以得出一个结论，公民社会并不是一个新的社会现象，长久以来，公民社会就引起了各学科如社会学、哲学、政治学甚至经济学界的研究兴趣。由于各异的历史根源，在不同的理论和概念范式主导下，在复杂的政治背景条件下，不同的学者眼中的公民社会有各自不同的概念和含义。概括起来讲，现代公民社会的概念可以分为两大流派：从政治学意义上看，公民社会概念强调其公民性（citizenry），注重对公民权利的保护，这样，公民社会就涵盖了那些保护公民权利免受国家权力侵犯，并保证公民的政治参与权的组织，这样，社会的自组织能力和权利得到了保障；从社会学意义上来界定，公民社会概念则注重其中介性（intermediateness），把公民社会看作是位于国家与企业（市场）之间的一个中介空间。① 在政治和社会生活的实践中，公民社会这个概念关注的是"一个动员公民并疏通他们的声音到政治代表体系中去的自愿行动和参与的领域"。② 国内外学者对公民社会理论的研究，为笔者提供了基础的理论支撑，也为本书确定专有的公民社会概念提供了丰富的材料。

本书中的公民社会采取了社会学上的概念界定，即从规范性的意义上讲，公民社会是位于国家和市场之间的一个公共空间和领域，由志愿性的、非暴力的各类组织构成，最终追寻的是社会的共同福祉（common weal）。这个概念下的公民社会是一个虚构的空间（imaginary sphere），本身并没有角色特质（actor quality），所以需要一个具备角色

---

① White, Gordon et al. 1999. *Civil Society and Governance*, a concept paper of project *Civil Society and Governance* funded by the Ford Foundation, http：//www. ccss. pku. edu. cn/ccss/Html/xslw_ zhl/223544324. html. 2006 - 2 - 28.

② Trenz, Hans - Jörg. *European civil society*：*Between participation, representation and discourse*. In：Policy & Society, 2009. Vol. 28（1）, 35 - 46.

身份的概念来代表它行使实体的功能，需要实体来承担它在政治和社会舞台的角色并发挥其作用。因此，本书借用了"有组织的公民社会""组织起来的公民社会"（organized civil society）这样实体化的概念，即可以直接说是"公民社会组织"（Civil Society Organization，CSO）。这个概念是指结构化的民间组织，活跃在一个不同于国家和市场领域的独特空间，它们可以为不同的社会群体的利益鼓与呼。这个概念涵盖了很多具有下列特征的组织：非官方、非营利、独立自主、自愿、公共利益为指导。这个"组织起来的公民社会"具有表现和执行功能（performance），把抽象的公民社会概念转化为具体的组织实体，"使得公民社会成为可见的角色并代表社会利益发言"。①

三、欧盟机构官方话语中公民社会概念的演变

20 世纪 90 年代起，自从公民社会话语在国际关系、政治学、社会学等学科领域获得了新的关注以来，作为全球化过程中区域一体化的成功典范，欧盟也与公民社会概念紧密联系在一起。1992 年欧盟成员国签订通过的《马斯特里赫特条约》明确规定"决策应尽可能地贴近其公民"，确立了在欧盟框架内建设民主的使命。1997 年的《阿姆斯特丹条约》则把此条款修改为"决策应尽可能地公开和尽可能地贴近其公民"。由此，打造一个更贴近公民的联盟（ever closer Union），成为欧盟政治生活的新目标，欧盟机构试图把民主的维度添加到欧盟治理过程中。而治理白皮书、《欧盟宪法条约》和《里斯本条约》，更是强调了民主与欧盟治理的关系。与此同时，欧盟机构，尤其是欧盟委员会和欧洲经济和社会委员会热烈欢迎公民社会理念，把公民社会组织视为欧盟

---

① 原文为"They make civil society visible and give societal interests a voice". Beate Kohler-Koch. *Civil society and EU democracy*："*astroturf*" *representation*? In：Journal of European Public Policy, 2010, 17（1）：100 – 116.

民主和欧洲一体化的守卫者，把公民社会组织的参与和欧盟民主的赤字联系起来。公民社会继而成为欧盟制度讨论中广泛应用的概念，在布鲁塞尔得到了发展的契机。在欧盟官方文件和多层治理的实践中，公民社会概念的演变也经历了一个曲折的过程，分为不同的阶段，而这个过程则标志着公民社会的地位和作用的变化，也标志着欧盟机构与公民社会关系不断发展的进程。本部分则是对提及公民社会及组织的欧盟文献进行简单梳理，揭示公民社会概念在布鲁塞尔的演变。

（一）界定利益团体和志愿组织

在 20 世纪 90 年代的大部分时间里，欧盟机构最初只是根据与外界联系咨询社会利益群体的传统，把所有参与到咨询和对话机制中的社会力量统称为特别利益团体（special interest groups），而并没有区分公民社会组织。本着与共同体的人们之间的交流沟通可以改善政策质量和提高政策动议水平的信念，1992 年欧盟委员会出台了政策文件《委员会与利益团体间公开的和制度化的对话》（*An open and structured dialogue between the Commission and special interest groups*），第一次提出要建立欧盟与利益集团间正式的对话制度。

1997 年，欧盟委员会颁布文件《加强欧洲志愿性组织和基金会的作用》[*Promoting the role of voluntary organizations and foundations in Europe*，COM（1997）0241final]，首次谈论并强调志愿组织在社会经济中的作用，指出这些社会组织在经济和社会方面的重要性，认为它们是社会融合和社会及政治参与的方法，"对于民主社会具有决定性的作用"①。继而，欧盟委员会指明，在欧盟进一步的一体化过程中，志愿性组织将产生重大影响。② 其次，欧盟委员会也强调了志愿性组织对劳

---

① European Commission. *Promoting the role of voluntary organizations and foundations in Europe*，COM（1997）0241 final.

② European Commission. *Promoting the role of voluntary organizations and foundations in Europe.* COM（1997）0241 final：8.

动力市场继而对就业问题的决定性意义，因为它们具有提供服务和推动国家经济的功能。所以，此次交流文件建议鼓励这一部门在创造就业岗位这一任务中发挥更大作用。① 这个文件中并未提到公民社会概念，而只是强调了志愿性组织对欧洲经济和社会而言的重要意义。而在此之前的欧盟（欧洲共同体）的官方文件中，主要提及的是特别利益群体（special interest），指的主要是代表着经济利益的雇主协会和工会组织等社会伙伴（social partners）。自从此文件出台后，欧盟各机构正式开始对代表着分散利益（diffuse interest）的组织和角色进行讨论。

（二）吸纳公民社会概念

1. 1999 年《对公民社会组织在建设欧洲中的作用和贡献的意见》

公民社会概念引来布鲁塞尔的更多关注则始自 1999 年。当年，欧洲经济和社会委员会（European Economic and Social Committee）公布了《对公民社会组织在建设欧洲中的作用和贡献的意见》（Opinion on *the role and contribution of civil society organizations in the building of Europe –* CES 851/1999）。在这份文件里，欧洲经济和社会委员会首次提出 organized civil society 和 organizations of the civil society 的概念，把公民社会组织概念引入欧盟话语中。在其中，公民社会被定义为"所有组织结构的总和，其成员的目标和责任是实现普遍利益，这些组织是公共权威机构和公民直接的中介协调者"。② 欧洲经济和社会委员会还对公民社会涵盖的组织进行了界定，以功能描述性的方式来定位公民社会。也就是说，在欧洲经济和社会委员会的定义中，公民社会组织包括了以下团体或组织：第一类是那些劳动力市场中的角色，指社会伙伴（工会

---

① European Commission（1997）: *Promoting the role of voluntary organizations and foundations in Europe.* COM（1997）0241 final: 4.

② 原文为："the sum of all organizational structures whose members have objectives and responsibilities that are of general interest and who also act as mediators between the public authorities and citizens"。见 European Economic and Social Committee. OPINION on *The role and contribution of civil society organizations in the building of Europe* – CES 851/1999.

和雇主联会);第二类是代表社会和经济角色的组织,即那些在严格意义上不属于社会伙伴的组织,如职业协会;第三类是把人们聚合在一个共同事业之下的非政府组织(NGO),如环境组织、人权组织、消费者权益保护协会、慈善组织、教育和培训组织等;第四类是在草根层面设立的以成员为服务对象和目标的社区组织(CBOs),如青年组织、家庭协会和其他使得公民得以参与本地和社区生活的组织、宗教共同体等。① 显而易见,这些组织或多或少都具有整合或者治理功能,因而这份文件可以视为欧洲经济和社会委员会及其他欧盟机构对公民社会的初步的功能性定位,点明了公民社会组织对未来的欧盟发展的潜在推动力,因为它们可以促进对相关政治议题的公开和民主的讨论。② 这个文件为欧盟官方此后的公民社会话语订立了一个基调,也即第三部门是公民社会组织的组织化的核心。

在同一份文件中,欧洲经济和社会委员会还认为,公民对话(civil dialogue 也译为民间对话)③ 有利于以布鲁塞尔为中心的交流论坛(communication forum)的建立,而本委员会处于公民对话的核心位置。根据对公民社会组织的概念界定,该委员会把自己定义为"欧洲和组织起来的公民社会之间的桥梁",宣称是公民社会组织的代言人。④

2. 公民社会多功能特性的界定

2000 年,在欧盟委员会主席和副主席共同起草的一篇讨论稿《欧盟委员会和非政府组织:建立更密切的伙伴关系》(*The Commission and*

---

① European Economic and Social Committee. OPINION on *the role and contribution of civil society organizations in the building of Europe* – CES 851/1999.

② Zimmer,Annette. *Governance and Civil Society.* http://www. nez. uni – muenster. de/download/Zimmer_ Civ_ Gov. pdf. Zimmer,Annette and Birgit Sittermann. 2005. *Brussels Civil Society.* ISTR Conference working papers series. http://www. jhu. edu/ ~ istr/pubs.

③ Civil dialogue 这一概念 1996 年由欧盟委员会的社会事务总司提出,强调社会部门中欧盟机构与 NGO 建立紧密对话伙伴关系的重要性。

④ "bridge between Europe and organized civil society" "representative of civil society organizations". http://www. esc. eu. int/pages/en/org/pla_ EN. pdf.

Non - Governmental Organizations：Building a Stronger Partnership）中，使用了非政府组织部门（NGO sector）的概念，指那些非营利、独立于国家而运转的、志愿性的工作，为社会的利益而奋斗的组织，而且确定了指标来衡量在布鲁塞尔组织起来的公民社会（organized civil society in Brussels）。这份文件特别提到了公民社会组织的多重功能的特性，并区分了操作型组织（operational NGOs）和倡议型组织（advocacy NGOs），认为操作型组织主要是提供服务，而倡议型组织则意图影响公共权威机构的政策和公共舆论。① 在这份文件中，欧盟委员会承认了非政府组织作为决策过程和项目管理的伙伴身份，更强调了这些组织的民间职能（civic functions），表达了加强公民社会组织和欧盟机构间对话和咨询的意愿。由此，欧盟委员会认为公民社会组织的参与是应对欧盟内部"民主缺乏症"（"lack of democracy"）的一个方略，并直接点明了布鲁塞尔的公民社会组织网络具有支持欧洲公共舆论的潜能。另外，公民社会组织作为不同公民群体的代表参与欧盟决策过程，有利于把人们的需求传递给欧盟机构，同时，组织起来的公民社会可以向欧盟机构提供专家意见和知识的支持，增加政策的科学性和可行性，减少政策执行过程的阻力。由此可见，公民社会组织被认为可以促进参与式的民主、增强特定群体和特定议题的利益代表、推动决策过程，乃至促进欧洲一体化，具备推动欧盟治理民主化的潜质。②

（三）明晰公民社会组织角色定位

2001 年出台的《欧盟治理白皮书》（*White Paper on European Governance*），是欧盟治理的纲领性文件，更是标志着欧盟机构对公民社会

---

① 原文为 operational NGOs（which）contribute to the delivery of services（such as in the field of welfare），whereas the primary aim of advocacy NGOs is to influence the policies of public authorities and public opinion in general，这一界定主要是根据世界银行对公民社会组织的分类。

② European Commission：Discussion Paper "*The Commission and Non Governmental Organizations：Building a Stronger Partnership*". COM（2000）11，final.

组织的地位和作用的进一步认识。白皮书开宗明义，指出公民社会组织作为欧盟与公民之间的交流和沟通渠道，在欧盟新治理方式中起着非常重要的作用。欧盟委员会也沿用了欧洲经济和社会委员会对公民社会组织的界定，使用"组织起来的公民社会"和"公民社会组织"的说法，此时公民社会组织就囊括了所有非营利组织，如商业协会、工会、业余爱好及休闲俱乐部、教会等。白皮书因而强调了公民社会组织的中介性，公民社会组织可以塑造欧盟机构与公民之间的联系，成为"欧盟与公民间的交流渠道"，也为公民提供了"制度化的反馈、批评和抗议渠道"[1]，具有推动成员国国家层面的民主的功能，并且成为公共讨论方向的预警系统。

白皮书也再次重申了公民社会组织在提供专家智能方面的作用，认为在传统的社会对话之外，应该设立公民对话制度（civic dialogue），以此继续加强各类面向公民社会组织的咨询和对话工作，并建议设立一个专门网站——有名的 CONECCS 网站为公民社会的咨询参与提供平台。白皮书也引入了善治的理念，认为对非政府组织和非营利组织来说，在其组织机构内部也应贯彻善治、沟通和民主程序的原则和要求。另外，委员会在白皮书中也宣称要建立与公民社会之间的更紧密的伙伴关系，以更好的、更透明的咨询机制及实践为近期目标。当然，咨询机制只是作为欧盟机构决策过程的补充，并不能代替它。

学者们研究认为，白皮书的建议实质上是通过公民社会的参与而实现"公开"和"参与"，继而增强欧盟的合法性输入和有效地解决政治

---

① European Commission. *European Governance – A White Paper.* COM（2001）428, final.

问题的能力。① 即是说，把公民社会组织纳入欧盟政策制定过程，最主要的原因是要应对"民主缺乏"。

（四）扩充公民社会组织的内涵

1. 《走向强化的咨询和对话文化——委员会咨询相关利益群体的一般原则和最低标准》

2002 年欧盟委员会的交流文件《走向强化的咨询和对话文化——委员会咨询相关利益群体的一般原则和最低标准》（*Towards A Reinforced Culture of Consultation and Dialogue – General Principles and Minimum Standards for Consultation of Interested Parties by the Commission*），又对公民社会组织参与欧盟这一特别的多层次治理安排的方式进行了规定，为欧盟机构与社会的互动制定了相应的行为标准。除了继续通过两个制度化的咨询顾问机构（地区委员会 Committee of Regions 与经济和社会委员会 Economic and social Committee）与各类利益群体及公民社会组织开展正式的对话和咨询，这个文件还建议与国家层面的协会及地区性和地方性的政府建立系统的对话机制。这一文件有别于其他有关公民社会的欧盟官方文件的两大特征在于：② 对公民社会组织这一词语与对公民社会组织功能认识的决定性转变，公民社会组织被视为"利益群体"（interested parties or interested groups），与其他压力集团处于同等层次；这份文件的重点在设定规制（regulation），强调欧盟政策制定的公开性和可参与性（openness and accessibility）。事实上，该文件的自我功能和作

---

① Kohler – Koch, Beate and Barbara Finke. *The Institutional Shaping of EU – society Relations: A Contribution to Democracy via Participation?* Journal of Civil Society, 2007. Vol. 3, No. 3; Finke, Barbara. 2007. *Civil Society Participation in EU Governance.* Living Reviews in European Governance. http: //www. Livingreviews. org/lreg – 2007 – 2 (10 – 04 – 2008); Zimmer, Annette and Birgit Sittermann. 2005. *Brussels Civil Society.* ISTR Conference working papers series. http: //www. jhu. edu/ ~ istr/pubs.

② Zimmer, Annette and Birgit Sittermann. 2005. *Brussels Civil Society.* ISTR Conference working papers series. http: //www. jhu. edu/ ~ istr/pubs.

用定义就是对更好地规制这一行动计划的直接贡献。①

　　该交流文件确认了欧盟决策过程中和欧盟委员会组织的咨询协商实践中公民社会组织所具备的特定作用，指出公民社会组织是"广泛的政策对话的促成者"②，它们"提供了交换政策倾向的平台……真正的改变，使公民更积极地参与欧盟的目标的实现过程，并为公民提供了制度化的反馈、批评和抗议的渠道"。③ 公民对话机制设立（civic dialogue）后，"只有那些永久存在于共同体层面的……具有权威得以在欧洲层面代表和行动的，在大多数欧盟成员国内有会员组织（member organizations）的，为其成员专家意见提供直接的通道"的公民社会组织才有资格参加对话。这样看来，欧盟委员会主要关注的是由公民社会组织的网络，也即活跃在布鲁塞尔的、由国家层面的协会组织作为成员而构成的伞形组织（umbrella organizations），被学者们称为 Euro－Feds。这些网络被视为"专家技术意见的传递者、讨论和对话的论坛"④，是布鲁塞尔的 1.5 万名游说大军的重要构成部分。为了满足在欧盟层面获得与欧盟委员会集中对话（focused dialogue）的资格条件，公民社会组织不得不与来自欧盟其他国家的具有相似议题领域的同僚们联合起来，

---

① European Commission. Communication from the Commission "*Towards a reinforced culture of consultation and dialogue － General principles and minimum standards for consultation of interested parties by the Commission*". COM（2002）704，final：1.

② 原文为 facilitators of a broad policy dialogue，见 European Commission. Communication from the Commission "*Towards a reinforced culture of consultation and dialogue － General principles and minimum standards for consultation of interested parties by the Commission*". COM（2002）704，final.

③ As offering a good platform to change policy orientations and society... and（as）a real change to get citizens more actively involved in achieving the Union's objectives and to offer them a structured channel for feedback, criticism and protest，见 European Commission. Communication from the Commission "*Towards a reinforced culture of consultation and dialogue － General principles and minimum standards for consultation of interested parties by the Commission*". COM（2002）704，final.

④ Zimmer, Annette. *Governance and Civil Society*. http：//www. nez. uni － muenster. de/download/Zimmer_ Civ_ Gov. pdf.

在布鲁塞尔设立制度化的联盟或稳定的网络，即布鲁塞尔就成了欧盟公民社会组织联盟和网络的总部，这些联盟或网络的成员则是位于国家层面的公民社会组织。

2.《欧洲透明倡议》及后续文件、《欧盟宪法条约》和《里斯本条约》

公民社会的重要性在《欧盟宪法条约》中设定的"参与式民主"原则得到了进一步强调。2004 年《欧盟宪法条约》第 I–47 条指出，"机构应该与代表协会和公民社会之间保持开放的、透明的、定期的对话"①，强调了欧盟内部参与式民主原则对代议制民主的补充作用。同样的规定在《里斯本条约》也得到了体现。而 2006 年欧盟委员会推出的《欧洲透明倡议》及其后续文件则建议设立登记制度和强化行为准则，为各类利益代表设定规制。在这个倡议的白皮书中，欧盟委员会采用了新的概括性词语——利益代表人（interest representatives 或 representing interest），指那些利益群体、压力集团、游说群体、倡议组织等（interest groups，pressure groups，lobby groups，advocacy groups，etc.），取代了原本有些贬义的"游说者""说客"概念。凭借这一更为中性、更具包容性的概念，委员会及其他欧盟机构试图尽可能地把大量试图影响欧盟决策的行为体都纳入其对话和咨询的旗下，无论是国际化的或欧洲层面的协会组织，无论是经济领域还是社会部门、私人公司或律师事务所、非政府组织、慈善机构或者智囊团等②，都可以归入这一概念之下。相应地，利益代表（interest representation）则是指"意在影响欧盟

---

① 原文为 "the institutions shall maintain an open，transparent and regular dialogue with representative associations and civil society"（EU Constitutional Treaty，Article I–47）.

② http：//ec. europa. eu/civil_ society/interest_ groups/definition_ en. htm，2010 – 07 – 17.

机构的政策形成和决策过程的行为"。①

2008年春，按照委员会的另外一份交流文件②的规定，欧洲议会和欧盟委员会在欧盟网站上正式发布了一个共同的注册系统——利益代表者自愿登记体系（register of interest representatives），取代了原先两个机构各自的登记系统。这个一站式的网页为各类组织注册和更新其相关信息提供了直接路径，也为普通公民了解影响欧盟层面决策的特定利益和普遍利益的代表情况提供了直接入口，凡是登记加入这个网站的协会组织，要承诺做到透明，保证自身行为的合法性。登记这个行为本身也就表明了该协会组织认同并将遵守登记系统所要求的行为准则（code of conducts）。

对于欧盟机构而言，公民社会组织仅仅是作为提供服务的渠道或功能性的代表，但它们所代表的和坚持的规范和价值观、秉持的不同的国家传统和当地文化，则是欧盟机构所忽略的。实质上，公民社会组织深植于欧洲民族国家不同的社会环境中，是特定的观念、理念和社会规范的载体和传播者。本书将对欧盟公民社会组织的特质进行详细解读。

四、欧盟治理框架中的公民社会组织

根据以上对公民社会理论的历史演变的梳理，可以看出，公民社会的概念可以追根溯源到2000多年前的古希腊、古罗马时代，亚里士多德奠定了古典公民社会理论的基础，提出了公民社会是"文明社会、

---

① 原文为："activities carried out with the objective of influencing the policy formulation and decision – making processes of the European institutions"，见于 European Commission. Green paper "*European Transparency Initiative*". COM（2006）194 final；European Commission. *Communication from the Commission – Follow – up to the Green Paper 'European Transparency Initiative'*. COM（2007）127 final.

② COMMUNICATION FROM THE COMMISSION European Transparency Initiative，A framework for relations with interest representatives（Register and Code of Conduct），［SEC（2008）1926］.

政治社会"，西塞罗把公民社会翻译发展为拉丁文，给当今公民社会的英文提供了蓝本。而在经历了漫长的中世纪后，启蒙运动中的哲学家和思想家们对古典公民社会理论进行了进一步阐发，公民社会就是国家。而黑格尔和马克思则把公民社会发展成为"国家"的对立物，此时公民社会与国家是分离的。当代的哲学家们则对公民社会理论进行重新解读，把它与治理和民主联系起来。尤其是哈贝马斯的协商民主理论中关于公共领域的论述，更是提高了公民社会的地位和作用，公民社会已经成为与国家和市场相分离的领域。而公民社会概念在欧盟机构官方话语中的演进，也体现了欧盟治理对公民社会组织的角色和地位的重视。

与上述各种观点有所不同，本书所讨论的公民社会概念主要是指：位于国家和市场之间的中介领域，有志愿性的非暴力、非营利型的各类组织，其宗旨是追寻社会的共同福祉和人类的普遍利益。这样，"公民社会"只是一个很抽象的规范性的概念，自身并不具备实体意义，需要实体来承担它在政治和社会舞台的角色并发挥其作用。因此，本书借用了"组织起来的公民社会"（organized civil society）和"公民社会组织"（Civil Society Organization，CSO）概念，指结构化的民间组织，活跃在一个不同于国家和市场领域的独特空间，它们为不同的社会群体的利益代言。公民社会组织特征以非官方、非营利、独立自主、自愿、公共利益为指导，如环保组织、妇女运动、消费者权益、动物福利等组织。

具体到本书中，作为欧盟治理参与主体之一的欧洲公民社会组织（European civil society organization/association，或 civil society organization/association on European level，或 Brussels civil society organization/association）则是一个相对狭义的概念，指以布鲁塞尔为组织总部和活动基地的（Brussels - based）、在整个欧盟或者欧洲范围内积极活动的、公共利益主导的并代表和保护所有欧洲公民普遍利益和公共善的、致力于影响欧盟决策和欧盟机构行为的非政府非营利组织、社会运动及其网络。这就明确指出了对欧盟公民社会组织范畴的界定指标：总部设在欧盟的首都——布鲁塞尔，会员或成员分布在欧盟成员国，这是出于纯粹欧盟视角；从其代表的利益来看，基本上为普遍利益、公共利益、弱势群体利益、长远而言的全人类利益；从其行为意图来看，努力接近并影响欧盟政策过程及欧盟机构行为。以这些指标来衡量，真正以布鲁塞尔公民社会组织面目出现的团体是本书的研究主体。这些组织起来的社会团体及组织有着各自不同的价值观和愿景，代表着不同的公民群体和利益，在欧盟这一多层次治理的环境里获得了在超国家层面参与欧盟决策过程的机会。

当然，广义的欧洲公民社会组织则还包括那些位于欧盟成员国内部的国家性的公民社会组织，次国家层面的、地方性的公民社会组织等，另外还有一些全球性的国际组织设在欧盟的办事处和代理处，但这些组织都不属于本书研究的范畴。

第二章　欧洲公民社会组织嵌入欧盟治理的制度背景与现实基础

　　自《罗马条约》签订以来，欧盟（欧洲共同体）就一直在经历着在功能、地理范围的扩展和组织结构的变迁，它是一个动态的充满了变数的体制（with full dynamics），是欧洲当代政府和决策过程中最重要的变革分子（change agent）。① 而随着欧洲一体化进程的不断推进，欧盟逐渐获得了稳固的结构特质，成为独特的（sui generis）政治体系。自从 20 世纪 90 年代开始，治理理念在欧盟研究领域也流行开来，由此，欧盟多层次治理成为欧盟的代名词。欧盟独特的机构设置导致欧盟特定治理模式的产生，而欧盟治理的转型是对"现实世界发生的变化"导致的复杂性、动态性、多样性的增加而作出的回应。②

一、制度背景：欧洲一体化与欧盟治理的转型

　　欧盟是一个动态的不断演进的政治体系，经历了 50 多年的历史发展，欧洲从经济一体化到政治一体化，从最初的寥寥几个成员国到如今

---

① Wallace, Helen and William Wallace（eds.）：*Policy－making in the European Union*，Oxford University Press，2005：3.

② Kohler－Koch，Beate and Berthold Rittberger. *The "Governance turn" in EU studies*. In：JCMS：Journal of Common Market Studies，2006，44：27－49.

的 27 个成员国，欧盟现今已经从国家的联合体转变成为一个跨越国界的政治空间和政治体系，成为当今世界一体化程度最高的区域。在 20 世纪 90 年代，欧盟，尤其是其超国家构成部分已经成为一个具有自主行动力的政治秩序结构，其中一体化的进展导致的相互依存度的加深、功能性的社会子系统的跨国扩展，使各层级的行为体都参与到对欧盟事务的管理中来，而这些则是通过政府间会议由各成员国达成的协议而确立的。制度结构的变化、互动合作机制以及一体化的具体进程本身，都是欧盟治理转型发生的重要历史背景。

　　欧洲联盟的治理转型表现在三个方面：政治行动力和责任的变化，政治结构和过程的改变，国家身份的转变。① 首先，国际化导致了政治行动力的弱化，国家行为主要局限于本国领土内部，但国家政策的目标行为体则在跨国行动甚至完全脱离领土的限制。欧盟层面主权的共同行使扩大了政治行为的地域范围，把成员国纳入一个复杂的决策体系，在这个体系中国家要面对的是在协商系统中如何横向协调它们的行动。基于对水平协调中存在的执行和控制的问题以及民主责任性的问题，都使得学界认为欧盟的政治行动能力比成员国要低，而且成员国的行动力也由于与欧盟机构的协商过程的制约而降低了。其次，欧盟政治也转变了成员国制度结构和政治过程，因为欧盟制定的政策部分取代了成员国政策，欧盟不必遵照成员国的政治传统和角色分配情况，但这种改变有时破坏或转变了旧的结构并创造新的结构，使成员国内部的权力结构会发生改变。欧盟创造了政治过程的新的切入点，尤其是对某些曾经被排除在外的或边缘化的行为体而言。这一维度还涉及政治和行政管理机构的中心化或去中心化的过程、治理工具、解决问题的主导思想，以及国家和利益群体或政党间的关系。最后，国家身份的改变。欧盟体制的特性导致了行为体的关系变化，也催生了特殊的决策和治理模式。欧盟制定

---

① Jachtenfuchs, Markus and Beate Kohler – Koch. *The Transformation of Governance in the European Union*. MZES Arbeitspapiere Arbeitsbereich Ⅲ / Nr. 11. Mannheim, 1995.

的政策和决定、法律对每个成员国的公民都有约束力（supremacy），这也就从另外一个角度证明，成员国的决策权逐渐减少削弱，并非唯一作出决策、行使主权的角色，已经成为跨国治理体制的构成部分。欧盟特殊的治理方式已经渗入到成员国的政治生活中，成员国不仅要受这种治理模式的渗透和影响①，而且国家的行为方式也要发生相应改变。国家本身的作用已经从"自上"的权力分配和调控变为一个庞大的谈判体系和利益协商系统中的调停者和促进者。② 经历了转型的欧盟已经成为一个稳定的政治空间，在这个空间里治理的制度安排具有了独特的个性。

如上所述，需要指出的一点是，欧盟治理的转型不仅发生在欧盟层面，而且是成员国的国家层面和次国家层面也可以观察到的现象，其原因在于国家内部社会的不断分化、社会角色的自主性不断增强、福利国家要为生产和消费提供最优条件的雄心。③ 即使福利国家体系的去规制化和规模的缩小是欧洲在 20 世纪 90 年代面临的主要问题，但国家对经济和社会生活的干预丝毫没有减少。面对经济全球化的挑战，增强国际竞争力和调适国内体系以适应新的变革中的国际环境成为国家公共行动的新目标。发生改变的只是国家干预的方式，国家已经把一部分权力转移给次国家行为体并接受欧盟共同规则。全球化是影响欧盟治理在国家层面的转型的另一因素。随着信息时代的到来，全球化使得整个世界成了一个深度相互依存的地球村，人类追求的目标不可能在民族国家内部完全实现，有效的自治政府还需要去实行跨国解决问题的策略，适应普遍化和对民主自我规范的要求。因而，国家内部的治理转型也就成为转

---

① 贝阿特·科勒－科赫. 欧洲治理的演变和转型［M］//俞可平. 全球化：全球治理. 北京：社会科学文献出版社，2003：282

② 贝阿特·科勒－科赫. 欧洲治理的演变和转型［M］//俞可平. 全球化：全球治理. 北京：社会科学文献出版社，2003：284.

③ Kohler－Koch, Beate. *Network Governance within and beyond an enlarged European Union*. In：Verdun, Amy and Osvaldo Croci（eds）. The European Union in the Wake of Eastern Enlargement, institutional and policy－making challenges. Manchester and New York：Manchester university press, 2005：40.

型中的组成部分。

　　自 90 年代中期，当治理理论在欧盟成功地着陆以来，各成员国陆续签订生效的各项条约如《阿姆斯特丹条约》《尼斯条约》《里斯本条约》，更是把决策权更多转移到超国家层面的机构手中，政策的欧洲化赋予欧盟及其机构更多的义务和权利，因而欧盟的竞争力不断增强。第一支柱的类似民族国家的机构，使得欧盟跨越了横向的跨国界合作，转向了纵向的多层治理体系。① 布鲁塞尔现在已经是一个非常繁忙的场域，在此舞台上不同体系、非政府网络、政府机构和行为体相互交织、互相竞争合作。

二、现实基础：欧盟治理结构特性

　　欧盟作为一种特殊的政治体制，既不同于国际组织，也区别于联邦国家。经过 70 年来的发展与变革，欧盟已经成为多层治理体系。在这个体系中，来自不同领域和地域的行为体之间开展互动、协商进行决策，经历发现问题、共同解决问题、制定对所有行为体都有约束力的集体决策的过程，以进行价值分配。② 自 90 年代中期以来，"动态的多层

---

① Jachtenfuchs, Markus, and Beate Kohler – Koch. *Regieren im dynamischen Mehrebenensystem.* In Markus Jachtenfuchs and Beate Kohler – Koch (eds.): Europäische Integration. Opladen: Leske and Budrich, 1996: 15 – 46; Maurer, Andreas. *Committees in the EU system: a deliberative perspective.* In: Eriksen, Erik O., Christian Joerges and Jürgen Neyer (eds.) European Governance, Deliberation and the Quest for Democratisation. ARENA REPORT 2/03. Oslo/Florence, 2003: 345.

② Kohler – Koch, Beate. *Europe in Search of Legitimate Governance.* ARENA Working Papers WP 99/27: 14; Wessels, Bernhard. *Interest Groups and Political Representation in Europe.* Paper presented at the joint sessions of workshops of the ECPR, Bern, 27 February – 4 March 1997; Maurer, Andreas. Committees in the EU system: a deliberative perspective. In: Eriksen, Erik O., Christian Joerges and Jürgen Neyer (eds.) European Governance, Deliberation and the Quest for Democratisation. ARENA REPORT 2/03. Oslo/Florence, 2003: 346.

体系中的治理""网络治理"（network governance）就成为欧盟治理安排
的特征①，也奠定了欧盟治理研究的基调。

（一）作为多层次网络体系的欧盟治理

欧盟作为全球化进程中成功的一体化的典范，是在经济和政治结构
方面高度相互依存的体制，其中权力转移到政策制定的不同层级，其操
作方式则取决于议题的重要程度、政治过程的相互渗透及跨国界政治行
动的可能性，而对具有约束力的安排和约定的遵循则以一种非常特殊的
方式制度化，形成了新的治理模式。就欧盟治理的来源和一般性质来
说，"欧盟治理是各成员国参加国际谈判协调的产物，也是公民个人、
压力集团、政府间组织和非政府间组织形成的混杂联合的结果"。② 在
欧盟背景下，治理是一个过程和状态，其特征是"政治议题的复杂性、
政策过程的分割性和政策结果的分离性"。③ 在此语境下，角色间的关
系经由制度结构、利益和社会角色的互动形成④，公共角色和私有角色
都参与对社会关系和冲突的有意识的规制，而社会角色对欧盟政治过程
的参与机制也已经制度化了。

1. 欧盟治理的多层次结构

欧盟治理安排的特征首先是多层次性，即欧盟政治体系是一种多层
治理（multilevel governance）结构，指在"不同的地域层面政府机构之

---

① Jachtenfuchs, Markus and Beate Kohler – Koch. *The Transformation of Governance in the European Union.* MZES Arbeitspapiere Arbeitsbereich Ⅲ / Nr 11. Mannheim , 1995; Kohler – Koch, Beate. *Europe in Search of Legitimate Governance.* ARENA Working Papers WP 99/27; Benz, Arthur and Christina Zimmer. *The EU's competences：The "vertical" perspective on the multilevel system.* Living Reviews in European Governance, 2010, Vol. 5, No. 1. http：//www. livingreviews. org/lreg – 2010 – 1.

② 贝阿特·科勒–科赫. 转型视角下的欧洲联盟治理［J］. 南开学报（哲社版），2006（1）.

③ Kohler – Koch, Beate and Berthold Rittberger. 2006. The "Governance turn" in EU studies. In：JCMS：Journal of Common Market Studies, 44：27 – 49.

④ Finke, Barbara. *Civil Society Participation in EU Governance.* Living Reviews in European Governance. http：//www. Livingreviews. org/lreg – 2007 – 2（10 – 04 – 2008）.

间的一个持续的协商体系"。① 在这个体系中，决策权并非由成员国政府独占，而是分散到多个地理层面的公共机构，包括次国家层面、国家层面到超国家层面的政府机构，这些机构是相互联系的。尤为值得注意的是，次国家层面的角色并非只是被掩盖于国家政府的阴影之下，它们的活动也延伸到欧盟层面。② 多层次性就表明了活动于各个层面的行为体之间的相互依赖，而治理这个词则指的是非等级性的决策模式日益增长的重要性。

这种治理模式与其他治理模式的不同，首先在于它对国家的概念界定，在此治理范式下，国家已经不再是绝对权威，而是一个能动的结构（enabling structure）；国家从权威性的自上而下的分配者转变为"动员者或使动者"。（activator）③ 欧盟治理就意味着把相关的国家和社会行为体都纳入进来，目标和方向是解决共同面临的问题而不是个体利益用途的最大化，这样就建构了"议题主导的成员体系"（issue - specific constituencies）④，也就是欧盟决策过程的部门化和一体化分化。网络治理的新鲜之处还在于它对公私行为体互动模式的重新界定，在此方式下

---

① Hooghe, Liesbet and Gary Marks. *Multi - Level Governance and European Integration.* European Integration online Papers（EIoP），Vol. 5（2001）N° 11；http：// eiop. or. at/eiop/texte/2001 - 011a. htm；Marks, Gary, Liesbet Hooghe and Kermit Blank. *European integration from the 1980s：state - centric vs. multi - level governance.* In：Journal of European Common Market, 1996, 34（3）.

② Neshkova, Milena. *Local and Regional Interest and Democratic Representation in the EU.* Paper presented at annual meeting of MPSA Annual National Conference, Hilton, Chicago, 03 April 2008.

③ Kohler-Koch, Beate. Network Governance within and beyond an enlarged European Union. In：Verdun, Amy and Osvaldo Croci（eds）. The European Union in the Wake of Eastern Enlargement, institutional and policy - making challenges. Manchester and New York：Manchester university press, 2005：35 - 53；Kohler-Koch, Beate and Berthold Rittberger（eds.）. *Debating the Democratic Legitimacy of the European Union.* Lanham：Rowman & Littlefield. 2007.

④ Kohler-Koch, Beate and Berthold Rittberger（eds.）. *Debating the Democratic Legitimacy of the European Union.* Lanham：Rowman & Littlefield. 2007.

的公私互动已经不再是基于等级制度高层的权威分配，而是在于在多边谈判中使相关利益协调直至达到相似的立场。这一模式的基本信念是，与公共目标相伴生的适当的行为和创新做法，并非由控制与支配来产生，而是必须把目标群体作为伙伴来对待。

随着欧盟竞争力的不断增强，欧盟治理的多层次性也越来越突出，对多元主体的参与也提出更高的要求。多层治理有助于减少政府的单方支控现象，而增加网络的自我治理。① 在欧盟内部，共同体机构、成员国和次国家层面行政区域的责权划分和界限都比较模糊，界限淡化缘于不断强化的各层级机构和行为体之间的互相渗透和互相影响。而这归根结底在于，各个层级都在对相关事务进行治理，而且各个层级都并列叠加着各类机构和角色，它们各有相应的人员、规则、准则、管理程序和议事日程②，这样就构成了纷繁复杂的治理网络。

2. 欧盟治理结构的网络性

就欧盟治理的结构特征而言，绝大部分学者认为，欧盟治理是一种以网络治理为主的模式，在其中各类角色在各个层面开展了不同程度的互动。③ 欧盟治理的特别之处就是其多层次治理安排的非正式性和网络

① Kohler-Koch, Beate. *Catching Up with Change: The Transformation of Governance in the European Union.* Journal of European Public Policy, 1996, 3, Heft 3: 359 - 380.

② 法布里斯·拉哈. 欧洲一体化史（1945—2004）［M］. 北京：中国社会科学出版社，2005：119.

③ 相关论述见：Kohler-Koch, Beate. *Europe in Search of Legitimate Governance.* ARENA Working Papers WP 99/27：14；吴志成. 欧洲多层级治理：理论及其模式分析［J］. 欧洲研究，2003（6）；Jachtenfuchs and Kohler-Koch 2004：94；Kohler-Koch, Beate. *Network Governance within and beyond an enlarged European Union.* In：Verdun, Amy and Osvaldo Croci（eds）. The European Union in the Wake of Eastern Enlargement, institutional and policy - making challenges. Manchester and New York：Manchester university press，2005：35 - 53；贝阿特·科勒-科赫. 转型视角下的欧洲联盟治理［J］. 南开学报（哲社版），2006（1）；Zimmer, Annette. *Governance and Civil Society.* http：//www. nez. uni - muenster. de/download/Zimmer_ Civ_ Gov. pdf；Kohler-Koch, Beate. *Civil Society in EU governance - a remedy to the democratic accountability deficit?* Concepts & Methods，2008，4，issue 1：3 - 6.

性特征，是基于纵向和横向一体化基础之上的高度复杂的行为体的交叉互动，是多元行为体跨越不同的地域层面在网络中进行的政策协商。由于欧盟复杂的决策体系和结构，治理的纵向维度指不同层级权威机构的松散结合，包括欧盟在欧洲层面、国家层面、次国家层面的公共权威机构及部门；① 而横向的维度则是指在每一层权威机构层面行为体的相互关系安排，这涉及大量的专家和利益攸关者（stakeholders）②，代表着社会的多种成员，如公司、商业协会、游说团体、公共利益群体等。把专家和利益攸关者都纳入政策过程中，将不必激化在核心政策目标上的冲突和竞争而达到有效解决问题的目的。③ 网络治理有别于其他的治理模式的是，这个体系把各成员国融合在一个协调和合作的网内，致力于协调众多行为体的行为和多样利益，以达成共识形成决策。

欧盟内部的政策，可以分为规制性的政策和分配性的政策。作为主动性的规制性政策的讨论和协商主要发生在布鲁塞尔，而边缘性的分配性的社会政策则涉及各个层面的行为体。同时，在规制（regulation）和分配性政策的执行与实施方面，情况也不同。规制性的政策主要是由各层级的政府机构、公共权威负责执行和监督，而分配性的政策（主要是社会政策领域）则要通过私有行为体来执行。

在欧盟治理框架中，国家、政府是其重要行为体之一，各成员国通过谈判、协议、条约等体现了各方共识的方式和手段参与欧盟基本事务的管理。虽然不存在一个等级制，但行为体间的相互依存却日渐加深，每个行为体都要留心其他行为体的举动。这一治理体系也"鼓励各类

---

① Marks, Gary, Liesbet Hooghe and Kermit Blank. 1996. European integration from the 1980s: state - centric vs. *multi - level governance*. In: Journal of European Common Market, 34 (3): 18.

② 在这里，利益攸关者是一个更为宽泛的概念，指欧盟的政策规制执行会影响到的所有群体，包括公民社会行为体、专家、私人利益集团等，并非局限于政策的目标群体。

③ Kohler - Koch, Beate and Berthold Rittberger (eds.). *Debating the Democratic Legitimacy of the European Union*. Lanham: Rowman & Littlefield. 2007.

非政府组织、利益集团、公司企业和社会个人的广泛参与、共同协作，它体现出欧洲联盟这一新型组织形式的复杂性、动态性、自愿性、非强制性、地理范围上的交叉重叠性和非中心化等特征"。① 因而，在欧盟的治理网络中，不同范畴的各单位、公共机构和私有部门行为体都加入协商和咨询过程，呈现出多元行为体交织的错综复杂的互动局面。

网络治理是一种特别适合国家间的联盟（union of states）的治理方式，它可以通过协商过程、制度化的规范定位和功能性的代表来获得合法性。② 在欧盟治理中，居于核心地位的决策方式是协商，各类、各层级政府机构和其他行为体主要是通过达成共识（consensus）的方式来实现决策，机构框架内以协商方式而不是讨价还价达成决议。这样，通过把各类社会角色纳入决策过程，塑造欧洲范围的倡议联合，在功能性的利益协调基础上，网络治理扩大了欧盟的政治空间，使得欧盟成为建立在跨国政治空间上的特殊体系。

因此，在欧盟特别的政治体制下，治理制度的安排也具有了独特的个性，即多样性的统一（unity in diversity）：网络治理把一个个单独的国家和非国家行为体融进了一个独立的政治空间，在这个空间里各类行为体相互依赖程度日渐加深。欧盟政体的运作的逻辑是共同协商（logic of consociation），它决策的方式基于广大行为体间的共识，并且从与专家智能和公民社会的直接联系中获取合法性。③

（二）欧盟治理结构的开放性

在后民族国家时代，复杂的相互依赖要求为决策过程中互动的开展

---

① 吴志成. 治理创新：欧洲治理的理论、历史与实践 [M]. 天津：天津人民出版社，2003：40.

② Kohler – Koch, Beate. *Europe in Search of Legitimate Governance*. ARENA Working Papers WP 99/27.

③ Kohler – Koch, Beate. *Civil Society in EU governance – a remedy to the democratic accountability deficit?* Concepts & Methods, 2008：4, issue 1, pp. 3 – 6.

和非政府行为体的参与制定规则。① 在欧盟多层次治理条件下，对社会和政治关系的有效规制，可以经由非强制性的机构或权力基础上的谈判等方式实现。欧盟委员会仍然独享政策和立法动议权，但同时，欧盟范围的规则需求也越来越多地产生于社会的不同领域，由跨国的决策者与欧盟决策者联合推进。国家政府、次国家层面的政府都牵涉欧盟政策过程中，但它们的代理人（delegation）都不能称为是单一行为体，因为欧盟的决策是按照议题来分工（issue specific）的，这种决策和立法的部门化方式也导致利益代表按照功能来划分。地域性的政治权威被分为功能性的单元，与其他层面的同部门的行为体开展互动；而非政府行为体则试图进入这一政策网络中，也以多层次的体系面貌出现，使欧盟政策网络的结构更为复杂。

无论在欧盟政策形成的过程还是政策执行方面，多层面的政府机构和不同种类的行为体都深深地卷入其中，这样欧洲联盟就成为"一个渗透型的治理体系，跨越国界的密集型政策网络在各个政治领域都提供了参与决策的机会，借助这些跨国网络，各利益集团在政策制定的各种不同层面上都可以施加影响"。② 欧盟治理结构的层次性则证明，兼容不同角色偏好的政治互动是跨国界和跨地域层次交流的永久需要。欧盟治理实质上是形成了一种"欧洲化的利益协调体系"和向各类行为体开放的政治空间。③ 参与欧盟多层治理的主体，范围甚广，其中不仅有欧盟官方机构，各成员国层面和次国家层面的政府和行政管理机构、政党、非政府组织、利益集团、媒体以及公共舆论，当然也包括了各成员国的公民。这些形形色色异质性的行为体的加入，促进了欧盟新的治理

---

① Neyer, Jürgen. Globale Demokratie. Eine zeitgemäße Einführung in die internationalen Beziehungen. Nomos. 2002.

② 贝阿特·科勒－科赫. 社会进程视角下的欧洲区域一体化分析［J］. 南开学报（哲社版），2005（1）.

③ 贝阿特·科勒－科赫. 社会进程视角下的欧洲区域一体化分析［J］. 南开学报（哲社版），2005（1）.

实践的发展，也使得欧盟治理具备了更独特的个性特征：多元性、开放性。

三、机会结构：欧盟机构与政策过程

根据新制度主义理论，制度结构可以为其中的行为体设定相应的程序、规则和规范，对行为体的行为进行限制或促进，最终解决面临的问题。在欧盟背景下，鉴于欧盟治理是一个多元性和开放性的过程和制度安排，为公民社会组织的参与提供了机会和可能性。

（一）欧盟机构加强与公民社会组织联系的努力

在欧盟舞台上，最引人注目的角色当然是处于决策中心的欧盟官方机构，即《欧洲共同体条约》规定的、作为欧盟第一支柱的超国家机构，欧盟委员会和欧洲议会、欧盟理事会、欧洲经济和社会委员会（EESC）。近年来，欧盟机构已经认识到了建立一个更连贯一致的框架来改善与公民社会关系的重要性，这些机构近年来对促成与公民社会组织的密切关系方面表现非常积极和踊跃。以欧盟委员会为首的欧盟机构，采取了不同的方式把公民社会组织纳入政策制定过程，把公民社会看作是对合法性赤字和民主赤字问题潜在的补救方式和欧盟机构合法的伙伴，目的是寻找与公民社会组织紧密合作可能带来的益处。

1. 欧盟委员会（EC）是欧盟的议程设定者、政治协调者和管理机构

它代表着并维护欧盟作为一个超国家机构体系的整体利益，是欧盟各条约和共同体事业的忠实卫士。自成立伊始，欧盟委员会由于它对动议权的垄断，在欧洲共同体的组织结构里就具有了关键地位，是欧盟立法和政策过程的守门人。一方面，没有委员会的提案，就不可能有相应法律和政策的制定；但另一方面，委员会的议案只有得到理事会和欧洲议会的一致同意才可以进入决策。所以，为了使政策提案更加科学、获得其他机构的认可，委员会也一直努力寻求专家建议和外部支持，其中

就包括了公民社会组织。为此，委员会很久以来就认可了公民社会组织的重要性，并把塑造"组织起来的公民社会"列入自己的议事日程〔COM（1997）0241 final；COM（2000）11 final；COM（2002）704 final〕，而委员会内部的每个管理部门——每个事务总司（General Directorate，DG）也都采取积极的有效措施来实现这个目标。

2. 欧洲议会（EP）作为唯一的被欧盟各成员国的公民直选出的代表组成的机构，在近年来连续的欧盟的制度改革里也获得了更大的权力

自《尼斯条约》以来，欧洲议会赢得了在更多政策领域的共同决策权，尤其是《里斯本条约》更是把欧洲议会的权限扩大作为机构改革的重点。2007 年由欧盟成员国首脑签署的、2009 年经由全体 27 个成员国批准并于 12 月开始实施的《里斯本条约》规定，在"共同决策"框架里，欧洲议会获得了 40 多个政策领域与部长理事会同等的决定权，也获得了与理事会同样的决定欧盟整体预算的权力。而通过直选来自各成员国的议员们则使得欧洲议会与欧洲公民有了直接联系。因而，鉴于它的权限和在欧盟决策过程中的地位、作用，欧洲议会也成了公民社会组织的游说和建议活动的又一个主要目标，相应地，议会也发展出自己的策略来构建与公民社会组织的关系。

3. 欧洲经济和社会委员会（EESC）是根据《罗马条约》成立的咨询顾问机构，它声称自己是公民社会组织的官方代表

在欧洲经济共同体成立伊始，经济和社会委员会便是制度化的功能性利益的代表机构，不过它未能垄断这一功能。近 20 年来，EESC 努力强化它作为成员国公民社会组织的唯一代表的地位，一直积极支持和致力于扩大公民社会在欧盟决策中的参与，成为一个活跃的"咨询、代表和信息"论坛①，在这里，各国的经济的、社会的和公民的组织在欧盟的政策形成和决定的准备过程中承担了必不可少的作用。

---

① 见 EESC 的宣传彩页，http：//www. eesc. europa. eu/groups/3/index_ en. asp.

　　（二）欧盟政策过程为社会角色参与提供了具体路径和可能性

　　欧盟的政策制定是一个动态的具体过程，在其中，不同机构和利益集团将有机会参与联合并竞争，以获得它们期望的结果。① 欧盟的决策过程采取的是一种"共同体方式"（community method），即欧盟机构共同进行决策的模式，决策中各个机构分工明确，各司其职。在欧盟立法形成和执行过程中，欧盟委员会担负着重要职能，是欧盟立法和政策倡议的垄断者、欧盟议程设置者，也是欧盟政策的执行活动的监督员。经历了多次欧盟条约的修改和演进成熟，欧洲议会的权限在不断增加，其地位和作用也得到了巩固。所有立法和政策都要经由部长理事会批准，审批方式是绝对多数和一致投票。在政策的准备、形成和执行过程中，委员会和议会开展对私有群体和组织的咨询及合作，以获得信息和专家知识。而由成员国的政府职员和外部专家构成的各类专家委员会（co-mitology committees）则提供灵活的执行欧盟政策的妥协性方案，以实现欧盟政策和法律在国家和次国家层面的顺利执行。随着欧盟竞争力的加强，不同的领域决策方式也越来越带有各自特色，是由议题和政策决定的特定方式和方法（policy - specific，policy modes），显示出明显的分化特征（fragmentation），这加大了欧盟决策的复杂性。

　　政策制定是欧洲一体化的核心，欧盟政策过程的特点就在于欧盟委员会对动议的垄断权，部长理事会和欧洲议会审核批准，以及欧洲法院的立法审查，这样通常是经历独立的角色和机构间复杂而漫长的咨询与协商过程达成。从议程设置、提案形成到机构间决议，欧盟政策过程的所有阶段都为社会广大群体提供了广泛的影响机会，社会各类角色对欧洲政治和欧盟治理的参与也就有了可能。在政策过程的第一阶段，欧盟委员会（EC）的提案反映了包括官方机构、利益集团等各类行为体的

---

　　① Warleigh, Alex. *Democracy in the European Union*：*Theory*，*Practice and Reform*. London：SAGE. 2003.

意愿，利益集团还可以通过机构或直接向法院上诉影响议程。提案形成阶段，欧盟委员会聘请专家组进行独立分析，并制定初步提案，这一阶段社团组织或企业尤其是欧洲的联合会和大的跨国公司也有机会提供建议。在机构间决议阶段，委员会的专员把议案送交欧洲议会（EP）及经济和社会委员会（EESC）进行一读审议，议会要提出建议供理事会参考，经济和社会委员会则作为顾问参与此项程序；理事会负责组织各成员国对通过一读审议的提议进行讨论、协调和斡旋。无论是从其决策过程对各类角色开放的接触点而言，还是从来自各部门、各级政府和企业界的参与决策的角色而言，欧盟的决策程序比大多数成员国更公开、更多元①，为外界的影响提供了机会和可能性。

　　欧盟的多层治理的体系结构也只为公民社会组织提供了机会和可能，而它们具体的参与行动和实践则要看其自身的组织能力和发展状况，接下来要讨论的就是欧洲公民社会组织的发展历程和组织状况。

---

① 斯万·安德森，契尔·艾里亚森. 欧洲政策制定［M］. 陈寅章，等译. 北京：国家行政学院出版社，2003.

第三章　欧洲公民社会组织的发展
历程与现实构成

历史地看，公民社会源于欧洲，因此，公民社会组织的发展历史久远。由于公民社会组织具有很深的社会嵌入性，欧盟层面的公民社会组织都牵涉国家层面组织的发展，带有民族国家的深刻印记。因此，追溯公民社会组织在欧洲的发展过程，有利于提高我们的历史感，更好地了解当今时代欧洲公民社会组织的状况，也是任何科学研究需要做的工作。

一、前欧盟时代公民社会组织在欧洲的雏态及发展

现代意义上的公民社会组织，随着民族国家的出现而产生。虽然前现代化时期的公民组织还不能被称为真正意义上的 civil society organizations，但简单讨论一下最初公民社会组织的形态和功能以及在欧共体和欧盟成立之前的发展状况，有利于我们更好地了解当今欧洲公民社会组织的发展及功能。

在前现代化时期，最早承担公民社会职能的社会组织主要是教会，凭借着其雄厚的财力和权力，它们为穷人和急需的人提供服务和福利，"慈善"因而成为公民社会组织最初的功能和活动指导原则。福利功能至今仍然是公民社会行动的主要内容之一。随着现代化进程和民族国家

的产生与发展，公民社会也逐步改变了其组织结构，资金来源渠道也发生了变化。在城市和新的工业中心，新兴的资产阶级开始要求社会和政治权利，结社成为他们伸张权利的通道和方式之一，互惠性也成为成员结社的主要理由。在中欧的城市里，各类俱乐部（club）等志愿性的社会组织成为社会成员们分享知识和爱好的场所，也是新的社会阶级——作为工业新贵的资产阶级与受过良好教育的公务员和自由的开明贵族讨论批判时事和日常政治生活的地方。①

在 19 世纪初期的欧洲，全欧的公民社会组织拥有许多共同点，也有明显的差别。共同点在于，公民社会组织的中心任务是为成员伸张权利和提供福利，活动分子多是资产阶级新贵或者开明贵族。② 与此同时，随着民族国家的发展程度不同，各国的公民社会组织带有明显的本国政治和文化的烙印，也就是说结社生活与本国的政治生活和环境之间存在着密切的联系。而此时的公民社会依附于国家的政治环境不能独立运行，或者只能在国家的严格控制之下开展活动，甚至只能秘密聚会。此时的公民社会与民族国家之间是偶尔的合作关系，公民社会是否可以作为公民参与的渠道发挥作用还要依赖于其所在国家的政治环境和政体。③

究其原因，在于民族国家概念和实践导致的不同传统和文化。民族（nation）是一个基于共同的语言、历史和经济生活之上的稳定的文化和社会共同体。④毋庸置疑，民族国家和地区都保持着带有特殊历史印记的传统、文化特征，而这些特征将塑造其成员强烈的归属感和认同感，而且国家的政治、文化和结构也将塑造参与政治过程角色的行为模

---

① Zimmer, Annette. *Governance and Civil Society*. http：//www. nez. uni – muenster. de/download/Zimmer_ Civ_ Gov. pdf.

② 他们受启蒙运动的影响，思想开明，比较自由。

③ Zimmer, Annette. *Governance and Civil Society*. http：//www. nez. uni – muenster. de/download/Zimmer_ Civ_ Gov. pdf.

④ *New Oxford American Dictionary*（Second Edition）. Oxford University Press，2005.

式。而利益团体是深植于国家文化中的，其代表的利益将具有地域性的
维度。① 公民社会团体作为民族国家的一部分，必然也带有地域性的国
家性的特征，这即是公民社会组织沿袭至今的社会嵌入性的根源。

　　19 世纪后半期，欧洲公民社会组织的发展找到了新的意识形态基
础——相互性（mutuality）社会主义。在这段时间里，合作社和互助性
的社团在全欧洲都非常流行。这些组织构成了对抗"动荡的资本主义"
（turbo - capitalism，涡轮资本主义）的另外一股力量，并使得低薪农民
和手工艺个人得以适应变革中的经济状况②，这样的社团，有德国的手
工业个人联合会（Zentralverband des Deutschen Handwerks）等。这些组
织基于各自特定的社会环境和氛围而成立，与当时的社会思潮有密切关
联，如法国的乌托邦社会主义③、英国的费边主义④、西班牙和意大利
的无政府主义⑤等，这些思想都主张自由结社和互助。在合作社和互助
团体中，除了合作起来提高谋生能力和获得廉价住房以外，成员身份还
意味着接受同一种生活方式，参加这样的组织也就表明了成员间的团
结。因此，国家的社会环境和政治制度塑造了国家内部的社团产生和运

---

① Wessels，Bernhard. *Interest Groups and Political Representation in Europe*. Paper presented at the joint sessions of workshops of the ECPR，Bern，27 February – 4 March 1997.

② Zimmer，Annette and Matthias Freise. *Bringing Society Back in：Civil Society，Social Capital，and Third Sector*. In：Maloney，William A. and Jan W. van Deth.（eds）. 2008. Civil Society and Governance in Europe. From national to international linkages. Cheltenham & Northampton：Edward Elgar. 2008：22.

③ Utopian socialism，19 世纪中叶的政治和哲学思潮。法国的夏尔·傅立叶（Charles Fourier）和圣西门［克劳德·亨利德鲁弗鲁瓦·圣西门伯爵（Claude – Henri de Rouvroy，Comte de Saint – Simon）］以及英国的欧文（Robert Owen）为空想社会主义有名的代表，他们揭露了资本主义制度的罪恶，主张以新的和谐的、互助的制度来代替资本主义制度。

④ Fabianism，英国的工人社会主义的派别，其主张重在务实的社会建设，倡导建立互助互爱的社会服务。

⑤ Anarchism，它的基本立场是反对包括政府在内的一切统治和权威，提倡个体之间的自助关系，关注个体的自由和平等；它的政治诉求是消除政府以及社会上或经济上的任何独裁统治关系。无政府主义的工联主义思想在西班牙和意大利的影响比较大。

作方式。

由此可见，公民社会组织在欧洲的发展自其初期就具有各个国家特质，和其国家政治和社会的情况密切相关，这个特点也映射到当今欧洲国家乃至本书中的欧盟层面的公民社会组织。在欧洲一体化进程开始之前，欧洲范围内的利益团体都是在民族国家内部参与社会和政治事务，而且都以利益群体的形态出现并通过（新）合作主义（corporatism）的制度安排发挥作用。

二、欧洲一体化进程中的欧洲公民社会组织的形成与发展

20 世纪中期自欧洲一体化的发动机开启之后，欧洲经济与政治进入了新的发展时期，社会生活也随着发生了巨大改变。作为利益群体一员的当代意义上的公民社会组织，也突破了国界的限制，到跨国层面表达自己的利益诉求。欧洲层面的公民社会组织开始出现并随着一体化的进程而得到了不断发展。

（一）欧洲共同体成立以来

自从《罗马条约》签署开启了欧洲历史的新篇章，经济一体化的开展带来了欧洲共同体成员国内部利益团体的改变。随着经济共同体（European Economic Community）的发展，经济部门的利益群体首先跨国界向欧洲层次发展，特别是工业、农业、商业方面的泛欧组织开始设立，如 1958 年设立的欧洲经济联合会（Confederation of European Business, UNICE）和欧洲农业专业组织委员会（Comité des Organisations Professionnelles Agricoles de l'UE, COPA），1960 年成立的欧洲银行业联合会（European Banking Federation, EBF），这些以伞形组织（umbrella organizations）面貌出现的联合会组织的目标就集中在经济共同体经济方面的政策。

受欧洲社会运动的影响，在欧洲层面工人的组织和消费者保护组织也相继成立，目标是创造一个"统一的欧洲"。① 1962 年欧洲消费者联盟（Bureau Européen des Unions de Consommateurs，BEUC）创立，欧洲工会联合会（Confédération Européenne des Syndicats，ETUC）于 1973 年成立，欧洲环境局（European Environmental Bureau，EEB）于 1974 年成立，代表着其他行业的工会组织（European Secretariat for the Liberal Professions，SEPLIS）于 1975 年成立。这一阶段，诸如国际红十字会（Red Cross）和扶轮社国际（Rotary Clubs）等组织的活动目标则是民族国家的政府和公众。在一体化早期的这些泛欧性的利益团体的协会和公民社会组织内部，其成员是来自共同体成员国和其他欧洲国家的国家性的利益团体，它们掌握大量资源。这个时期的欧洲层面的利益团体及公民社会组织数量都比较少，主要是由于《罗马条约》把一体化严格限定在经济领域，欧洲共同体的主要任务和目标也只是协调各成员国的经济合作，其他方面的政策很少受到共同体机构的关注。

1979 年欧洲议会开始了第一次直选，由全体成员国的公民决定欧洲议员的人选，这给了公民机会了解欧洲共同体，使他们认识到自己可以影响到共同体的运作。到了 80 年代中期，雅克·德洛尔（Jaques Delors）领导的欧共体委员会开始把目光投向一体化的社会维度。他们认为欧洲的社会凝聚力和统一的大市场同样重要，为此开始鼓励并推动欧洲层面的社会对话和组织的设立，这也是单一市场计划的政策目标之一，与之相关的社会政策也着力推动利益集团和公民社会组织的参与。因此，此后欧洲共同体层面的各类组织数量有较大幅度的增加。据统计，1980 年欧共体委员会正式承认的泛欧民间组织为 429 个，而 1990

---

① Kaelble, Hartmut. Gibt es seine europaeische Zivilgesellschaft? In Gosewinkel D. er tal. Zivilgesellschaft – national und transnational. Berlin：edition Sigma，2004：267 – 284；Eisele，Gudrun. *European civil society – a glance at recent literature*. Junior Research Group "European Civil – Society and Multilevel Governance". http：//nez. uni – muenster. de/download/eisele_ – _ european_ civil_ society. pdf；2005.

年这个数量增加到 525 个。①

（二）20 世纪 90 年代

随着欧洲一体化进程的深入，欧盟成为各类利益集团频繁活动的场域，大量跨国行为体涌入布鲁塞尔，各类组织纷纷在布鲁塞尔设立代表机构，活动范围为全欧性的"联邦性利益集团的数量和范围"② 也不断增长，单一市场的建成促进了欧盟层面既得利益集团群体的扩大，其他种类的利益群体也加入了布鲁塞尔利益群体的行列。在这样一个制度化的利益协调体系中，利益团体之间形成了复杂的跨国关系网络，但并非每个行为体都有平等的发言权利和机会，成功在于其游说的技巧和可资利用的资源，还在于该行为体的思想观念是否跟欧洲一体化的主流理念一致。

1991 年由各成员国签订通过的《马斯特里赫特条约》提出了社会对话机制和社会伙伴计划，延伸了欧盟机构决策范围，如安全、教育和社会政策等，并强调了欧洲社会政策的制定可以由成员国多数表决通过，而不必全体一致通过就可以生效。这个条约表明了欧盟机构，主要是委员会、理事会对与欧洲层面的利益团体合作协商的意愿，也为这些行为体传递了明显的信号，给它们在欧盟层面组织起来提供了外部驱动力和可能性。与此同时，由于成员国的政策制定权力日益转移到共同体层面，按照时任委员会主席德洛尔的说法，80% 的法律、政策已经由共同体来作出决定，共同体的行为和决策越来越影响到成员国内部的政治生态及普通民众的生活，国内的经济利益集团和公民社会组织也逐步把游说和活动范围转移向欧共体层面及其机构。因此，这个时期的共同体层面的各类组织数量也呈现显著的增长态势，仅 1995 年到 2000 年间，

---

① 转引自李昆. 试析欧洲一体化进程中的合作主义机制 [J]. 现代国际关系, 2004 (9).

② 贝阿特·科勒－科赫. 社会进程视角下的欧洲区域一体化分析 [J]. 南开学报（哲社版）, 2005 (1).

在布鲁塞尔设立办事处的中介性的组织数量已经从 2200 家增加到 3500 家。① 随着共同体机构决策扩展到社会政策、劳动力市场政策、就业政策、环境政策等领域，共同体机构与利益群体的合作与协商也取得了一些成绩，欧洲层面的各类组织的活动范围也在不断扩大，如参加就业领域中就业结构性调整、协调家庭与工作关系、促进就业培训和年轻人就业等方面的决策过程。

　　1997 年通过的《阿姆斯特丹条约》，把欧盟的社会政策范围扩展到社会保障和劳资对话方面，并强调了增强社会政策和发挥社会利益群体在社会政策制定过程中作用的重要性。这也为把欧盟层面的各类利益团体组织起来提供了制度和法律支撑。在 20 世纪 90 年代，出现在欧盟层面的代表性的公民社会组织的大鳄（consortium）有：1990 年成立的绿 8 集团（Green 8），汇集了 8 家欧洲最大的环境组织，后来这个组织发展成为绿 10 集团（Green 10）；1990 年设立的欧洲妇女游说团（European Women's Lobby）目标则是在欧洲层面保护女性利益；1990 年设立的欧洲公民行动服务（European Citizen Action Service，ECAS），目的是使 NGO 和公民个人的声音在欧盟得到倾听，该组织就如何游说、获得资助、保护公民权利等方面提供建议和服务；1993 年成立的欧洲公共健康联盟（European Public Health Alliance，EPHA），把近百家欧洲健康领域的公民社会组织联系起来；1995 年成立的欧洲社会 NGO 平台（Platform of European Social NGOs，简称 Social Platform）由 30 多家活跃在社会政策领域的非政府组织联合起来构成；1996 年成立的欧洲青年论坛（European Youth Forum），涵括了 90 多家成员组织，目的是确保青年人的政治参与。

---

① Kaelble, Hartmut. Gibt es seine europaeische Zivilgesellschaft? In Gosewinkel D. er tal. Zivilgesellschaft – national und transnational. Berlin：edition Sigma, 2004：267 – 284；Eisele, Gudrun. *European civil society – a glance at recent literature*. Junior Research Group "European Civil – Society and Multilevel Governance". http：//nez. uni – muen-ster. de/download/eisele_ – _ european_ civil_ society. pdf；2005.

（三）21 世纪

进入 21 世纪以来，公民社会概念在欧盟机构的官方话语中成为时髦词语，各类对话咨询机制也都把公民社会组织纳入进来。《欧盟治理白皮书》作为欧盟治理进行规范的纲领性文件，也对包括公民社会组织在内的社会角色的参与提出了更高的期望。《欧盟宪法条约》中提出了"参与式民主"原则，给予公民社会组织的参与以法律支持。但2005 年《欧盟宪法条约》在法国和荷兰的全国公投中遭到公民的否决，使得欧盟机构和各成员国政府开始重新考虑增强公民信心的问题，进入反思期。2006 年欧盟委员会提出了"D 计划"（Plan D for Democracy, Dialogue and Debate）和《欧洲交流政策白皮书》（White Paper on European Communication Policy），并采取一系列新的行动措施来加强公民社会组织和其他利益群体角色的参与，目的是缩小欧盟机构与公民之间的距离，提高欧盟的凝聚力。而 2009 年年底付诸实施的《里斯本条约》保留了"参与式民主"原则，把它列为欧盟民主生活的又一支柱。

这个时期，顺应时代和时势的要求，公民社会组织和其他利益团体同样得到了发展的强劲动力，欧洲公民社会组织的数量和规模都得到了长足的发展，其活跃的领域也大有扩展。这时期内新出现的代表性的欧盟层面公民社会组织有：2003 年设立的欧洲救济与发展 NGO 联合会（European NGO Confederation for Relief and Development, CONCORD），拥有 20 多家网络，包括了 1000 多家非政府组织作为其成员组织，致力于救济与发展领域的议题。同年成立的欧洲病患论坛（European Patients' Forum, EPF），则在欧洲有关健康的议题和讨论中代表着欧洲患有各类疾病的患者的利益；2002 年成立的欧盟公民社会联络团（EU Civil Society Contact Group, act4europe, CSCG）把 8 大公民社会组织的平台和网络纳入成员，声称要代表权利和价值观的公民社会组织，鼓励并推动透明、制度化、包容性、公正的公民对话；2005 年设立的欧洲透明游说和伦理规制联合会（The Alliance for Lobbying Transparency and

Ethics Regulation，ALTER EU），160 家公共利益群体、工会、学术机构、公共事务公司联合起来，揭露企业游说团（corporate lobbyists）在欧盟事务中的优越地位，认为这可能导致欧盟决策中民主的损失，目的是使欧盟政治过程中的游说行为更加透明和有规制。

随着欧盟层面公民社会组织数量的增加，以及它们活动领域和范围的扩大，欧洲公民社会组织也逐渐走向了制度化、职业化。公民社会组织的领导人要学习专业技能，或者本身就是积极的、有经验的活动家或者游说者（activist or lobbyists），他们要了解如何在复杂的政治环境中有效地运作和活动，尤其是有关他们倡导的政策领域技术和专业方面的知识，要了解欧盟机构和官僚机构的工作并掌握与他们沟通的技能，学会与媒体打交道的技巧，并在国际层面或超国家层面与其他组织和团体协调。①

三、公民社会组织与欧盟机构关系的演变

欧洲公民社会组织的发展，在某种意义上说，是欧洲一体化的产物。随着欧盟竞争力领域的不断扩大，越来越多的政治决策由欧盟机构作出决定，而且欧盟机构也把以公开、透明、责任性为原则的善治作为行动准则。因此，对公民社会组织而言，在欧盟层面组织起来、直接影响政策过程就成了它们的理性策略。按照科勒－科赫教授的研究，欧盟（欧共体）的"每一次扩大都伴随着公民社会组织的数量增多"②，而这样的发展很大程度上是在欧盟提供的制度环境和机构的大力推动之下

---

① Ruzza，Carlo and Vincent Della Sala（eds.）. *Governance and Civil Society in the European Union*（Vol. 1：Normative Perspectives）. Manchester：Manchester University Press，2007：introduction：11.

② Kohler－Koch，Beate. Beyond Amsterdam：Regional Integration as Social Process（Chinesische Übersetzung）. S. 203－219 in：*Political Analysis*. Tianjin：People's Press，2004.

产生的。资料表明，欧盟机构一直与非政府组织保持着密切的关系，这可以从欧盟委员会与其他机构出台的各类正式文件中得到验证。欧盟官方机构话语中"咨询""伙伴关系"和"参与"等词的变迁伴随着与公民社会的合作政策也在发生变化。因而，公民社会组织群体或部门发展壮大的过程也即欧盟与公民社会角色之间关系的变化过程，这个过程可以分为三个发展阶段或是说三个年代（generations）。① 每个阶段具有各自的特征、主导原则和规范，欧盟官方文件中的关键词从"特别利益团体"到"公民社会"的概念界定，从"伙伴"（parternership）到"合作"（cooperation）关系的变化，都表明了公民社会组织身份和地位的变化。而从欧盟机构与各类角色之间互动的"专家模式"到"伙伴关系模式"和"参与式模式"的变迁②，也标志着欧盟机构与公民社会组织之间不同关系的构成，在这个过程中，起主导作用的是欧盟委员会。

欧盟与社会行为体的关系发展的第一阶段始于欧洲经济一体化早期，这一阶段的目标是提高欧洲经济共同体的规制政策的输出（output）品质。欧盟委员会等机构与经济专家、欧洲层面的工商业农业的联合会，与专业技术人员团体等多元利益等建立了密切的关系，欧洲共同体意图通过咨询外部团体获得对决策有用的信息和专家支持，这一时

---

① "年代"（generation）这个概念比较有启发性，注重改变与持续性的共存，指的是事物发展的阶段性，新阶段是在前一时期取代的成就的基础上又加入了新的内容，有了新的发展。

② Kohler – Koch, Beate et al. *Enhancing Multi – Level Democracy by Organizing Civil Society Input.* Paper presented at the 20th IPSA World Congress, Fukuoka, July 9 – 13, 2006; Kohler – Koch, Beate and Barbara Finke. *The Institutional Shaping of EU – society Relations: A Contribution to Democracy via Participation?* Journal of Civil Society, 2007, Vol. 3, No. 3; Kohler – Koch, Beate. *Does Participatory Governance Hold its Promises?* Paper presented at the CONNEX Final Conference 'Efficient and Democratic Governance in a Multi – Level Europe'. Mannheim, March 6 – 8, 2008.

期主导原则是建立共识，引导公民不要去质疑共同体。① 外部团体这时主要是指欧洲工农商业联合会组织，多元化的专业技术人员协会，雇主和工会的组织。这个时期通过经济和社会委员会举办的对共同利益团体的咨询不规律且是临时性的，咨商程序通常是非正式的，委员会仅仅偶尔会通过临时的双边接触，或者举办议题特定的专家与利益攸关者的听证会，这样仅能咨询很小一部分代表公共利益的协会组织，如环保、消费者组织，它们也是受共同市场政策影响的社会利益群体。

从 20 世纪 80 年代中期起，欧盟与社会的关系转向以伙伴关系为主导原则的第二阶段。此时，欧盟委员会不再只是把重点放在政策输出的质量方面，而是开始关注欧盟政策在成员国的更广泛的接受度。社会对话机制被引入，而且在《马斯特里赫特条约》中正式介绍。这个时期，欧盟委员会开始与新的行为者交流并引入了新的方法和工具，如资助弱小公共利益团体（欧盟委员会资助了民间组织和多利益相关者之间的网络构建，如 Platform of European Social NGOs），民间对话被引入就业和社会事务领域。欧盟扩大了咨询的对象群体，如妇女组织和人权组织等代表公共利益的团体也成为它们所咨商针对的目标群体②，甚至公民个人也可以参与到政策过程中来。1996 年都灵峰会上"使欧盟更接近人民"（bring the EU closer to the people）的口号被提出，并成为所有欧盟机构必须遵循的行为规范。第二阶段的特征是社会角色参与的扩大和深化，此时的规范是无条件的话语权。③ 增加政策过程所有阶段的透明

---

① Kohler - Koch, Beate. *Does Participatory Governance Hold its Promises?* Paper presented at the CONNEX Final Conference "Efficient and Democratic Governance in a Multi - Level Europe". Mannheim, March 6 - 8, 2008.

② Kohler - Koch, Beate and Barbara Finke. *The Institutional Shaping of EU - society Relations: A Contribution to Democracy via Participation?* Journal of Civil Society, 2007, Vol. 3, No. 3.

③ Kohler - Koch, Beate. *Does Participatory Governance Hold its Promises?* Paper presented at the CONNEX Final Conference "Efficient and Democratic Governance in a Multi - Level Europe". Mannheim, March 6 - 8, 2008.

度和向社会角色开放欧盟文献成为整个欧盟的共识，这改善了公民社会组织参与欧盟事务的一般条件。①

欧盟机构与公民社会关系发展的第三阶段则以《欧盟治理白皮书》的颁布为标志。这个文件是最明确、最具有全面性的欧盟官方文献，它设计了在欧盟治理过程中纳入公民社会的原则和规范，讨论了与公民社会开展互动的有效工具手段和适当规则。自此，公开、透明和责任的善治原则得到广泛关注，公民社会的参与成为流行词。2002 年最低咨询标准颁布，把白皮书中有关"公开"和"参与"的原则转化为实践，规定了公民社会组织参与欧盟决策的具体方法。《欧盟宪法条约》中"参与式民主"的原则规定进一步强调了公民社会的重要性。在第三阶段，更多的工具手段支持所有类型的公民社会组织乃至公民个人都有机会在欧盟决策过程中享有发言权，专门的咨询网站 CONECCS 为公民社会组织提供了一个自愿的注册数据库，而且在线咨询成为欧盟委员会所有司署吸引公民社会的代表、使普通公民接近欧盟事务的普遍手段。第三阶段的特征是提高透明度、"致力于强化欧盟决策的民主合法性"。②2005 年颁布的《欧洲透明倡议》及后续文件，2008 年欧盟委员会和欧洲议会共管的新自愿性注册系统网站的设立，就是这一过程中的重要事件。

从上述欧盟机构与公民社会组织关系演变的过程来看，牵涉欧盟决策程序中的公民社会组织的范围越来越大，在各政策领域和不同的决策阶段，公民社会组织和欧盟的互动形式也各种各样。这些表明，公民社会组织对欧盟政策过程的参与逐渐扩大，与欧盟机构的关系越来越密

---

① Kohler – Koch, Beate and Barbara Finke. *The Institutional Shaping of EU – society Relations: A Contribution to Democracy via Participation?* Journal of Civil Society, 2007, Vol. 3, No. 3.

② Kohler – Koch, Beate and Barbara Finke. *The Institutional Shaping of EU – society Relations: A Contribution to Democracy via Participation?* Journal of Civil Society, 2007, Vol. 3, No. 3.

切，布鲁塞尔已经成了公民社会组织、各种利益团体、游说组织聚集的"风水宝地"。

四、欧盟层面欧洲公民社会组织的发展状况与结构

根据欧洲公民社会组织的发展历史，可以看出其发展的表现方式主要为：欧洲各成员国的公民社会组织纷纷在布鲁塞尔设立联络点和办事处，逐渐把资源向欧盟层面转移，具有明显的欧洲化趋势；欧洲层面公民社会联合会和组织网络不断设立以及其规模逐渐扩大，把众多的公民社会组织纳入了旗下，从而创造了布鲁塞尔政治和社会舞台的新角色。这些组织起来的社会团体有着各自不同的价值观和愿景，代表着不同公民群体的利益和偏好，在欧盟这一多层次治理的制度框架里获得了在超国家层面政治参与的机会。公民社会组织在欧盟机构和公民之间传递信息，也为公民提供了接近欧盟决策者甚至参与决策过程的可能性，因而在欧盟治理框架下具有了缓冲带的作用。

基于本书对欧洲公民社会组织的定义，即那些以布鲁塞尔为总部和活动基地的、活动范围为整个欧盟或欧洲的、代表着公共利益的、努力影响欧盟政策过程和欧盟机构行为的、公民社会组织或网络，这就明确指出了对欧盟层面公民社会组织的状况的衡量和界定指标——包容性。这个指标可以分为两大维度，外部维度是在布鲁塞尔组织起来的协会和团体的数量和规模、活动领域和组织形态，即从外部来看多少组织被联合起来。另外一个维度则是这些组织的内部代表性，即它们分别汇集的成员数量和利益的情况。此处对欧洲公民社会组织的考察，就要确定这个范畴的包容程度（degree of inclusion），并利用个例分析的方法检视单独的公民社会组织内部代表性和其具体的运作情况。

（一）欧洲公民社会组织数量

在布鲁塞尔出现并积极活动以影响欧盟决策的公民社会组织数量，

其数据有不同来源。最主要的来自欧盟机构的官方报告，另外一个来源则是欧盟机构的网络登记系统的记录。在 2008 年之前对欧盟公民社会组织和利益团体的研究，都是把欧盟委员会的数据库 CONECCS① 作为参考，这个网络数据库提供了接触和了解多元化的多样性的布鲁塞尔 NGO 的直接路径。这个数据库是根据时任欧盟委员会主席普罗迪（Pro-di）的善治改革提案，按照《欧盟治理白皮书》的要求而设立的，是欧盟委员会的咨询机构的信息库，也是欧盟构建电子政府的一个步骤和措施。自从 2008 年 7 月以后，欧盟委员会和欧洲议会共同主持的新的利益群体登记注册网络系统（register of interests representations）② 正式启用，成为公众了解欧盟层面从事游说行业的各类利益群体相关信息的平台。需要指出的是，由于这两个网络平台的自愿性特征，在系统内可见的团体数量只是那些乐意公开信息的组织和群体，并不表明所有的利益群体都在此系统内。所以，这个系统所提供的信息数字只是个保守数值。

1. 近年布鲁塞尔利益代表者数量

根据 2003 年欧洲议会研究总司（Directorate – General for Research）宪政事务系列的一份工作论文③，2000 年在布鲁塞尔设立永久办事处的利益群体有 2600 家，其中欧洲商业联合会（European trade federations）占三分之一，商业咨询团体（commercial consultants）占五分之一，公司、欧洲非政府组织（European NGOs、环保、健康和人权）和国家性的经济或劳工协会（national business and labour associations）各占 10%，区域性的代表（regional representations）和国际组织（international or-ganizations）各占 5%，智囊团占 1%，见图 3 - 1。这些利益团体的功能

---

① "Consultation, the European Commission and the Civil Society" 的缩写，2001—2007 年欧盟委员会设立的与公民社会咨询有关的网站，2008 年由新的登记系统代替。

② 这个网络登记系统是自愿性的，主动加入此数据库的组织或协会要提供并及时更新本组织的有关信息，并向公众公开。

③ Lehmann, Wilhelm and Lars Bosche. *Lobbying in the European Union: current rules and practices. vPE*, 2003: 329, 438.

有服务、游说、决策、政策执行等。由此可见，与其他群体比较，公民社会组织，尤其是欧洲公民社会组织的比重较小。

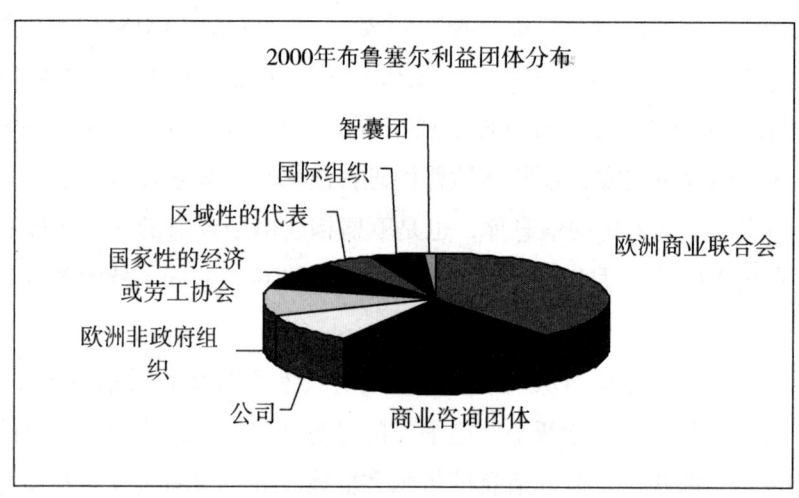

图 3-1　2000 年布鲁塞尔利益团体分布饼图

2002 年在欧盟委员会的登记系统及数据库 CONECCS 内，来自社会、消费者、环境、人权、宗教等方面分散的利益和其他利益的组织代表比较少（underrepresented），为 149 家，约占欧盟特别利益群体的 18%；而 709 家组织则来自工业、服务业、专业人员、农业等领域。① 相比较而言，公共利益社团的组织通常比商业经济利益团体更松散，大部分是网络形式，很少配备专业的人员，如欧洲反贫困网络（European Anti-poverty Network）、人权联系小组（Human Rights Contact Group）、欧洲移民论坛（European Migrant Forum）等。另外，活跃在布鲁塞尔的 1.5 万游说群体（lobbying groups, lobbyists）大军②中，其中绝大部分是各类大公司、大集团聘请的职业说客或公司的公共关系部门的代表，

---

① 数字转引自 Eising, Rainer, und Beate Kohler-Koch（Hrsg.）（2005）：*Interessenpolitik in Europa.* Baden-Baden：Nomos.［Regieren in Europa；7］

② 自从 21 世纪初欧盟关于游说的官方文件首次提出以来，1.5 万游说者这个数据一直被广泛引用，也有估计说游说者群体在 1.5 万至 2 万之间。

为经济利益和特定行为体的利益鼓与呼；而为公民社会组织代表的环境保护、消费者利益等开展游说活动的只有其中的 20%。但从绝对数量上来看，还是有大量的组织在布鲁塞尔为"弱势利益"而呼吁，其中包括了职业说客，通常是 NGO 及其协会等的临时联盟和松散的聚合，它们开展着稳定的合作。正如一位欧盟游说专家梵申德伦（van Schendelen）所说，事实上，布鲁塞尔的确存在着数量巨大的组织、机构和群体，它们从事的恰好是在欧盟层面的利益代表工作。① 新闻界人士也对此现象进行了讨论，认为 2008 年大概有 2500 个利益团体在布鲁塞尔活动。②

与上述数据的趋势相适应，多年来西方学者各类研究的普遍结果都显示，在布鲁塞尔的利益代表中占主导地位的是经济部门，主要是企业界或雇主协会，即与市场有关的利益群体（market related interest groups）在数量上和政治影响力方面都远远高于公共利益群体。③

2. 2010 年委员会登记系统中公民社会组织数据

2010 年 7 月 16 日数据表明，在欧盟委员会和欧洲议会共同主持的利益群体登记注册网络系统中（Register of interest representatives），共有 2870 个各类组织或协会登记在案。其中院内游说团体和商业协会（in house lobbyists and trade associations active in lobbying）共有 1508 家，

---

① 转引自：Zimmer, Annette and Birgit Sittermann. 2005. *Brussels Civil Society*. ISTR Conference working papers series：http：//www. jhu. edu/ ~ istr/pubs.

② Roehrig, Johannes. Bruessel en bloc, Lobbyisten bleiben undercover. In：Der Stern. 04. Juli 2008.

③ 相关论述见：Kohler – Koch, Beate. *Civil Society and EU Democracy*："*Astroturf*" *Representation? Journal of European Public Policy*, 2010, 17, Heft 1, S. 100 – 116；Eising, Rainer. *Interest groups in EU policy – making.* http：//europeangovern ance. livingreviews. org/Articles/lreg – 2008 – 4/；Greenwood, Justin. *Interest Representation in the European Union.* Basingstoke［u. a.］：Palgrave Macmillan, 2007；Bouwen, Pieter. *Exchange Access Goods for Access*：*a comparative study of business lobbying in the European Union Institutions.* European Journal of Political Research, 2004, Vol. 43, Issue 3.

包括专业人员组织、公司、工会组织等，这占全体登记利益团体的52.5%。与此相对应，作为非政府组织和智囊团（NGO and Think – Tank）登记的组织共有859家，仅占29.9%，包括631家非政府组织和其协会组织，智囊团为93家，其他类似组织为108家。各类专业咨询顾问组织和法律事务所（professional consultancy and law firms involved in lobbying EU institutions）则有171家。在其他类别的组织中（other organizations），学术性的组织和研究机构共有102家，宗教类的组织有11家，其他类似组织有201家。

在借鉴三部门划分的理论①和参照欧盟委员会分类实践②的基础上，根据每个参与者的组织特性，在案例分析中笔者把参与咨询活动的集体性角色也定义为三大类，并进行了逐步细分，每一类各有自己的特定构成与子集：首先，沿用了公共部门这一名称，把承担了政府服务的各级公共权威机构、政治角色划分为这一类。其中，根据政府机构三权分立理论，把公共部门细分为立法、行政和司法机构，如议会及其所属分支机构，各级政府及所属部委、分支等行政机构，司法机关等都隶属公共部门。其次，私营部门的名称也保留，指特定经济部门的协会、联合会甚至一些企业。私营部门按照行业门类和功能作用，又可以划分为生产者协会（来自农业、工业、商业所有经济行业的协会和组织，其主要职能是提供产品、商品或服务），专业人员的组织（医生、律师、新闻业者、顾问等）和单个企业。最后，公民社会组织（CSO）则主要

---

① 根据行为体的活动领域和在社会生活中的不同地位，可以把集体角色进行部门分类。分类的理论依据来源于社会科学理论对社会生活中三个部门的划分：提供政府服务的公共权威机构的公共部门（public sector）、私有利益主导的不被国家支控的经济实体与它们的协会组织为主的私营部门（private sector），以及非营利、非政府的第三部门（third sector）。

② 在欧盟委员会的咨询的实践中，欧盟委员会对集体性的参与者的分类也提供了有益的参考：公共部门（包括公共或半公共权威机构，其中有欧盟层面、国家层面或地方层面的机构）、私营部门（指公司、工业联合会，商业协会、雇主联合会、专业人员组织等）和非政府组织。

指以公共利益为先导的非政府组织。根据这一类分法，案例中的利益代表团体可以分为公共部门、私营部门和公民社会三大类。其中公民社会组织中除了 NGO 和智囊团以外，还包括工会、宗教团体及协会、学术研究机构。而私营部门则除了院内游说团体和商业协会外，还包括咨询顾问公司和法律事务所。于是在这个数据中，私营部门和公民社会组织的比例变为 1678∶1246，其中并未区分欧盟层面和国家层面的组织，只是一个大致的比例。而按照这个数字来计算，可以列入公民社会组织行列的协会和社团占全体利益代表者的 43%，其数量和比例的增加，可以部分地说明公民社会组织的地位有所提高。

这个登记注册系统中的利益代表群体的数目一直在不断增加，2010年 7 月 24 日，参与注册的社团总数量已经达到 2886 家，其中专业咨询组织和法律公司 172 家，院内游说团体和商业协会 1516 家，非政府组织和智囊机构 839 家，其他组织 359 家，见表 3－1。具体而言，根据本日的数据，以"总部设立在比利时"为指标在系统中进行了搜索定位，得出的结果为：所有设立在比利时的组织共 723 家，按照这个系统本身的团体分类来看，专业咨询组织和法律公司 68 家，415 家院内游说团体和商业协会（其中 20 家工会组织，公司 32 家，专业协会 315 家，48家类似的咨询组织），203 家 NGO 和智囊机构，其他组织中 9 家学术机构，类似的 28 家组织中 3 家是公共利益主导。这样看起来，根据本书对欧洲公民社会组织定义，此处 NGO 和工会组织及学术机构等属于这个范畴，共为 235 个；而专业咨询组织和公司及专业协会等机构共 463家。至此，可以得出简单的结论是，在布鲁塞尔，仍然是经济方面的利益团体数量大，基本上是公民社会组织数量的 2 倍，经济和商业利益表达可望得到更充分的代表。这仍然没有偏离布鲁塞尔利益代表的不均衡性和不平等性。

表 3-1　2010 年 7 月 24 日欧盟利益代表者登记系统中组织的数量与分类（家）

总数	2886
参与游说欧盟机构的专业咨询组织和法律公司	172
法律公司	15
公共事务咨询机构	88
独立公共事务顾问	35
其他类似组织	34
院内游说团体和商业协会	1516
公司	390
专业协会	859
工人联合会	74
其他类似组织	193
非政府组织和智囊机构	839
非政府组织及协会	637
智囊机构	95
其他类似组织	107
其他组织	359
学术组织、学术组织协会	103
宗教、教会、信教团体代表	11
公共权威机构	45
其他类似组织	200

来源：利益代表者登记系统数据表，https：//webgate. ec. europa. eu/transparency/regrin/consultation/statistics. do.

另外，在欧洲议会的说客登记系统（lobbyists accredited to the European Parliament）中，2010 年 7 月 24 日的数据表明，已经登记注册的专业的组织数量为 1891 家，登记的短期（Express）游说人员有 2021 人，长期说客（long‐term）有 3119 人。① 根据欧洲议会的定义，游说者有可能是私有行为体、公共机构或者非政府组织，他们可以在经济、社会、环境和科学领域给欧洲议会提供专业知识和一定的专家意见，欧洲议会也有专门的机构（Quaestors）按照特定的规则对游说团体负责进行管理。

无论如何，在布鲁塞尔的各类利益群体的频繁出现和活动体现了欧洲社会的变化情况，至少欧盟政策的社会维度受到了越来越多的重视，社会各类角色的自组织程度也得到提高。欧盟机构和欧盟决策也成为利益团体表达偏好和利益诉求的另外一个重要平台和通道，欧洲公民社会组织也加入了影响欧盟决策的行为体的行列。

（二）欧洲公民社会组织活跃的政策领域

依据本书对欧洲公民社会组织的定义，它们应该代表着公共利益、社会的普遍利益、弱势群体权益，或者从长远眼光来看的人类的利益。根据"显著性效应"（effect of salience）的观点，如果一个政策领域受人高度关注，公民也认定此议题与自身利益和生活高度相关，这个领域的问题就可能吸引更多公众来表达偏好并参与政策过程。② 从各类公民社会组织所代表的利益和议题领域看，在欧洲层面组织起来的组织涵盖了环保、消费者权益、公共健康领域、人权等部门，这些组织都向往并追求着公共善治。实际上，社会政策、环境保护、健康和消费者权益是欧盟公民关注的典型话题，这些具有高度公众关注、政治显著性的政策

---

① 由于这个登记系统内的说客群体数量比较大，除了按照字母顺序对人名和组织名称进行了排列以外，网站本身也未提供其他方式可以对其进行分类。因此，这里就不对这些数据详细考察，仅仅是列出数字，以作旁证。

② Gormley, W. *Regulatory issue networks in a federal system.* Polity, 1986, 18 (4): 595 – 620; Ringquist, Evan J., Jeff Worsham, and Marc Allen Eisner. 2003: *Salience, Complexity, and the Legislative Direction of Regulatory Bureaucracies.* Journal of Public Administration Research and Theory, 2003, 13 (2): 141 – 164; Neshkova, Milena. *Local and Regional Interest and Democratic Representation in the EU.* Paper presented at annual meeting of MPSA Annual National Conference, Hilton, Chicago, 03 April 2008.

和议题领域，就容易吸引公民的关注，使他们乐意并积极组织起来表达偏好和利益。欧盟层面的公民社会组织，就是在各个政策领域为公民提供了表达渠道，并以集体的方式给社会中的弱者在政治体系中提供话语机会。

1. 环境领域

环境问题的特殊性使得关注环境保护和自然生态维护的组织比其他领域的利益更早在国际层面联合起来，无疑，在欧洲层面更是如此。民众环境意识的提高和欧盟委员会对环保问题的重视也推动了环保主义者的联合。自 1974 年成立以来，欧洲层面的环境联合会组织欧洲环境局就与欧盟委员会保持着良好关系，环境局甚至获得了委员会的环境总司的资助。在其后的 20 多年里，环保主义者们相对成功地影响到欧盟委员会的环境事务方面的议程设定。90 年代新的欧洲环境组织加入了环保阵营，它们共同的目标是通过对欧盟机构的影响，改善欧洲环境和生态，加强对自然的保护，强化对环境领域事务的规制。

2. 社会领域

随着欧盟决策竞争力向社会政策领域的扩展，如就业和社会事务，这个领域也成为欧洲公民社会组织争取发挥影响的区域。如妇女组织、人权保护组织等，这类组织与工业部门、农业协会比较起来，处于更为弱势地位。一些欧盟层面的联合会和网络组织的成立，如欧洲妇女游说团（European Women's Lobby），社会政策领域非政府组织平台（the Platform of European Social NGOs, the Social Platform），强化了这些领域行为者的地位，给较为分散的社会利益提供了用集体的身份讲话的机会。值得一提的是 EWL 对《阿姆斯特丹条约》写入有关性别平等条款所做的成功游说等努力。① 《阿姆斯特丹条约》第 3 条规定了"性别主

---

① Helfferich, B. and F. Kolb. *Multilevel Action Coordination in European Contentious Politics: The Case of the European Women's Lobby*, in: Imig, D. and S. Tarrow (eds). *Contentious Europeans*, Rowman & Littlefield, Oxford, 2001: 143 – 159.

流"（gender mainstreaming）原则，这原则适用于欧盟所有政策；在新的反歧视条款中，反对歧视女性的条款也被添加进去；男女平等对待的权利和原则也得到了条约的重视。可以肯定的是，《阿姆斯特丹条约》通过的修改，起码大部分是由欧洲妇女运动组织有力的、协调的游说大战促成的，而欧洲妇女运动是由 EWL 领衔的。而另外一个非常重要和显著的欧洲公民社会组织是社会平台（the Social Platform），20 世纪 90 年代欧盟就业和社会政策的出台，就有赖于与这个组织的密切合作。

3. 消费者事务

消费者权益保护组织是布鲁塞尔的各类利益群体中资源相对比较丰富的，它们之间的关系也非竞争对手。欧盟特别的消费者政策，即提高最低标准国家中的保护水平也不会损害到最高标准国家的保护程度，这使得多元化的不同利益也可以很容易进行协调达到共同立场。① 欧洲消费者组织（European Consumers' Organization，BEUC）是这个领域的典型代表，它推崇的是自由的政策，是欧洲所有消费者权益保护组织的标尺。BEUC 主张在自由化贸易、强化竞争的基础上增加消费者的选择余地，而这样的观点恰好是欧盟的单一市场政策所赞同的。欧盟机构设立了专门的工作司来处理消费者事务，它们推动了这个领域的公私合作，为消费者组织对欧盟决策的参与提供了机会。

（三）欧洲公民社会组织的组织结构

从很多欧洲公民社会组织的构成形态或结构来看，它们基本上属于网络组织（network of networks）或伞形组织（umbrella organization，federation of federations），按照成员数量来看规模较大。这个可以从欧盟公民社会联系小组（the EU Civil Society Contact Group，CSCG）的组织结构得到说明。欧盟公民社会联系小组于 2002 年成立，是一广泛的由公

---

① Lehmann, Wilhelm and Lars Bosche. *Lobbying in the European Union: current rules and practices.* vPE, 2003: 329, 438.

民社会不同部门的各类联合会构成的网络。CSCG 的目标是推动欧盟、国家及地方层面的公民社会组织对欧盟机构工作的自动的输入，并鼓励推动透明的制度化的公民对话，这个对话应该是可以接近的，适当配置的、包容的、尊重非政府组织自主性的。① 就其成员构成来看，CSCG 聚拢了环境、社会、健康、人权、发展、女性权益、文化等 8 大 NGO 平台，这些组织又包括了数以千计的协会，把在地方、国家和欧洲层面组织起来的多元化利益连接在一起。这 8 大联合会分别是：欧洲社会非政府组织平台（The Platform of European Social NGOs，Social Platform）②，欧洲经济和发展非政府组织联合会（European NGO Confederation for Relief and Development，Concord），人权和民主网络（Human Rights and Democracy Network，HRDN），绿 10 集团（Green Group of 10)③，欧洲妇女游说组织（European Women's Lobby，EWL），欧洲文化行动（Culture Action Europe），欧洲艺术和遗产论坛（European Forum for the Arts and Heritage，EFAH），欧洲公共健康联盟（European Public Health Alliance，EPHA），以及欧洲终身学习公民社会平台（European Civil Society Platform on Lifelong Learning，EUCIS – LLL）。另外，

---

① Promote the "autonomous input of other civil society organizations at a European, national, and local level, to the work of the European Institutions" "encourage and promote a transparent and structured civil dialogue that is accessible, properly facilitated, inclusive, fair, and respectful of the autonomy of NGOs". 见 CSCG 的主页：http://www. act4europe. org/code/en/default. asp. 2008 – 11 – 20.

② The Platform of European Social NGOs 是欧洲社会政策部门的非政府组织之间的联盟。见 http://www. socialplatform. org/. 26 December 2009.

③ Green 10 由 10 家在欧盟层面积极活动的大型环境组织构成（"ten leading environmental NGOs active at EU level"）：European Environmental Bureau, BirdLife International European Division, Climate Action Network Europe, European Federation for Transport and Environment (T&E), Friends of the Earth Europe, Friends of Nature International, Greenpeace European Unit, WWF European Policy Office, Health and Environment Alliance (HEAL), and the CEE Bankwatch Network. 见 http://www. foeeurope. org/links/green10. htm, and http://www. act4europe. org/code/en/about. asp? Page = 39. on 26 December 2009.

欧洲工会联盟 （European Trade Union Confederations，ETUC） 也派驻了代表作为 CSCG 观察员。而这 8 大组织则都是欧洲层面的公民社会组织的大型联合会，联合会的成员则是位于国家层面的公民社会组织，接下来是国家内部的次国家和地方性的组织，CSCG 的组织结构内成员组织的关系如图 3-2 所示。

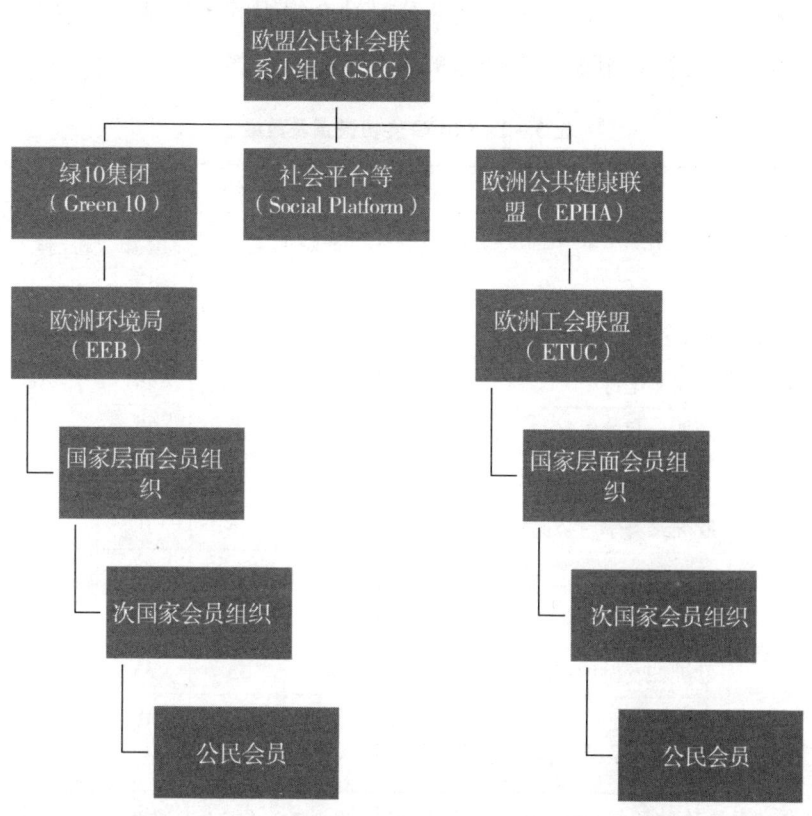

图3-2　欧盟公民社会联系小组（CSCG）内部会员结构

按照科勒－科赫和布特的研究，CSCG 的各层级成员数量总数庞大，按照其成员的构成，可以把它的内部会员结构用至少 3 层级表示，各个层级的会员数量增加。① 如前所述，CSCG 的直接会员由 8 家大型组织构成，其间接会员则按照其活动和组织层面分为国家公民社会组织、欧洲组织和国际组织等。按照公共利益领域和组织特性的考量，其各级会员绝大部分属于公共利益组织（public interest associations）。这样，CSCG 所有的会员总数起码为 7666 家，证明了 CSCG 的包容性和利益代表性的广泛。可以断定，欧洲公民社会组织的规模庞大，纳入了成千上万家公民社会组织，集合起来的力量不容小觑。

表 3-2　CSCG 会员谱系及数量

第一层级	第二层级（直接会员）	第三层级（间接会员）			第四层级（间接会员）
		国际组织	欧洲组织	国家组织	
CSCG	欧洲社会非政府组织平台	3	33	0	1340
	欧洲文化行动	7	26	48	2655
	欧洲公共健康联盟	2	19	27	1182
	人权和民主网络	26	10	2	917
	欧洲终身学习公民社会平台	3	16	0	428
	欧洲经济和发展非政府组织联合会	10	8	22	352
	欧洲妇女游说组织	8	13	33	254
	绿 10 集团	3	7	0	538
合计	8	326			7666

注：数字转引自 Kohler-Koch, Beate and Vanessa Buth. Civil Society in EU Governance? Lobby Groups like any other? TranState Working Paper, 2009, 108. SFB 597. Staatlichkeit im Wandel.

　　根据对 CSCG 的内部结构的分析，可以看出，这是一个网络组织，

---

① Kohler-Koch, Beate and Vanessa Buth. *Civil Society in EU Governance? Lobby Groups like any other?* TranState Working Paper, 2009, 108. SFB 597. Staatlichkeit im Wandel.

由欧盟层面的组织构成。而其成员本身就是欧盟层面活跃的行为体，联合起来后覆盖的领域更广，成员的数量也就显著增加。一般而言，就单个欧洲公民社会组织的规模来看，由于其成员构成不同，活动的议题和政策领域的显著性各异，也由于各自的发展历史长短不同，按照成员数量来衡量，它们的规模也就呈现不同的态势，但无疑它们都聚集了特定领域中的一定数量的组织，代表着广大社会利益群体，如在 27 个成员国都有会员组织分布的欧洲公民社会组织：欧洲盲人联合会（European Blind Union，EBU）①，欧洲非营利组织委员会（The European Council for non – profit organisations，CEDAG）②，社会平台（Social Platform），绿10 集团（Green Group of 10），European Consumer Voice in Standardization（ANEC），或者规模小一点的欧洲青年论坛，等等。这些组织或联盟在各自不同的领域内代表或维护某些群体的利益，把它们的愿望和偏好传递到欧盟政策中心。

而这些欧洲层面的公民社会组织则基本上呈现联合会的形态，即伞形组织，它们的成员不仅有国家层面的组织作为会员，在国家性的组织下面也有次国家组织以及地方性的会员组织。有的组织呈现出网络形态，其网络的节点就是欧洲的公民社会组织或者国家层面的组织，这些组织之间相互依赖、互相配合。这样看来，与欧盟治理的多层次结构安排的特征极为相似，CSCG 及其会员网络们的组织结构明显地呈现出多层次性和异质性、多元性。这与其成员的多国背景有关，也与这些欧盟层面的组织与欧洲层面活动的国家性的公民社会组织的相互交融现象有

---

① EBU 是一个全欧范围的组织，其目标是"保护与推动欧洲所有盲人及视力部分缺损的人的利益"（"protect and promote the interests of all blind and partially – sighted people in Europe"）。

② CEDAG 是国家和地区性的公民社会联合会的网络组织，它"在欧洲层面特定议题上为非营利部门发出声音"（"voice for the non – profit sector at the European level on specific issues"）。

一定的联系。①

（四）欧洲层面公民社会组织的内部代表性

公民社会组织在欧盟治理结构内部承担了汇集公民偏好，向决策过程输送多元的利益和观点，把知识和基层公民的经验传递到决策者的功能，以此实现利益的表达。理论上讲，公民社会组织是欧盟超国家机构与公民之间的中介，作为欧盟机构的伙伴或者是欧盟的社会构成成分，把社会的多元利益和来自社会基层的经验传递到欧盟决策过程。由于为了达到成功的外部利益表达，它们就必须有强有力的、有效的内部结构来汇聚内部的利益；② 而组织内部的民主代表结构（internal structure of democratic representation）也是衡量其内部"善治"能力的一个指标，因为公民社会组织的运转有赖于鼓励和激励自下而上的参与和意愿的形成以及利益汇聚和协调功能。③ 另外，欧洲顶层协会组织（European peak associations of civil society）一直努力吸引更多成员并代表大部分成员国内的公民社会组织，因为这也是它们的自身利益：首先，在欧盟政治资源的市场上，代表性是竞争优势；其次，欧盟委员会设定了公民社

---

① Kaelble, Hartmut. Gibt es seine europaeische Zivilgesellschaft? In Gosewinkel D. er tal. Zivilgesellschaft - national und transnational. Berlin: edition Sigma, 2004: 267 - 284; Eisele, Gudrun. *European civil society – a glance at recent literature*. Junior Research Group "European Civil - Society and Multilevel Governance". http: //nez. uni – muenster. de/download/eisele_ – _ european_ civil_ society. pdf; 2005.

② Naßmacher, Hiltrud. *Politikwissenschaft* （4. Auflage）. München, Wien: Oldenbourg. 2002: 86; Weber, Jürgen. *Die Interessengruppen im politischen System der Bundesrepublik Deutschland*. Stuttgart [u. a.]: Kohlhammer, 1977: 216.

③ Lösche, Peter. *Schadet Lobbyismus der Demokratie? - Verbände können den Staat entlasten*. Kulturaustausch. No. 2/2007; Leif, Thomas und Rudolf Speth [Hrsg.]. *Die fünfte Gewalt: Lobbyismus in Deutschland*. Bonn, 2006: 64.

会组织的代表性的衡量标准①，并资助那些从弱小的成员国吸纳成员的欧洲公民社会组织。因此，欧洲公民社会组织的新动向和趋势就是，它们采取各种措施广泛吸收新会员，尤其注意从欧盟新成员国发展会员，也声称代表其所有会员利益，以尽可能提高本组织的包容性、代表性。但公民社会内部具体的成员构成（constituency）、利益代表和决策机制如何则有待实际的考察。

内部代表性这个因素主要指组织起来的公民社会是否可以代表其所有不同层面的成员，汇集其成员的利益和偏好，具体而言，包括了公民社会组织的决策机构的纵向构成、横向代表及决策原则等方面。内部代表机制的衡量指标有：对所有层级成员垂直的利益代表程序规制；水平纬度上的来自所有成员国的成员组织的对组织决策机构的参与情况；确保成员的共同决策权的组织原则。根据这 3 个指标，本书选择了 4 个样本组织分别考察：欧洲消费者联盟、欧洲环境局、欧洲公共健康联盟和健康与环境联盟。这几个公民社会组织活动的议题和政策领域都具有显著性，是与公民个人的日常生活和个人权益密切相关的，是公民关注的话题，也是欧盟机构近年来开展的各类对话和咨询的积极参与者。

---

① 根据欧盟官方文件的规定，公民社会组织的代表性指标有 3 个：（1）跨越行业或与特定部门领域相联系，在欧洲层面组织起来。（2）由以下组织构成：自身是成员国认定的社会伙伴结构的整体的一部分，有能力谈判协商，尽可能成为所有成员国的代表。（3）有适当结构确保有效地参与欧盟委员会的咨询过程（Commission, 1993, 1998）。2006 年 2 月 14 日，欧洲经济和社会委员会发布了一份意见文件（opinion on "The representativeness of European civil society organizations in civil dialogue"），清楚列明了 9 个测量欧洲公民社会组织代表性的指标，并建议相应的 3 个步骤来评估代表性：组织的章程及执行情况；组织在成员国内的支持基础；以及质的指标（the provisions in the organization's statute and their implementation; the organization's support base in the Member States; qualitative criteria）（CESE, 240/2006）。

1. 欧洲消费者联盟（Bureau Européen des Unions Consommateurs，BEUC）

BEUC 创建于 1962 年，是一个伞形组织，致力于保护欧洲消费者在安全、信息、教育、环境等方面的利益，它宣称是其成员"在布鲁塞尔的大使馆"，认为成员是它的强势和力量所在。[①] 在水平层面上，BEUC 有 41 个成员组织，来自 27 个欧盟成员国。在垂直方向上，这些成员处于不同的层级，国家层面的成员组织作为直接成员，而次国家和地方层次的成员则是间接成员。图 3-3 以欧洲消费者联盟在国家级会员——德国的消费者协会为例，揭示了 BEUC 之成员组织的层级结构。

BEUC 的决策机构是全体成员大会（General Assembly），由所有成员组织的代表构成，由每年两次的大会来决定目标、优先事项、政治选择及批准工作规划等事务。大会决策原则是一个成员一张票（one member one vote）。[②] 负责 BEUC 行政事务的是一个由 10 名来自成员组织的代表构成的行政小组（Executive），其决策基于在场成员的简单多数原则，每个代表一张票。垂直水平上的直接的正式成员可以通过它们的代表行使决策权，但 BEUC 的组织章程没有规定其他较低层级的成员组织的决策权，这些成员只有参与其相应层级组织内部决策的权利。

简言之，BEUC 的内部运转机制只保证了其国家层面的成员组织在行政管理和全体大会上的共同决策权，没有特定的关于较低层级成员的决策权的规定和程序。从水平方面讲，27 个成员国在其决策中心都有代表，横向的利益代表得以保证。决策原则是联邦式的一个成员一张票，可从制度上保障直接成员的共同决策权。

2. 欧洲环境局（European Environmental Bureau，EEB）

于 1974 年设立，是致力于把环境组织的观点和看法传达给欧盟机

---

① http：//www. beuc. eu/Content/Default. asp？PageID = 855&LanguageCode = EN，于 2008 年 11 月 22 日。

② 见 BEUC 的章程第五条。

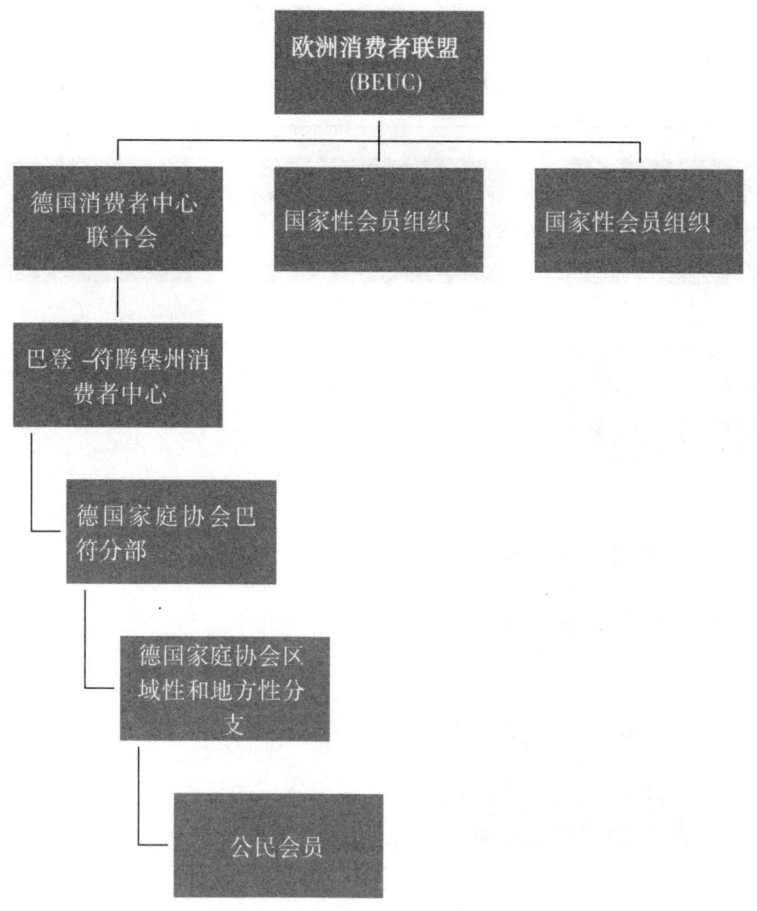

图 3 - 3 欧洲消费者联盟（BEUC）内部成员结构图

构，在欧盟层面"推动环境政策和可持续发展政策"①的伞形组织。
EEB 拥有的 143 个非政府的环境组织为直接成员，分布在欧盟 27 个成员国及其他 6 个国家。就其成员的垂直分布看，EEB 的结构也表现出明显的多层次化，如图 3 - 4 所示。

---

① http：//www. eeb. org/mission/Index. html，21 - 11 - 2008.

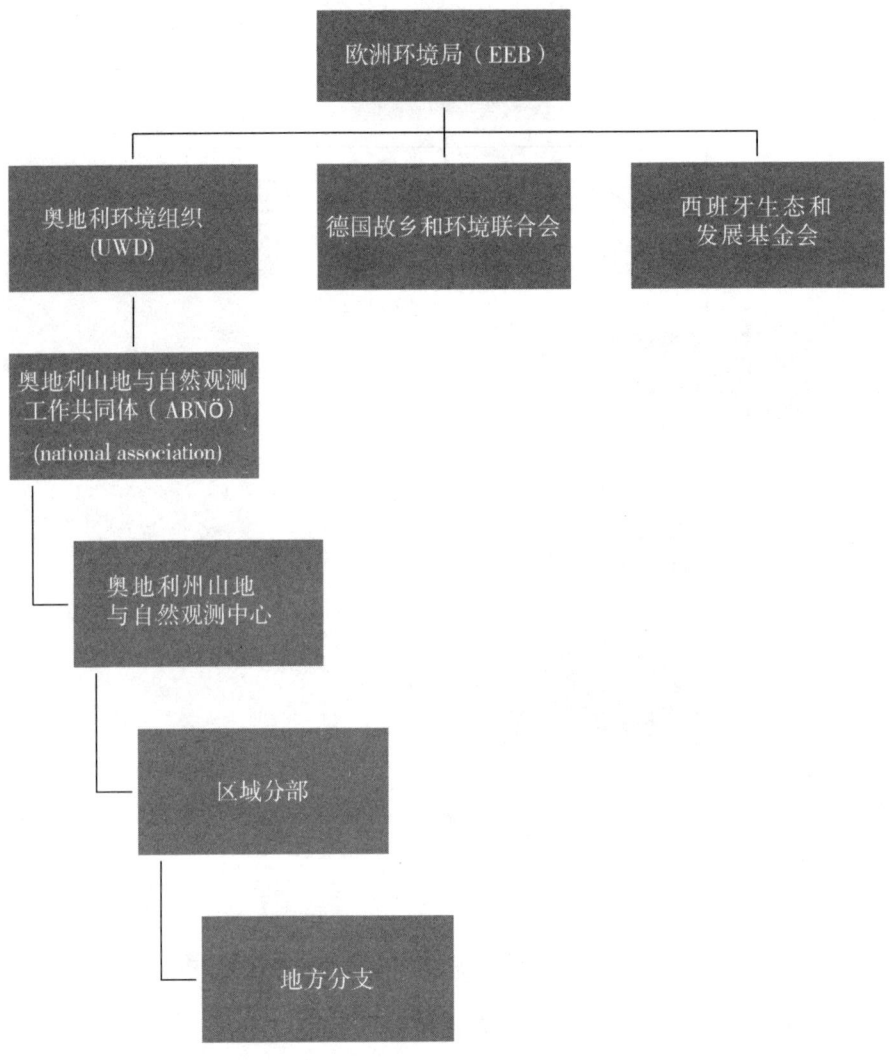

图 3 - 4　欧洲环境局（EEB）内部成员结构图

　　根据工作章程，EEB 的决策机构是由所有成员组织的代表参加的全体会议（General Meeting），决策时采取一成员一票制的投票原则。负责 EEB 的日常管理事务的是由来自 24 个欧盟国家的成员组织的代表构成的管理委员会（Executive Committee），其决策采取的原则是一成员一票，简单多数制。EEB 还设立了其他渠道供其成员交流信息讨论环境问题，如 12 个针对特定议题的特别工作小组。简言之，在垂直水平上，EEB 为其直接的、正式的成员组织提供了在决策中心的话语权；在水平层面上，所有成员国在 EEB 的决策机构内都有自己的代表，并享有决策权；决策原则是一成员一票。

3. 欧洲公共健康联盟（European Public Health Alliance，EPHA）

EPHA 是建立于 1993 年的网络型组织，致力于推动和保护所有生活在欧洲的人民的健康利益，参与改善公民和非政府组织在欧盟层面健康政策的制定。EPHA 拥有 94 个直接成员，这些成员是网络组织、联合体、研究机构、项目等，分成正式会员和联络会员①，来自 17 个欧盟国家和其他 14 国。② EPHA 的决策机构是由全体成员构成的年度全体大会（General Assembly），确定组织的策略和工作计划，其工作章程表明决策原则是一个成员一票制，但正式决策时正式会员有两票，联络会员有一票。EPHA 还设定了咨询过程，这给其成员另外一个机会来参与内部决策和对欧盟事务发表看法。简言之，在垂直水平上，EPHA 为其直接的正式的成员组织提供了在决策中心的话语权；在水平层面上，17 个成员国在 EPHA 的决策机构内都有自己的代表，并享有决策权；决策原则是一成员一票。

4. 健康与环境联盟（Health and Environment Alliance，HEAL）

HEAL 成立于 2003 年，当时的名称为欧洲公共健康联盟环境网络（European Public Health Alliance Environment Network，EEN），2006 年更名为现在的名称。HEAL 是着力于推动与环境有关的健康问题的联合网

---

① 全权会员是活跃在公共健康领域的非政府组织，而协同组织则是其他非营利组织、专业团体、学术机构及区域性地方性的公共机构。见 EPHA 官网，2009 – 06 – 10.

② 这些数字是经过仔细审查 EPHA 的会员构成情况后确定的，见 EPHA 官网，2009 – 06 – 10. 具体而言，在欧盟成员国中，拥有其会员的密集度最高的国家和数量分别为：比利时 18 家，英国 16 家，法国 7 家。这表明欧盟范围内 EPHA 会员组织分布不平衡。

络型组织。① 在垂直水平上，HEAL 有 62 个直接成员，其中有 13 个欧洲网络组织，2 个国际组织，其他则是国家层面或者地方层面的组织、专业人员组织或者学术机构，这些成员来自 17 个欧盟成员国和 9 个其他国家。HEAL 的决策机构是由全体成员的代表组成的年度全体大会（General Assembly），成员们在此会议上讨论工作计划、政策和批准成员申请。② HEAL 还提议进行了很多大规模的项目和活动，如"化学物品健康监测项目"（Chemicals Health Monitor Project）③、"保持健康、停止水银"运动（Stay Healthy，Stop Mercury Campaign）④，鼓励其成员积极参与。在决策原则方面，其工作章程规定了全体大会上正式成员的投票权，但未清晰说明其规则，姑且认定其是一成员一票制。简言之，HEAL 确保其垂直水平上直接的成员网络和组织的共同决策权，但其成员组织分布的国家较少，横向的代表并不令人满意，决策原则是一成员一票制。

如上所述，本节用 3 个衡量指标对 4 个样本组织的内部利益代表机制和决策机制分别进行了考察。作为来自不同政策领域的网络型组织（networks，platforms）或伞形组织（umbrella organizations，federation of federations），这 4 个欧盟层面的公民社会组织，都由多层次的成员组织构成，最低层次的草根会员距离其布鲁塞尔总部不仅有地理的距离，而且有结构上的距离。它们的决策机构都是由成员组织的代表构成的全体代表大会（General Assembly），都有机制保证垂直水平上直接成员的共同决策权；决策机构里采取的投票方式是一成员一票制，这种联邦制的原则从制度上保证了所有直接成员的参与权。因此，这些组织首先代表其下一层级的会员，即它们的直接会员，其次才通过组织的多层次成员组织

---

① 见健康与环境联盟官网，2009 - 06 - 11.
② 见健康与环境联盟官网，2009 - 06 - 11.
③ 见健康与环境联盟官网，2009 - 06 - 11.
④ 见健康与环境联盟官网，2009 - 06 - 11.

的过滤层而声称代表更广泛的会员，这被形象地比喻为奥斯塔罗草皮式的代表（synthetic or "astroturf" representation）。①但其横向的代表性程度却各自不同，表现在出现于该组织的决策中心的会员组织所代表的成员国的数量，如欧洲环境局和欧洲消费者联盟的成员分布在几乎所有欧盟成员国，但欧洲公共健康联盟和环境与健康联盟的决策中心却只有来自17个成员国的国家组织的代表。而且，这些组织之间的成员还有交叉，并非单纯的层级分配。如此看来，这些欧盟层面的公民社会组织，其结构特征也呈现出多层次性和网络性，与欧盟治理的结构安排极为类似，是恰好适应于多层治理的策略和安排。这也部分表明作为整体的政治结构和制度安排对其中的行为体的影响，是制度主义的路径依赖。

表3-3　四家欧洲公民社会组织基本信息

名称	成立时间	成员组织数	政策领域	纵向代表性	横向代表性	决策原则	决策机构
欧洲消费者联盟（BEUC）	1962	41	消费者权利	正式会员享有共同决策权	会员组织分布在27个成员	一成员一票	全体代表大会、行政委员会
欧洲环境局（EEB）	1974	143	环境问题和自然保护	正式会员享有共同决策权	会员组织分布在27个成员国和6个其他国	一成员一票	全体大会、行政委员会
欧洲公共健康联盟（EPHA）	1993	94	健康领域	正式会员享有共同决策权	会员组织分布在17个成员国和14个其他国	一成员一票	全体代表大会、行政委员会
健康与环境联盟（HEAL）	2003	62	健康和环境事务	正式会员享有共同决策权	会员组织分布在17个成员国和9个其他国	一成员一票	全体大会、行政委员会

---

① Kohler – Koch, Beate. *Civil society and EU democracy*："*astroturf*" *representation*? Journal of European Public Policy, 2010, Vol. 17, Issue 1, 100 – 116.

五、欧洲公民社会组织体系的网络化跃迁

欧洲层面组织起来的公民社会组织都有特定群体为自己的成员（constituency），它们内部有专门的组织机构、章程来规范和独立运作，不是官方组织。就财务来源而言，来自会员的会费、社会捐资以及欧盟或成员国政府的资助都是其活动的经费。尤其要指出的是，对大部分在欧洲层面活动的公民社会组织而言，来自欧盟的资助非常重要，只有少数的组织是完全由其会员组织缴纳的会费来支持的。经费问题是所有倡议组织的中心议题，与经济协会比较起来，公民社会组织由于是以非营利为目的，它们的资源自然处于弱势。但这些组织仍然是自主运作的，代表其成员利益。从所选样本组织的具体情况来看，建立与维持一个欧盟层面的公民社会组织并非易事，因为它具有多国成员组织，信奉的核心信念和认同一直根植于国家政治、文化传统中，在组织内部的决策过程中协调的难度也就更大。

由此可见，公民社会行为者们已经在欧盟层面联合起来，创造了多种多样的组织形式，这样的组织或以伞状组织为代表：platform，network of networks，umbrella organizations（federation of federations）。这样，布鲁塞尔公民社会组织网罗了大批建立于"权利和价值观为基础"之上的公民社会组织，它们活跃在不同的政策领域，这些欧盟层面的联合会和网络组织大都以来自各成员国的非政府、非营利组织为其会员，或者欧洲性的公民社会组织为其会员，努力代表其成员的利益，在欧盟层面以集体的面貌出现，成为布鲁塞尔多样化的、异质性的利益代表体系中的一员。可以说，公民社会在欧盟层面已经组织起来，它们已然形成了一个庞大的公民社会组织网络，成为布鲁塞尔政治舞台上的角色之一，增加了欧盟政策网络的复杂性和异质性。

第四章　欧洲公民社会组织参与欧盟
治理的方式与实然状况

正如前文所述，不同领域的公民社会组织在欧洲层面出现的时间各有先后，它们产生的背景是各不相同的，组织规模和形式也有所区别。然而，特定政策领域公民社会群体固然有其特殊的理由在欧盟层面组织起来参与超国家的治理活动，但欧洲公民社会组织作为一个整体而言，参与欧盟治理也有其共同的主观动机，当然也面临一些共同的外部环境和条件的助力，是内外因素结合发挥作用的结果。

一、欧洲公民社会组织融入欧盟治理的外在动力：客观环境和外部条件

欧盟自身具有协商民主的血统，并且有着咨询外部利益攸关群体的传统。欧盟决策过程的显著特征就在于其对多元利益主体的开放性、利益协调网络的灵活性、过程的协商性①，即其决策不是通过传统意义上

---

① Kohler – Koch, Beate. *Organized Interests in the EC and the European Parliament.* European Integration online Papers（EIoP），Vol. 1（1997），N° 9；http：//eiop. or. at/eiop/texte/1997 – 009a. htm；Kohler – Koch，Beate. 1999. *Europe in Search of Legitimate Governance.* ARENA Working Papers WP 99/27；Eising，Rainer and Beate Kohler – Koch. 1999. Governance in the European Union：a comparative assessment. In：Kohler – Koch，Beate and Rainer Eising（eds. ）. *The Transformation of Governance in the European Union*，London：Routledge，1999；Kohler – Koch，Beate. *European governance and system integration.* European Governance Papers（EUROGOV）No. C – 05 – 01，http：//www. connex – network. org/eurogov /pdf/egp – connex – C – 05 – 01. pdf.

的"支配与控制"模式，而是经由诸多行为体（主要是欧盟机构、成员国政府、公民社会组织代表等）之间的谈判和一致同意而作出的。欧盟决策制度的所有阶段，从议程设置—提案形成—机构间决议制定，都为公民社会发挥作用和影响提供了广泛机会。

（一）欧盟机构的推动

欧洲一体化的社会维度的重要性早就得到了认同，欧盟机构也把公民社会组织纳入政策过程作为主要任务，给公民社会一个欧洲身份，以改进欧盟的合法性输入及输出。由于在欧盟决策过程中的地位作用不同，尤其是近年来，各机构变得更加积极主动，采取不同方式方法把公民社会乃至公民个人纳入欧盟的政策和规则的咨询和制定过程，并从技术上和资金方面都对公民社会的欧洲化进行扶持，赞助欧盟公民社会网络的建立，还提供各种各样的项目和计划，通过招标的形式使公民社会组织加入到欧盟政策的执行中。其中，比较积极和活跃的是欧盟委员会、欧洲议会及欧洲经济和社会委员会。

1. 欧盟委员会

欧盟委员会具有悠久的咨询传统，进入 21 世纪后，又把"贴近公民"作为其工作的目标之一，创造了很多新的方法和方式来把公民社会组织等纳入欧盟治理的框架。欧盟委员会早就公开声明了"联系公民社会"的工作原则，积极开展广泛的面向公民社会组织和公民个人的各类活动。其中最重要的是咨询、对话，仅咨询渠道就包括由委员会设立的正式的咨询伙伴、委员会及委员会内部各司组织起来的常设咨询群体以及临时邀请相关利益部门的代表而组成特设的咨询小组等。在线公共咨询（online public consultation）则是近年来欧盟委员会新采取的咨询路径，在提出政策动议和立法建议之前就某些特定议题在网络上进行面向公众的政策和建议咨询。另外，委员会还通过正式的文件和行动倡议赋予公众以透明直接的欧盟文献获取权，并设定了不同的规划和项目资助公民社会组织，给弱者以发言权。

2. 欧洲议会

作为由欧洲公民直选代表构成的机构，欧洲议会在几十年的实践中发展了完备的与公民社会组织接触和联络的体系，对于来自非政府部门的需求持开放态度。因而欧洲议会也宣传自己是欧洲公民社会的代言人，在政策领域地位的提高也使它成为公民社会组织的主要工作伙伴之一。欧洲议会构成的两大特点，即议员由全欧盟各成员国公民直接选举产生和议会内不同党派由具有相同政见的议员构成，这是公民的利益和偏好在超国家治理层面的体现。另外，欧洲议会也拥有不同的机构来支持公民社会的参与，如请愿委员会和监察员（Petition Committee and the European Ombudsman）负责收集来自公民和其他组织的投诉和质询，举办听证会、对话和咨询活动，并通过积极的信息政策和在线联系（on-line contact）等方式为公民社会组织和公民提供有关欧洲议会和欧盟的信息和获取途径。

3. 欧洲经济和社会委员会

这一委员会自设立伊始便是欧盟与社会利益之间的专家咨询委员会，进入21世纪以来更是积极地把自己的使命转向为"欧盟和组织起来的公民社会的桥梁"，称自己为公民社会组织制度化的官方代言人。当然，它成功地发展了一些策略和工具来深化与公民社会组织的联系，2004年接受了提议，在委员会内部设立一个联络组（Liaison Group）专门负责与欧洲公民社会组织和网络开展互动，这个小组既是联络之用，又是正式的政治对话的机构。这个联络组的任务是确保EESC发展出与上述组织和网络的协调方式，也监督共同活动倡议的进展。另外，EE-SC也在不同的政策领域开展公民对话（civil dialogue），设立了一个永久性的与公民社会组织交流的论坛（A permanent forum for exchange）等。这是该委员会近年来一直追求的"与欧洲公民社会组织亲密、制度化的合作"主旨的体现，也借此以推动其作为"被选定的位于欧盟机构与组织起来的公民社会之间的中介"① 的地位和作用。

上述关于欧盟各主要机构加强与欧洲公民社会组织联系的做法，以及它们把公民社会组织纳入欧盟决策过程的努力，为公民社会组织的政治参与提供了良好的活动背景，创造了有利环境。

（二）法律基础和制度保证

欧盟作为一个动态的多层治理体系，它以一种特别的方式和途径把大量行为体和密切的公私伙伴关系纳入自己的政治过程，为不同的社会群体提供在欧盟层面组织起来的机会，并给予弱势行为体发言权，因而为公民社会组织和利益集团等社会角色的参与提供了制度性的机会结构和善治的条件。② 贾斯丁·格林伍德（Justin Greenwood）③也表达了相似的观点：欧盟的特别之处在于它的"多层次语境、它塑造欧盟利益表达的方式以及欧盟中央机构对作为整体的外部利益的较高的依赖度"。④ 欧盟治理结构的层次性则证明，兼容不同角色不同偏好的政治互动是跨国界和跨地域层次交流的永久需要，不同层面的行为体要在政策过程中承担不同角色，以解决资源分配的问题和消解冲突。欧盟的特

---

① "chosen intermediary between the EU institutions and organised civil society". http：// www. eesc. europa. eu/？i = portal. en. liaison – group.

② Kohler – Koch, Beate. *Organized Interests in the EC and the European Parliament.* European Integration online Papers（EIoP），Vol. 1（1997），N° 9；http：// eiop. or. at/eiop/texte/1997 – 009a. htm；Hooghe, Liesbet and Gary Marks. *Multi – Level Governance and European Integration.* European Integration online Papers（EIoP），Vol. 5 （2001）N° 11；http：//eiop. or. at/eiop/texte/2001 – 011a. htm；Jachtenfuchs and Kohler – Koch 2003；Kohler – Koch 2005b；Nentwich 1996；Obradovic and Vizcaino2005；Eising, Rainer. *The access of business interests to European Union institutions：notes towards a theory.* http：//www. arena. uio. no/publications/working – papers2005/ papers/ wp05_ 29. pdf .

③ Justin Greenwood 是伦敦经济学院（LSE）知名学者，近年来主要研究领域是欧盟政策过程中组织起来的利益团体（organized interests）及其影响，其中包括经济协会和公民社会组织。

④ Greenwood, Justin. Interest Representation in the EU. Basingstoke：Palgrave Macmillan, 2003.

色就在于其内部不同地域层面的公私行为体之间的互动，在于它努力为基于政治互动之上的政策协商提供必要的制度性前提。

在欧盟委员会、欧洲议会等超国家机构的努力下，欧盟表达了对跨国层面利益协调和决策过程与以公民社会组织为代表的外界行为体合作的愿望，在一系列的文件中指出了公民社会行为体对欧盟政策制定过程的（潜在）贡献，并且创造了很多咨询和对话机制，以欧盟机构政策文件或条约的方式加以详细规定，从制度和法律方面确保公民社会组织的参与。本节仅选取几个文献择要介绍。

1. 咨询对话机制的建立与强化

2001 年出台的《欧盟治理白皮书》是欧盟治理的经典和决定性的文献，它指明了欧盟治理的方法方式和方向，把注意力放在欧盟层面的公民社会组织，要求推动"强有力的咨询和对话文化"（reinforced culture of consultation and dialogue）（COM 2001）。

白皮书特别强调了公民社会组织作为交流渠道的重要性，赋予公民社会组织在实现欧盟善治方面的关键功能，要求加强欧盟机构内部已经存在的对话机制，并设立结构化的与公民社会组织等社会行为体的民间对话（structured civil dialogue）和咨询平台，这样，公民社会组织就成为欧盟机构的民间对话伙伴。伙伴关系的安排将有利于非政府组织把它们自己发展为泛欧结构（trans European structure）。公民对话形式对于已经存在的社会对话（social dialogue）也是一个补充，欧盟委员会得以借此构建社会政策的支持网络。至今，这类对话已经不限于社会领域，而是成为委员会行政管理改革的关键。一方面，欧盟委员会强调加强与公民社会组织的互动；另一方面，它又使用公民对话这一概念来强调自己在与公民社会组织间不同形式的互动中地位的合法性。白皮书还建议设置有关欧洲公民社会组织的在线数据库，认为加入系统即是公民社会行为体改善内部组织的催化剂。之后欧盟委员会 2002 年设立的网络数据库系统 CONECCS（Consultation, the European Commission and Civil Society）的成立就实现了这一愿望。

2. 咨询原则和最低标准的设定

2002 年欧盟委员会的交流文件（*General Principles and Minimum Standards for Consultation of Interested Parties by the Commission*）直接对咨询工作中应该采取的普遍原则和最低标准进行了明确规定，对欧盟机构的义务和行为准则（code of conducts）提出了细致要求，也包括了规定公民社会组织如何参与欧盟多层治理安排的行为规范。公民社会组织应该遵循这些标准改善代表性，规范与欧盟机构的互动行为。在这份文件里，强调建立民间对话（civic dialogue）机制，而且对具备参与对话资格的公民社会行为体进行了界定，即那些在共同体层面长期存在的、有权在欧洲层面代表和行动的、在欧盟大部分成员国拥有自己的成员组织（member organization）的、为自己成员的专家智能提供直接接触点的公民社会组织。①

2005 年欧盟委员会发布《伙伴关系，为了欧洲复兴》［*Partnership for European Renewal—SEC*（2005）1300］，强调了伙伴关系的内涵在于咨询和参与。《欧洲透明倡议》绿皮书指出，拓宽机会、使利益攸关者积极参与欧盟政策形成过程是欧盟的战略目标。透明倡议回顾了欧盟机构在"更佳立法"的政策（better lawmaking）和提高透明度方面取得的成就，意在激发对欧盟政策过程和机构工作的透明度的进一步讨论。绿皮书还强调了对利益代表者的行为进行再一步规范的框架，也表示努力促进欧盟委员会的执行公共咨询的工作更加透明，增加外部监督和反馈（COM 2006），等等。在欧洲透明倡议的基础上，欧盟机构制定并颁布了咨询中游说行为标准（code of conducts），也对机构在咨询和对话过程中的义务作出了规定。

---

① European Commission. Communication from the Commission "*Towards a reinforced culture of consultation and dialogue – General principles and minimum standards for consultation of interested parties by the Commission*". COM（2002）704 final.

3. 参与式民主原则的确定

2004 年各成员国首脑通过了《欧盟宪法条约》，把"参与式民主"原则与欧盟治理联系起来，规定欧盟机构要维持与代表性的协会组织和公民社会之间公开的、透明的、定期的对话。① 这个条约草案规定，欧盟的民主生活有三大基石：民主平等原则（条款Ⅰ-44）、代议民主原则（条款Ⅰ-45）和参与式民主原则（条款Ⅰ-46）。第Ⅰ-47 款对参与式民主原则进行了明确规定，内容为：其一，欧盟机构应该通过适当方式为公民和代表性组织提供机会，使他们对欧盟行动的所有领域的观点和意见得到表达和公共交流；其二，欧盟机构应该坚持与代表性协会和公民社会开展公开的、透明的、定期的对话；其三，欧盟委员会应该广泛开展对相关群体的咨询工作，以确保欧盟行动的一致性和透明；其四，来自显著数量成员国的不少于 100 万名公民可以敦促委员会提交政策提案，只要他们认为在某件议题上欧盟必须采取合法的行动以贯彻宪法的规定。欧洲法令必须明确规定公民倡议行动的特定程序和条件。② 虽然这个条约最后失败了，经过几年的反思后，它设定的一些主要的原

---

① "the principle of participatory democracy" requesting the EU institutions "to maintain an open, transparent and regular dialogue with representative associations and civil society". (CT Art. Ⅰ-47, 2)

② 宪法条约中具体条款英文原文为：

1. "The Union Institutions shall, by appropriate means, give citizens and representative associations the opportunity to make known and publicly exchange their views on all areas of Union action.

2. The Union Institutions shall maintain an open, transparent and regular dialogue with representative associations and civil society.

3. The Commission shall carry out broad consultations with parties concerned in order to ensure that theUnion's actions are coherent and transparent.

4. No less than one million citizens coming from a significant number of Member States may invite the Commission to submit any appropriate proposal on matters where citizens consider that a legal act of the Union is required for the purpose of implementing this Constitution. A European law shall determine the provisions for the specific procedures and conditions required for such a citizens' initiative."

则和内容得以保持。

2009 年经过所有成员国批准而于 12 月生效的《里斯本条约》作为欧盟机构改革条约，正式确立了"参与式民主"原则在欧盟民主生活中的地位，把"欧盟机构应该坚持与代表性协会和公民社会开展公开的、透明的、定期的对话"的要求写入了条约正文 8B 条第 2 款。条约强调了公民参与决策过程的权利以及欧盟机构与公民社会开展透明对话的义务，这给公民社会提供了积极参与民主实现的过程的机会。为平衡代议制民主和参与式民主，欧盟机构需要设立特别的结构，公民社会就发挥了很大作用。8A 条第 3 款规定，每个公民都应该有权参与欧盟的民主生活，决定应该在尽可能公开和接近公民的基础上作出。8B 条第 1 款规定，欧盟机构应该通过适当方式给公民和代表性协会组织以机会，使他们可以表达自己的意见并对欧盟行动的所有领域公开交流自己的观点。①

经过一系列的条约和文献的规定，欧盟机构表达了对公民社会部门的期待，指出了公民社会组织在收集信息、政策执行情况反馈、连接不同治理层面都有所作为，而且高度评价了公民社会组织在欧盟课题计划管理方面的贡献，尤其是在监督和评估欧盟资助课题方面的能力，并强调了公民社会在创造欧洲公共领域方面的贡献，认为这将最终促进欧洲一体化的进一步推进。在积极的、肯定性的机构性话语的指导下，欧盟机构设定了制度化的咨询和对话机制及程序，并辅以相应的原则和行为规范，将公民社会组织纳入了欧盟治理框架。

---

① 《里斯本条约》相关条款原文：8A 3. "Every citizen shall have the right to participate in the democratic life of the Union. Decisions shall be taken as openly and as closely as possible to the citizen."

8B "1. The institutions shall, by appropriate means, give citizens and representative associations the opportunity to make known and publicly exchange their views in all areas of Union action.

8B 2. The institutions shall maintain an open, transparent and regular dialogue with representative associations and civil society."

因此，根据新制度主义理论，政治环境对于牵涉其中的行为体有重大的影响作用，偏爱合作的政治系统可以从结构层面创造有利于集体行动的机会和条件，制度环境在很大程度上决定公民社会组织是否能够作为集体行为者组织起来参与决策过程。具体到欧洲联盟背景下，在欧盟委员会等机构的主导下，很多对话咨询机制已经建立并实施，从法律和制度方面都为公民社会组织的政治参与提供了有力保障，也创造了良好的环境和客观条件。作为回应，欧洲公民社会组织也不负众望，积极踊跃地参与到欧盟治理过程中。

二、欧洲公民社会组织融入欧盟治理的内生动力：主观认知与参与能力

在有利的环境中，公民社会组织的参与还要受其自身认知水平和能力的制约，也就是说，公民社会组织的参与也有其主观方面的条件和动机。

（一）主观意愿与认知深化

根据新制度主义的观点，在制度化的体系里，既定的原则和程序、规则和规范为社会塑造了一个环境，使得行为体可以预见某些行动将来的结果，也塑造了行为体的认知与期望，对各类牵涉其中的角色的行动起到塑造或限制作用。换句话说，在一个制度体系中，只有各类行为体对自己在整个体系中的地位有清晰的界定和认识，才能充分发挥功能和作用。只有公民社会组织自身主观上认识到政治参与的可能收益和有利结果，对这些目标收益的期望才能驱使它们以集体的制度化的方式参与到欧盟治理过程中。

1. 公民社会组织的行为逻辑

在主观的认知和行为方面，纵向来看，公民社会组织的政治行为不仅要受成员逻辑（logic of membership）的影响，还受到影响逻辑（logic of influence）的指导。成员逻辑是指作为公民自愿聚合的团体，公民社会组织要努力代表其成员的利益，对其成员（member, constituency）负责，行为方向是朝下的（downward）。而影响逻辑则认为，作为一个集体行为者，要实现自己的目标，就要采取上行的措施和行为（upward）接近公共机构和决策者，组织起来维护利益，影响政策的形成，在政策中体现自身的诉求。

在欧盟治理体系中，公民社会组织的行动和活动也同样遵循成员逻辑和影响逻辑，受其制约。在其组织内部，顶层的组织都尽可能扩大成员密度，动员、汇集各类成员的利益，对外代表其成员群体以集体角色身份来开展活动。鉴于欧盟政策过程和治理体系的独特性，80%的欧洲政策和法律都在欧盟层面制定，由成员国来执行，即布鲁塞尔的

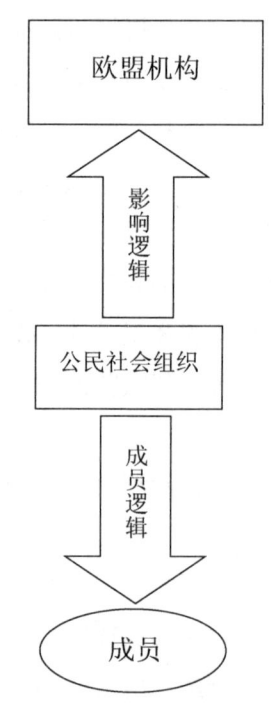

图4-1　公民社会组织的
行为逻辑

举动日益影响到公民的日常生活和成员国的政治生态。公民社会组织为了最终实现成员利益，利用治理体系的开放性和政策制定过程本身的议题分化性提供的机会结构，参与到欧盟政策过程中，采取不同的战略和措施去影响特定欧盟机构和政策过程。公民社会组织在欧盟框架里的行为逻辑见图4-1。对欧洲公民社会组织而言，更重要的是实现本组织所要代表的公民和社会群体的利益，推动公共利益的实现，这就需要接近承担决策职能的欧盟机构，接近并参与到欧盟政策过程中。因而这样看来，参与到政治过程中是实现本组织利益的行动目标，这样的认知指导着欧盟公民社会组织更多地采取向上的行为和措施，把主要关注点投射于欧盟机构和欧盟决策过程。

当然，欧洲公民社会的政治参与行为不局限于试图去直接影响欧盟层面的决策机构和过程，还会通过间接渠道去影响欧盟政策，如对各成员国政府进行游说，争取它们的支持；对其他公民社会组织进行倡议活动，联合起来开展运动，对决策者施加压力，提高民众的意识等，最终潜移默化地影响到法律和政策的走向，而这样的行为方式则是与欧盟的网络治理体系相适应的。

2. 公民社会组织对欧盟多层治理的认知

欧盟多层次的制度背景及其多元利益表达的多样方式，以及欧盟机构对外界利益群体的依赖程度都是它与众不同之处。① 在欧盟内部，去中心化的趋势在纵向和横向层面同时交叉展开。纵向的去中心化，主要指权力在不同地理层面的机构间的转移和共享，即超国家的联盟层面、成员国国家层面、区域层面、地方层面等地域性的公共行为体都参与到欧盟决策过程中，各层面的利益都可以在联盟层面的政策中得到体现。而且次国家层面的行为体可以越过本国的政府和议会直接把利益诉求诉诸欧盟层面，地区委员会（Committee of Regions）的成立保证了这一机制。而在横向层面，权力在不同类型的行为体间共享，公共权威机构如国家政府、欧盟超国家机构等并非公共权力的独占者，它们必须与各类私有行为体开展合作，如经济利益集团和公民社会组织等。由于权力的分散性、政策过程的分化性和行为体的多元性，在欧盟多层次的治理体系中，只能是协商方式主导政治过程，欧盟机构行为体必须和来自民间的多元行为体相互合作，各类角色意见达成一致才可以推动政策的发展。

欧盟层面对公共利益团体而言是另外一个舞台，为那些弱者提供接近欧盟机构的路径和渠道，起码是提供发言的机会。因而，欧盟机构把公民社会组织当作是咨询和对话伙伴，是参与欧盟治理的主体之一。欧

---

① Greenwood, Justin. Interest Representation in the EU. Basingstoke: Palgrave Macmillan, 2003: 27.

盟机构，尤其是欧盟委员会一直在努力推动政策过程中公民社会的参
与，把欧盟治理的善治原则（透明、公开、参与）成功转换成相应的
规范规则和程序，用以规制欧盟机构与公民社会的关系，并且创立了咨
询和对话等参与机制，为公民社会设置了机会结构。而民主的运行需要
特定的社会条件，其中最重要的是来自社会和民众的支持。尤其在欧盟
这一复杂多层体系中，欧盟机构距离民众遥远，公民社会组织则是处于
欧盟机构和民众之间的中介，代表着社会中的积极公民（active citizen-
ship）和精英，是特定公民群体的利益汇集者。因而，赢得公民社会组
织的支持也是使欧盟民主运转起来的条件和要求。欧盟机构不断重申，
公民社会组织的加入和参与是欧盟政策过程不可或缺的部分，可以增加
欧盟合法性的输入，促进参与性民主，因而被认为是欧盟民主赤字和合
法性赤字的解决方案之一。①

　　这样，欧盟机构和欧盟政策过程塑造的欧盟治理语境下的公民社会
话语，也影响到公民社会组织对自身作用和功能的认识和界定，即如果
它们意识到了本组织是欧盟各类政策规制的利益攸关者（stakeholder），
也意识到自己的参与可能会对政策起到影响作用，出于对自身角色和作
用的期待，公民社会组织有可能如其他利益团体一样对欧盟的决策施加
影响，或者通过正式的咨询，或者作为信息、专家智能和其他行为体间
的中介协调方式。② 对有关欧洲社会运动和公共利益协会的研究中，卡

---

① Zimmer and Sittermann, 2005；Peeters, 2003；Zimmer, Annette. *Governance and Civil Society.* http：//www. nez. uni – muenster. de/download/Zimmer_ Civ_ Gov. pdf；Finke, 2007；Kohler – Koch, 2005, 2008.

② Warleigh, Alex. 'The hustle：citizenship practice, NGOs and "policy coalitions" in the European Union – the cases of auto oil, drinking water and unit pricing'. In Journal of European Public Policy, 2000, 7（2）：229 – 243；Warleigh, Alex. *Democracy in the European Union：Theory, Practice and Reform.* London：SAGE. 2003：22.

罗尔·卢萨（Carlo Ruzza）① 创造了"框架桥接"（frame‐bridging）这一概念，认为社会运动中的理念和想法可以通过利益团体流通到欧盟机构，这是一个双向的过程。他分析了环境保护、反种族歧视和地区主义等领域的社会运动，考察了它们对欧盟政策的参与和影响，认为在沟通和认知方面的能力也对公民社会组织的参与活动及施加影响起到一定作用。

由于距离欧盟决策机构较近，也出于行政管理的简化性和代表性的要求，以布鲁塞尔为基地的公民社会组织及网络得到欧盟机构的格外重视，无论在参与欧盟治理的可能性路径方面还是在资金支持方面，这些代表着公共利益的大型组织和协会的联合体成为欧盟决策者优先考虑的对象。从欧洲公民社会组织的宗旨和使命来看，它们声称维护公众利益，代表弱势群体的集体权益，给那些不曾有发言权或者没有能力的群体以发表意见的机会，试图把社会多元的利益需求传达到政治决策中心。因而，如同政治学家们所指出的，公民社会组织作为"价值观为基础的组织，代表多元的利益和人民的趣味"，着力推动各类权利和特定价值观的实现，并"把欧盟政治过程的重要问题列入自己的议程"。② 如近年来欧盟公民社会联络组（EU Civil Society Contact Group，CSCG）对参与式民主的关注，它承诺要推进参与民主的原则，赞同宪法条约中加入这一原则（CSCG 2006）；它还特别注重宪法草约第 47 款的规定的实施，强调欧洲非政府组织应该是欧盟定期的、规范的对话的一部分

---

① Carlo Ruzza 是意大利特伦多大学教授，主持过欧盟第 6 个框架计划有关公民社会的多项课题，他的研究以社会运动（social movements）为视角，研究环境主义、反对种族主义运动、地区主义等如何通过公民社会与欧盟机构进行互动。笔者在曼海姆大学欧洲社会研究中心留学期间，卢萨教授曾经访问研究所。

② Knodt and Finke，2003；Kohler‐Koch，2009.

（CSCG 2007）。① 这表明这个组织认为参与民主就是公民社会组织在民间对话的参与的同义词。无独有偶，社会平台（Social Platform）也承诺要推动公民社会组织与欧盟机构间的对话，这包括建立定期的咨询等，为公民提供影响欧盟决策的渠道，这也就是参与民主的要求。② 这样看来，欧盟机构倡导的重要思想也成为公民社会组织的流行词和追求的目标。

（二）经验积累与能力提升

欧盟这一多层次、多元化的治理机构，为外界影响提供了很多机会，但同时有限的政治资源引发的竞争也是不可避免的，而且竞争的激烈程度也比民族国家内部要更加紧张，这对参与其中的行为体的能力又提出了新挑战。另外，多层次治理结构中，由于决策权分散到不同的机构和不同的层面，社会行为体无法找到单一的切入点以确保自己的影响。在横向维度上，独立的行为体之间又相互依赖，必须在互动协商的基础上找到共同的解决问题的答案，任何行为体都不能垄断这个发现答案的过程，这又对企图影响欧盟决策的所有社会角色提出了更高的要求。作为有效利用机会的前提，各行为体要满足的条件也就更高。为达到自身目标，卷入其中的行为体必须具备多方面的能力，采取切实的战略措施；除此之外，在多层治理结构中工作还要具备高度的专业化水平，可以对复杂的议题进行有效应对和管理，以及与其他行为体合作和

---

① "The EU Civil Society Contact Group promotes the concept of participatory democracy and places a particular focus on the implementation of article 47 of the draft constitution. We believe that NGOs across Europe should form part of a regular, structured, and guaranteed dialogue with the EU Institutions." http: //www. act4europe. org/code/en/policy. asp? Page = 214&menuPage = 214.

② "The Social Platform is committed to promoting a structured civil dialogue between civil society and the EU Institutions. This involves establishing regular consultation of NGOs, in order to provide channels for citizens to influence EU policy – a concept which has become known as participatory democracy." http: //www. socialplatform. org/Policy. asp? DocID = 8104.

联合的能力。也就是说，欧洲公民社会组织也必须根据欧盟多层网络体系的现状，适应纵向和横向维度的治理结构，调整并提高自身的应对和参与能力。

就欧盟层面的公民社会组织而言，有一部分是欧洲联合会间的网络机构（如 Green10 集团、Civil Society Contact Group），其旗下的会员组织本身就已经是强大的欧盟层面的社团，具备了与欧盟机构和其他利益集团打交道的经验，也汇集了大量的精英活动家，组织化程度较高。作为欧盟治理的伙伴和政策网络的一部分，它们无疑具备面对各类不同的议题的灵活应变能力、联合组织能力、解决问题的能力。

另外一部分欧洲公民社会组织则是国家层面的组织构成的联盟和网络，也就是说，这部分欧洲公民社会组织的主干成员是国家层面的组织，如欧洲环境局（EEB）和消费者联盟（BEUC）。这类组织在各自的政策领域都积累了几十年的经验，且与欧洲范围的新社会运动有密切关系，由跨越国家的倡议活动家所领导，因此具有了强大的动员能力，与超国家机构、国家机构的互动也有相当的经验。

而且，欧洲公民社会组织的活动领域也都是从国家层面公民社会活动的成熟领域外溢到欧盟层面的结果，具有深厚的国家基础。因此，公民社会组织也具备了与民族国家内部各类政治权威和其他利益团体斗争抑或是合作的经验，民主参与能力得到锻炼和培养，积累了在民主体制中的经验和知识，而其自我管理、自我规制能力也得到锻炼和提高。因此，对于具备了经验和能力的公民社会组织而言，它们联合起来到欧盟层面参与活动、表达诉求，也顺应了外界的客观条件，是对欧盟多层次网络治理要求的回应。

三、欧洲公民社会组织融入欧盟治理：多元渠道与参与模式

从词源上讲，参与（participation）就是指成为某过程的一部分（being part of) 和加入（taking part in），而政治参与则是成为政治过程的一部分，加入政策制定过程。所以，参与本身就带有积极的元素①，是自下而上的，涉及公民的、直接的、地方性的参与。因此，公众无论是参加公共机构组织的咨询还是对话，都意图通过自下而上的方式改善决策的质量，并且创造塑造公共政策的机会（EIPP，2009）。参与就意味着对目标和价值观多样性的承认，鼓励合作解决问题，以使政策更具合法性。这样的互动不仅仅是信息的交换，还包括了双方的观念的改变。

参与，是《欧盟治理白皮书》中的关键词之一，是欧盟善治的原则之一。欧盟层面的参与则是一种代表性的事务（a matter of representative agents），构建在利益汇聚的基础上，很多情形下是高度专业化的精英活动。组织起来的利益团体对欧盟事务的参与有望增强欧盟治理的有效性和合法性，这些团体本身就是公民的志愿集合，是对公民意志和需求的反映，它们把欧盟与公民连接在一起，通过自上而下的方式，把来自社会的声音带进决策过程。它们的参与是对欧盟公民的期待的回应，并可能使欧盟决策过程更具规范性和责任性。反过来，这也应该会增强欧盟政策的质量、相关性和有效性，提高民众对最终结果和提供决策的机构的信任度，进而产生对欧洲的归属感、培养欧洲认同。因此，有效性和合法性并不仅仅源于体系的政策输出，还有赖于社会角色的加入和参与（involvement and participation）。②

社会角色或公民个人的政治参与，最主要的就是对决策过程的参

---

① Steffek, Jens et al. 2009. *Assessing the democratic legitimacy of transnational CSOs: five criteria.* TranState Working Paper, Bremen: SFB 597. Staatlichkeit im Wandel. 2009: 7; Kohler - Koch, Beate and Barbara Finke. *The Institutional Shaping of EU - Society Relations: A Contribution to Democracy via Participation?* Journal of Civil Society, 2007, 3, Heft 3: 205 - 221. Kohler - Koch, Beate. *Political Representation and Civil Society in the EU.* Paper prepared for CONNEX Thematic Conference on Political representation. European University Institute Florence, May 25 - 26, 2007.

② Magnette, Paul. 2001. *European Governance and Civic Participation: Can the European Union be politicised?* Jean Monnet Working Paper No. 6/01, Brussels.

与，因为政策制定是任何政治体系中最核心的活动，唯有参与到决策过程中去，才有可能实现自己的利益，达到既定的目标。同理，对欧盟治理的参与，也就主要是对欧盟决策过程的参与，以及影响决策者的行为。欧洲公民社会组织对欧盟治理的政治参与的方式和途径主要有：直接参与到和决策有关的过程，如参加欧盟机构的咨询、对话、反馈等决策环节，反映自己的偏好和愿望；间接影响决策，如通过和欧盟机构及官员建立长期的经常性的联系、游说、举行抗议活动、大型运动等，对决策机构施加压力，提高公众意识和欧盟机构对某议题的重视；在传统的策略之外，还充分利用欧盟机构的电子政府功能积极参与到欧盟政治过程中。

（一）直接参与政策过程

自从 20 世纪 90 年代起，尤其是进入 21 世纪以来，公民社会团体已经在欧洲层面组织起来。[①] 公民社会组织越来越深地参与到了欧盟政治事务中，它们与欧盟机构保持较正式的经常性的咨询、对话、合作关系，能够以不同方式参与欧盟政治过程，也能影响欧盟决策和规则制定和执行的结果。当然，毋庸讳言，参与并影响欧盟决策过程比任何国家政体都难，因为欧盟政策制定是一个异常复杂的过程，深植于欧盟错综复杂的治理结构之内。如前所述，欧盟是多层次的网络治理结构，纵向维度包括行为体的诸多层级，横向维度涵盖了利益攸关者的网络。在这一多层网络治理结构中，公民社会组织获得了特别的机会：它们可以直接在欧盟层面寻找接近决策者的途径，并可以直接参与政策领域的

---

① Ruzza, Carlo and Emanuela Bozzini. *Organised Civil Society and European Governance*: *Routes of Contestation*. In: European Political Science, 2008. Jg. 7, Heft 3, S. 296 – 303; Greenwood, Justin. *Review Article*: *Organized Civil Society and Democratic Legitimacy in the European Union*. British Journal of Political Sciences, 2007. Vol. 37: 333 – 357. Kværk, Geir Ove. *Organised Civil Society in the EU Constitution – making Process*, in Fossum, John Erik, Philip Schlesinger and Geir Ove Kværk (eds). Public Sphere and Civil Society? Transformations of the European Union, ARENA Report 2/2007.

协商。

　　国外学者对公民社会组织参与欧盟政治的具体方式进行了大量的实证研究，证实了在不同的政策领域公民社会组织有不同的参与方式和策略。一般而言，游说、政策网络是公民社会组织经常运用的方式，它们也通过利益委员会、咨询过程和代理人网络等渠道参与欧盟的政策过程，或是联合起来组成倡议联盟对决策者施加压力，使自己利益表达的声音受到重视，而促使欧盟采取有利于其利益的政策措施。为保护、实现自身利益，争取更有利的社会与政治地位，最有效的方式就是直接参与欧盟政策过程，直接加入政策的形成、执行和反馈等环节，反映自己的偏好和愿望。

　　政策形成阶段：参与各类专家委员会（EU committees）。这些委员会既是欧盟决策过程的产物也是其重要工具。由于自身有限的资源，也由于欧盟决策的议题主导性，在政策形成过程中需要接受来自外界的科学、技术方面的专家意见，各类专家委员会则提供了欧盟机构所需的专业智能，也为多层次间协调和协商提供空间。因而，欧盟机构的运转和决策可以说是建立在专家政治（comitology）基础上的。而欧盟机构内部的各类委员会则在塑造政策、形成和采纳约束性的规则方面担当重要作用，它们作为专业的和代表性的制度化的群体而开展活动，具有"阐释规则、同意资助或设定规则"等功能。① 换句话说，委员们作为决定采纳者（decision taker）和决定制定者（decision maker），以及交流沟通渠道，借此各行为体相互交流关于政策目标的意见。各类委员会对欧盟政策的影响也有所不同：欧盟委员会（European Commission）的顾问委员会具有影响早期动议前阶段（pre - proposal stage）的巨大潜力，而专家委员会是基于成员国的利益而给 EC 提供建议；部长理事会

---

① Maurer, Andreas. *Committees in the EU system: a deliberative perspective*. In: Eriksen, Erik O., Christian Joerges and Jürgen Neyer (eds.). European Governance, Deliberation and the Quest for Democratisation. ARENA REPORT 2/2003. Oslo/Florence.

的工作组（working groups）对决策制定过程有颇大影响力；而欧洲议会的工作也是建立在大量正式的及非正式的委员会网络基础上的。欧洲环境局（EEB）是一个集合了大量欧洲环境组织的伞形联合会，20世纪90年代得以参加欧盟机构内部的30多家顾问委员会，为欧盟的决策提供环境保护和环境政策方面的专家意见和技术指导。①

召开多方大会（Convention method）是公民社会直接参与政策和法令制定过程的良好途径，这个方式在2000年《欧洲基本人权宪章》和2004年的《欧盟宪法条约》的起草过程都得到了很好的运用。德舒特（2002）探讨了人权宪章起草大会（European Convention 1999—2000）的过程，认为这个大会是在"前所未有的公开"的基础上完成其使命的，该会议得到了来自外界的大量意见和建议，这些提交的资料被公布在网站上，有关的公共听证会也邀来公民社会组织的参加。因而，作者认为这次大会是一次真正的全欧范围的公民社会组织的讨论会，也是一次成功的协商民主的实验。② 而制宪会议也是一个吸引了公民社会组织积极参与的过程，将作为案例在本部分的第四条详细分析和解读。

政策执行阶段，公民社会组织主要承担的任务是执行欧盟的某些项目，在全欧范围内开展、推广某些行动，并对欧盟政策的执行情况进行反馈，如结构基金（structural funds）和融合政策（cohesion policy）的运转和执行方面。1988年首次提出的伙伴关系原则，是结构基金的四大指导原则之一，意指不同实体作为伙伴共同合作来获得特定目标。随着结构基金制度的发展，现在的伙伴关系原则强调在结构基金中与包括公民社会组织在内的适当的实体建立合作的重要性，如环境组织、非政府组织、主张男女平等的组织等。为此，在多层次的结构基金的实际操

---

① Tömmel，Ingeborg. *Civil society in the EU：a strong player or a fig – leaf for the democratic deficit?*（Policy Brief）. Canada – Europe Transatlantic Dialogue：Seeking Transnational Solutions to 21st Century Problems. March 2010.

② De Schutter，Olivier. *Europe in Search of its Civil Society.* European Law Journal，2002. Volume 8，Number 2，June，198 – 217.

作和管理中，欧洲公民社会组织的实行和监督作用也是值得注意的。

（二）间接影响决策

公民社会组织对欧盟政策过程的影响，还可以通过间接方式和渠道间接影响决策，如通过和欧盟机构与官员建立长期的经常性的联系、游说、举行抗议活动、大型运动等，对决策机构施加压力，提高公众意识和欧盟机构对某议题的重视；其中从事游说活动（lobbying）、加入布鲁塞尔游说大军是公民社会组织也经常采用的策略和方式。这里的"游说"是一个相对中性的概念，根据《欧洲透明倡议》的界定，即"所有目标在于影响政策形成和决策过程的活动"①；而"游说者"（lobbyist）则是指"从事游说活动的、在多种多样组织如公共事务咨询公司、法律事务所、非政府组织、智囊团、公司游说团体（院内代表）"或工人联合会等工作的人。② 而根据游说从业者（practitioner）的观点，游说是欧盟公共事务的支柱之一，可以影响政策、实施立法监督、建立接触、阐释网络、寻求并建立联盟、承担机构性交流并寻找资助等。③ 布鲁塞尔聚集了很多游说团体和游说者，其中，Daniel Guéguen 是具有传奇色彩的一位。他长期驻守布鲁塞尔，追踪欧盟政策出台、获得相关消息并进行信息评估，致力于向欧盟进行糖业与农业领域的游说活动。游说并非单纯给人施加压力，而是具备向官员和立法者们提供信息的功能，帮助解决问题。优秀的游说者本身就是问题解决方案的一部分，在他们的辅助和帮助下，政策措施有望更趋完善。

---

① "Activities with the objective of influencing the policy formulation and decision making process of the European institutions", European Commission. Green paper "*European Transparency Initiative*". COM（2006）194 final.

② European Commission. Green paper "European Transparency Initiative". COM（2006）194 final.

③ Guéguen, Daniel. *Lobbying Européen*, Bruxelles: Librairie Générale de Droit et de Juris-prudence, 2007: 135; Charrad, Kristina. *Lobbying and European Civil Society: Problems and perspectives of civil society actors from Visegrád countries*. In Matthias Freise（ed.）. European Civil Society on the Road to Success? Baden – Baden: Nomos. 2008: 109 – 128.

　　游说已经成为布鲁塞尔的一大产业，自从单一欧洲法案颁布以来，在欧盟首都这 5 平方千米的土地上活跃的利益团体和独立的公共事务咨询顾问的数量一直在增长，欧洲层面的顶级协会组织也不断设立，跨国公司、区域性实体、国家性的协会等也纷纷设立了布鲁塞尔办事处，以至于布鲁塞尔被称为"游说星球"（lobby planet）。① 公民社会组织也成为布鲁塞尔游说群体中的一部分，其他的游说者则是公司、成员国的地区或城市的代表。在多年来实践的基础上，欧洲公民社会组织已经与欧盟机构建立了不同程度的互动合作关系。公民社会组织游说的对象已经直接指向欧盟官方机构，如欧盟委员会、欧洲议会、欧盟部长理事会及欧洲法院等。如同其他的游说群体一样，公民社会组织也努力在超国家层面，与欧盟机构的官员们密切接触，阐释自己的观点立场，争取来自官方的支持。

　　在欧盟政策制定过程中，在三个致力于把公民社会纳入体系内的欧盟机构中，最重要的机构显然是欧盟委员会。由于委员会在欧盟政策制定过程中的重要职能（对政策倡议的垄断、议程设置者、欧盟政策在成员国执行活动的监督员），它成为那些试图影响欧盟政策的游说活动和公民社会组织及其他利益团体争相对话的对象。欧盟委员会内部的各总司（General Directive，GD），作为专注于不同领域的政策的独立的机构，也保持着咨询外部专家和利益群体的传统，因而委员们也是游说团体的重要目标。据研究，游说欧盟委员会的工作可以分为三种类型：推动立法建议、影响或阻止立法建议、影响委员会的自由裁量权的实

---

　　① Lobby planet 这个名称是由欧洲一公民社会组织——欧洲企业观察员（Corporate Europe Observatory，CEO）创造的，意为布鲁塞尔就像《孤独星球》这本旅游指南一样为"旅游者"提供路线。见 Charrad, Kristina. *Lobbying and European Civil Society: Problems and perspectives of civil society actors from Visegrád countries.* In Matthias Freise (ed.). European Civil Society on the Road to Success? Baden – Baden: Nomos. 2008: 109 – 128.

施。① 前两种是游说团体为自己的利益而战，第三种则是比较常见的，这牵涉立法或者政治方面的政策。对于游说的影响效果而言，最有效的途径是尽早提出并表达自己的观点（early presentation of argument），当然，游说者还要熟知欧盟委员会的工作规则和程序，以便有针对性地开展游说活动。

近年来欧洲议会在欧盟决策过程中的权限不断增加，随着《里斯本条约》的正式实施，它获得了与理事会同等的决策权和预算权，因此，欧洲议会及其成员也成为游说活动指向的对象。欧洲议会对公众是开放的，它的各类会议和一些委员会是允许公众旁听的，公民社会组织也可以参与到欧洲议会的会议中来，表达呼声和偏好。就议会的内部构成来讲，各类委员会（Parliamentary committees）在议会的运行中起到关键作用：欧洲议会内各委员会负责审查新的政策措施并起草报告，委员会的成员们对该报告进行讨论，形成委员会报告（committee report）。委员会报告呈送欧洲议会的大会审议，极少有报告被大会否决或修改。因而，公民社会组织也可以通过参加相关政策领域委员会、与议员建立良好的关系来表达自己的立场，尤其是议会委员会中的报告人（Rapporteur）。在委员会中，报告人是负责起草报告的议员，通常能够决定委员会报告的意见走向。游说的另外一个目标是议会中的各党派，因为各委员会是由不同派别的议员构成的。

欧洲经济和社会委员会（EESC）是根据欧洲共同体条约成立的咨询和顾问机构，是组织起来的公民社会的官方代表。在欧洲经济共同体成立伊始，经济和社会委员会便是制度化的、功能性的、利益的代表机构，虽然它未能垄断这一功能。近年来，EESC 努力强化它作为公民社会唯一的官方正式代表的地位，一直积极支持和致力于扩大公民社会组织在欧盟决策中的参与。虽然 EESC 的成员都来自各个成员国，但它与

---

① O'Connor, Bernard. *Some Basic Ideas on Decision Making and Lobbying in the European Union.* Liuc papers No. 47. Serie Impresa e Istituzioni. 3. November 1997.

欧盟层面的公民社会组织也保持着良好的关系，为它们提供了一些物质上的帮助与支持。

除了面对面与欧洲议会的议员们（MEPs）和欧盟委员会的委员们（commissioners）会谈外，公民社会组织也通过信件、传真、电子邮件、电话等方式与布鲁塞尔的官员们联系，阐述自己的关心和忧虑。倡议行动（advocacy campaign）和构建联盟（building coalition）也是他们采取的游说方式（EP 2008）。有研究表明，环境保护组织和人权及动物权利群体是布鲁塞尔最有影响力的游说团体。[①]

（三）参与欧盟电子政府的互动网络

随着信息技术和电脑网络的快速发展，欧盟机构也积极开展了电子政府（e-government）的构建，除了很早设立的欧盟机构门户网站以外，欧盟还建立了互动决策网络（Interactive Policy Making，IPM）和开展在线公共咨询（online public consultation），有效地利用新的技术进行信息公开，并和欧洲公众开展交流。这样，欧盟官方网站中的整体互动式架构、利益代表者注册系统、公共咨询网站等利用网络的便捷优势，把欧盟政策、议题、机构活动等相关的信息公布在专门的网页，面向更大的受众群体，提供立法、政策文件、选举记录等文献。这是公民社会组织可以利用的参与欧盟治理的渠道和方式。

1. 欧盟门户网站的信息公开

提供透明、充分的信息是欧盟机构，尤其是欧盟委员会建立电子政府（e-government）实现 e-governance 的议程之一。网络这种现代沟通方式的方便和快捷，打破了地域的界限，可以即时把信息传递到各类公众之间，已经成为广受欢迎的交流和渠道。这可以部分弥补欧盟决策中心距离普通公众遥远的缺憾，也是满足公众的知情权的需要，更是为

---

① Lehmann, Wilhelm and Lars Bosche. *Lobbying in the European Union: current rules and practices.* vPE, 2003: 329, 438.

各类社会角色参与欧盟治理过程创造前提条件。因为只有充分了解到政治体系的信息，在对进程和运转充分了解的基础上，看到欧盟治理过程中的参与和施加影响的机会，欧洲公民社会和经济行为体才有可能加入到政治过程，成为治理主体之一。那么，通过正式的网络渠道进行信息公开就是欧盟机构的不二选择，这也是欧洲公民社会组织接收信息、参与互动的媒介。

欧盟机构的官方门户网站（Europa – gateway to the European Union）设立于 1995 年，这一网站是一个总体互动式架构，把各机构、政策过程、议事日程、官方文件等都转移到网络上来，为包括公民社会组织和公民个人在内的广大公众提供了各类信息，是信息公开的载体，也是与公众互动交流的平台。在这个官方网站中，每个机构和实体都有单独的网页，把本机构的工作、责任、日程、程序等公之于众，也提供了很多其他相关机构和活动的链接。尤其值得一提的是，很多机构主页之下还专门设有与公民社会或非政府组织有关的网页。如委员会网站的直属网页"欧盟委员会和公民社会"（the Commission and Civil Society），就是直接指向公民社会的一个框架网站，提供委员会在各政策领域开展的咨询和对话相关的文件及信息，链接欧盟委员会的咨询标准，及时更新推出并公开新的咨询项目，并把所有与在线咨询相关的事项都在此网站上公布。

根据欧盟委员会的"D 计划"（Plan D for Debate, Dialogue, Democracy），为引发广大欧洲公民对欧洲未来的讨论，欧盟委员会专门设立了 Debate Europe 网站，使得公众可以加入不同的聊天室和论坛，对欧洲的未来、气候变化与能源问题，以及他们关心的欧盟事务进行讨论。该网站于 2010 年 2 月 28 日停止运行，作为文献资料保存。

SINAPSE 网站是欧盟委员会设立的一个免费的公共服务网站。该网站作为一个网络交流平台（web communication platform），其目的是把专家与欧盟决策过程联系起来，为研究人员、专家、公务人员和顾问机构提供信息共享的平台。这个网站提供了一些工具，如构建顾问机构网络、支持专家群体、临时或公共咨询、网上讨论等，以更好地在欧盟决策和治理中利用专家智识。SINAPSE 还着力构建 e – Communities，在其中，具有共同利益的会员群体和组织得以分享和交换信息，在网络上每个会员拥有自己的特定网络地理空间，并链接到发起者网站。2010 年 7 月 24 日的查询结果显示，该网站现在有 11504 名注册会员，1314 家注册组织，成为会员间信息沟通、交流的渠道。

2. 互动决策网站与在线公共咨询

2002 年，作为对《欧盟治理白皮书》中提出的"更透明""更好的规制"（better regulation）的要求，以及"互动决策"（Interactive Policy Making，IPM）① 倡议的实践和对《咨询的一般原则和最低标准》［COM（2002）704］的后续回应，欧盟委员会在因特网上欧盟的门户网站内设立了专门的咨询网站 Your Voice in Europe② 作为单一网络接入点（single access point）。打开这个网站的主页，人们可以参与正在进行的各项咨询、了解欧盟委员会曾经组织的各个公共咨询；进入两个不同的聊天室（青年事务和多元语言主义）开展在线讨论，打开欧盟机构委员的博客网址与他们交流欧洲事务的意见和看法；或者利用网站提供的其他工具和链接，给不同的机构提供关于某议题的反馈，如向欧洲监察员提出抱怨和申诉等。这样，Your Voice in Europe 企图把欧盟委员会从事的各类活动聚集在一起，它利用现代信息技术为民众提供了便捷通道，开展在线公共咨询（online public consultation）和讨论，利用与各

---

① 互动决策（IPM）是欧盟委员会的信息技术总司（Informatics Directorate，DIGIT）开发的一个在线文件调查管理软件。这个系统以因特网为基础，客户端不需要安装任何软件就可使用，标准的因特网浏览器以及网络的链接就足够。这个软件对咨询的参与者和公共机构来说都相当便捷，易于操作。

② Your voice in Europe 是设立在欧盟官方网站内部的一个独立的门户网址，它利用 IPM 技术软件，为公众提供了如何与欧盟机构开展互动的一个方式，也是公众参与欧盟政策形成过程的一个平台。

类利益攸关群体的网络互动获取公民和各类利益团体等对欧盟政策和立法的意见。委员会下设的各总司各自负责组织本部门政策领域的公共在线咨询，设计自己的咨询网页并链接到 Your Voice in Europe 的主页。在各项政策议案的准备阶段征求公民、社会角色及其他利益相关者的意见和建议，目的是改善欧盟治理、促进更好的规制。

自 2001 年该网站设立以来，欧盟委员会已经成功组织实施了数百次在线咨询活动，具体情况见图 4 – 2。从图 4 – 2 中可以看出，2006 年以来的咨询尤为频繁。经常性的在线公共咨询本身就是欧盟政策过程的组成部分，而在线咨询过程中各类角色和多元化利益的参与，则在某种程度上反映了欧盟政治过程的现实。

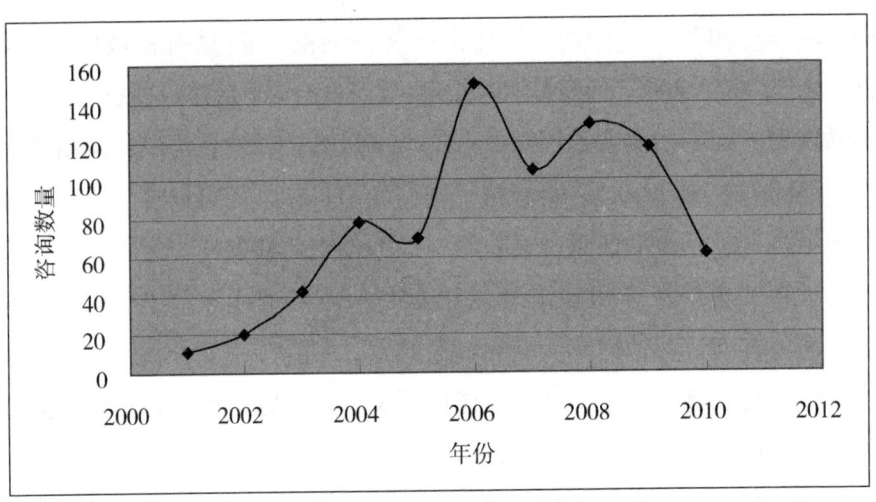

图 4 – 2　2001—2010 年 8 月底已经完成的在线公共咨询数量（按年份）

资料来源：Your Voice in Europe 网站上有关已经完成的在线咨询（closed consultations）的列表。

注：在此主页上根据年份列出的咨询数量较少，尤其是 2006 年和 2007 年两个年度的数据。事实上，这两年委员会的各总司组织了较多的咨询，仅内部市场（internal market）领域列出的有关咨询数量 2006 年就有 19 项，2007 年 11 项。但 Your Voice in Europe 的主页并未完全列明。此表数据来源于笔者对各政策领域的咨询数量仔细梳理和计算。

＊2010 年的咨询数字截止到 2010 年 8 月 30 日。据网站的资料，该年度至少仍然有 27 项在线公共咨询正在进行中。

另外，从政策领域看，自从 2001 年以来各自负责相关政策的委员会各总司都采取了在线咨询的方式征求社会的意见。据不完全统计，共有近 800 项咨询。其中，咨询最为频繁的是内部统一市场、企业事务、信息社会和竞争方面的政策，次之则是公共健康和环境问题（见表 4 – 1）。

表 4 – 1 2001—2010 年 8 月 30 日已经完成的在线公共咨询数量（按照政策领域）

政策领域	咨询次数	政策领域	咨询次数
内部市场	123	消费者事务	17
企业界	91	一般事务与机构事务	16
信息社会	88	贸易	16
竞争	88	农业	11
公共健康	68	发展	11
环境	63	教育、文化、运动、青年事务	10
司法和内部事务	51	地区政策	10
运输	39	就业和社会事务	8
食品安全	33	关税	6
渔业和水文化	29	跨欧网络	5
能源	24	预算	2
研究和科技	20	人道主义援助	2
税收	20	对外关系	1

资料来源：Your Voice in Europe 网站上各有关政策领域的已完成的在线咨询列表。

注：根据政策领域列出的咨询数量比较多，可能的解释是某些综合性的咨询往往牵涉多个相关的政策领域，于是该咨询的信息在不同的委员会总司的网页内也就都被列举出来，如内部市场和企业、工业、税收、竞争等领域的事务紧密相连。明显的例子如 2009 年 12 月 9 日结束的咨询 The EU Role in Global Health，就涉及 4 个政策领域（development，external relations，research and health fields），也就成为 4 个政策领域都列举的咨询。

国际关系理论中对机制（regime）的定义是，"具备一套特定的原则、规范、规则和决策程序，体现并融合各角色期望的正式的关系"。①
在新制度主义视角下，机制是指"嵌于认同和归属感之中的意义结构，
包括了共同目标和责任给行为以方向指导并赋予特定意义，又解释、证
明并合法化行为准则"。② 而在线公共咨询恰好体现出机制的特征。
2002 年，欧盟委员会特别颁布了官方文件，对咨询过程中原则、规范、
行为体的行为方式进行了规定。这样的咨询以委员会发布的白皮书、绿
皮书为基础，各类感兴趣的受众可以直接登录网站，了解咨询事宜的背
景资料，在线提交意见及答卷。这样的咨询已经形成了专门的机制，被
欧洲学者们称为"consultation regime"。③ 自从 2001 年 6 月欧盟委员会
首次开展在线公共咨询以来，经过 10 年的发展，这一咨询方式已经渐
趋成熟，欧盟机构与欧洲社会各类群体、公民个人之间的交流和互动也
得以顺利开展。这一机制为包含公民社会组织在内的多类角色的广泛参
与提供了机会，降低了政治参与的门槛。④

---

① Krasner, Stephen. D. *Structural Causes and Regime Consequences: regime as intervening variables.* International Organization, 1982, 36 (2); Kohler – Koch, Beate and Barbara Finke. *The Institutional Shaping of EU – society Relations: A Contribution to Democracy via Participation?* Journal of Civil Society, 2007, Vol. 3, No. 3.

② March, J. G. and J. P. Olsen. *The Logic of Appropriateness.* In: M. Moran, M. Rein and R. E. Goodin (eds.) Oxford Handbook of Public Policy. Oxford: Oxford University Press, 2006: 3.

③ Quittkat, Christine and Barbara Finke. *The EU Commission Consultation Regime,* in: Kohler – Koch, Beate, Dirk De Bièvre and William Maloney (Eds.). Opening EU – Governance to Civil Society. Mannheim: 2008. [CONNEX Report Series / No. 5]: 183 – 222; Kohler – Koch, Beate and Christine Quittkat, Vanessa Buth. *Civil Society Organizations under the Impact of the European Commission's Consultation Regime.* Paper presented at the CONNEX Final Conference "Efficient and Democratic Governance in a Multi – Level Europe" workshop 5. Mannheim, March 6 – 8, 2008.

④ Quittkat, Christine and Barbara Finke. *The EU Commission Consultation Regime,* in: Kohler – Koch, Beate, Dirk De Bièvre and William Maloney (Eds.). Opening EU – Governance to Civil Society. Mannheim: 2008. [CONNEX Report Series / No. 5]: 183 – 222.

3. 利益群体登记和注册体系

2002—2007 年，数据库 CONECCS（Consultation，the European Commission and Civil Society）是欧盟设立的有关游说群体的登记和注册体系。该数据库是根据《欧盟治理白皮书》的要求设立的，由欧盟委员会负责，于 2002 年 6 月开始运行，目的是提高咨询的透明度。这个数据库为各类组织提供了一个信息交流的平台，但这个志愿性的登记系统也有其自身的缺陷，产生了一些问题。从这个数据库的运行中发现的问题也是欧盟委员会提出《欧洲透明倡议》的原因之一。在《欧盟关于〈欧洲透明倡议〉后续交流文件》（*Communication on the follow up to the Green Paper "European Transparency Initiative"*）［COM（2007）127］出台后，这一数据库于 2007 年 3 月 27 日关闭。

为了更好地实现咨询功能、提高透明度，一个新自愿的注册系统（register of interest representatives）2008 年 6 月取代了 CONECCS 体系，这个体系由欧盟委员会和欧洲议会共同负责管理，成为新的信息源。这个体系采取了一个更为中性化的概念，把所有在欧盟层面的游说及积极活动的群体定义为"利益代表者"（interest representatives），从而避免了比较有贬义色彩的"说客"（lobbyists）的说法。迄今为止，如前文所述，在该系统登记的群体已经达到 2800 多家（2010 年 7 月 24 日为 2886 家），这个系统成为社会公众了解影响欧盟决策的利益群体信息的窗口。志愿登载于这个利益代表者系统的组织，要表明其目标和使命，其活动及利益代表的领域，它们还要公布近年来与年度收支有关的财务信息，因为它们的支出被认定是直接与游说欧盟机构有关的。根据透明倡议的后续文件的规定以及该系统的管理方法，加入这个系统就意味着接受了并遵循相关的行为准则（code of conduct），这将规范它们与欧盟机构官员们的接触活动。

可以说，欧盟已经在因特网上建立了一个庞大的电子政府机制，这个交流网络的最大特征是互动性，这套体系不仅是海量的信息库，更是公民与欧盟政治体系交流和沟通的方式和渠道。由于欧盟政体在地理上与普通公民的距离相对于国家政府更远，这种电子通信设施和系统则可以从技术的角度弥补公民群体与欧盟政治的交流空间的缺失，提供有效的路径。

四、欧洲公民社会组织参与欧盟事务的实践

在了解了欧盟公民社会组织可以参与欧盟政策过程的渠道之后，接下来将进行案例分析，看欧洲公民社会组织对欧盟治理过程的实际参与情况，以及参与方式。本书选取两个案例作为分析对象：关于欧洲透明倡议的在线公共咨询和欧洲未来大会的参与情况。

（一）案例一：关于《欧洲透明倡议》的在线公共咨询

《欧洲透明倡议》于2005年11月由欧盟委员会颁布，涵盖了广泛议题，意图提高欧盟的透明度，对欧盟机构及官员在咨询过程中的行为、游说团体的工作、欧盟文献的获取以及欧盟基金的获益人的信息管理情况进行了规定。为了推动这个倡议的顺利开展，欧盟委员会总秘书处于2006年5月3日至8月31日组织了公共在线咨询，广泛搜集民意。此次咨询的绿皮书，包含了倡议书的关键点，列出了7组开放性的题目，涉及游说、欧盟委员会的咨询工作和国家在公开欧盟基金受益人的义务等有关提高欧盟运转和工作透明性内容。这次咨询在欧盟的Your Voice in Europe网站上有专门主页，与咨询有关的文件都列举在内，所有参与者提交的答卷和意见立场文件都在此次咨询的主页公布。参加此次咨询方式比较简单，在该网页点击提交咨询意见按钮，就可以进入咨询页面，行为者可以选择感兴趣的一章的问题回答，只要答"是"或"否"并阐释原因，然后在线提交答卷就完成了对咨询的参与。

此次咨询收到了168份答卷，而实际参与者为163个（见表4 –

2）。根据各行为者的来源，参与者可以分类为公共部门、私营部门、公民社会组织和公民个人等，前三者都属于集体行为者（collective actor），因为它们都是以集体的身份出现的。在集体行为者中，公民社会组织占37％。

表4－2　《欧洲透明倡议》在线咨询的参与者的分类

类别		数量
集体行为者	公民社会组织	56
	私营部门	77
	公共部门	18
个人	公民个人	12
合计		163

参加本次咨询的56家公民社会行为体中，按照其组织构成情况看，可以分为会员组织和倡议组织两类。会员组织（Membership organization），顾名思义，组织结构比较严密，由众多处境相似的、有类似的经历或想法的（like－minded）正式成员构成，固定的会费为主要财源的成员式组织。倡议组织（Advocacy organization）则比较松散，由一些活动家或民众组成的伙伴关系构成。① 以会员为基础的组织趋于代表成员的具体利益，而倡议组织则倾向于代表其目标群体的利益，宣传某种价值观。② 具体而言，顾名思义，会员组织由不同类型的成员，或者自然人作为直接的成员，或者由协会、组织法人等为成员，公民个人是间接的成员或是草根成员。而倡议组织在世界银行和学者们的眼中，主要

---

① Young，L. and J. Everitt. *Advocacy groups*. Vancouver，BC：UBC Press. 2004：5；Rektor，Laurie. *Advocacy － The Sound of Citizen's Voices*，*A position paper from the Advocacy Working Group*. http：//www. ginsler. com/documents/sound _ of _ citizens _ voices. pdf. 2002.

② Cohen，David，Rosa de la Vega and Gabrielle Watson. Advocacy for social justice. Bloomfield，CT：Kumarian Press Inc. 2001.

是通过游说、施压活动和活动家实践，来改变、影响、提出政策动议、法律、实践和行动，以达到提高特定议题（如环保、消除贫困等）的意识、被接受度和知识①，最终使得弱势公民或所有公民都可以获益。

因而，可以说，组织的本质和构成形式决定了一个公民社会组织对特定议题领域事务的立场，如果这一议题或议程契合组织的目标和领域，就有可能激发或吸引公民社会组织的参与热情。另外，公民社会组织的活动层面（包括国际的、欧盟层面的、国家层面的）也暗示了一个组织的视角和态度，也是对公民社会组织进行分类的另外一个指标。位于欧盟层面的组织有 31 家，超过所有公民社会组织的 50%，见表 4-3 和表 4-4。

表 4-3　参与《欧洲透明倡议》咨询的公民社会组织分类

公民社会组织分类	组织层面				合计
	国际层面	欧盟层面	国家层面	次国家层面	
会员组织	1	20	12	1	34
倡议组织	1	10	19		22
合计	2	31	22	1	56

参与咨询的各类行为体向委员会提交了 160 多份答卷，表明自己对绿皮书提到的有关《欧洲透明倡议》中 3 个方面的关键问题的立场和观点，即一个有关利益代表者（游说者）活动正规化的框架的需求 [The need for a more structured framework for the activities of interest representatives (lobbyists)]，这是指利益代表工作的透明度（Transparency and

---

① World Bank. "*Working with NGOs: A Practical Guide to Operational Collaboration between the World Bank and Non - Governmental Organizations*," Operations Policy Department, World Bank, 1995: 29; Holloway, Richard. *Establishing and Running an Advocacy NGO* (Handbook). Lusak: Pact Inc. 1998.

表4－4　参与《欧洲透明倡议》咨询的公民社会组织

组织层面	倡议组织	会员组织
国际层面	Action Aid International	International Friends of Nature（IFN）
欧盟层面	Transparency International – European Policy Office ＊ , farmsubidy. org , Greenpeace – European Unit ＊ , World Wide Fund for Nature（WWF）– European Policy Office ＊ , Food and Water WatchEurope（FWW）, Corporate Europe Observatory（CEO）, Quaker Council For European Affairs（QCEA）, Church and Society Commission of the Conference of European Churches（CEC）and the Commission of the Bishops' Conferences of the European Community（COMECE）inconsultation with CCME et al European Policy Centre , Groupe d'Economie Mondiale à Sciences po（GEM）, The Alliance for Lobbying Transparency and Ethics Regulation（Alter EU）	European Organisation for Rare Diseases（EURORDIS）, Friends of the Earth Europe , European Foundation Centre（EFC）, International Federation of Organic Agricultural Movements（IFOAM EU Group）＊ , European Patients Forum（EPF）, Mouvement Mondial de Mères（MMM Int.）Délégation européenne ＊ , European BlindUnion（EBU）, European Youth Forum（YFJ）, Comité européen des associations d'intérêt général（CEDAG）, InternationalUnion for Health Promotion and Education（IUHPE/Euro）＊ , European Public HealthAlliance（EPHA）, Civil Society Contact Group（CSCG）, EPHA Environment Network（EEN）, 41 NGOs（Birdlife International , ECAS, EBB , FOEE , CEE Bankwatch , etc.）, Green Group of 10 , European Consumers Organisation（BEUC）and European Consumer Voice in Standardization（ANEC）, Alzheimer Europe , Social Platform , European Heart Network（EHN）, EuroHealthNet , Kommissariat der Deutschen Bischöfe

组织层面	倡议组织	会员组织
国家层面	EU – Umweltbüro (Wien)， Campagne tegen Wapenhandel (Dutch Campaign Against Arms Trade)， Evert Vermeer Foundation， Campaign Against Arms Trade (CAAT)， Hungarian Civil LibertiesUnion (HCLU)， Lobby Control， Stichting Onderzoek Multinationale Ondernemingen (Centre for Research on Multinational Corporations, SOMO). Österreichische Bundesarbeitskammer， Gewerkschaft der Eisenbahner	Danish Institute for Computer – Assisted Reporting (Dicar)， Paneuropabewegung Österreich， National Council for Voluntary Organisations (NCVO)， Bundesarbeitsgemeinschaft der Freien Wohlfahrtspflege (BAGFW)， Research and Information Centre for (Belgian) Consumer Organisations OIVO – CRIOC， Network of Estonian Non – profit Organizations (NENO)， Estonian Council of Environmental NGOs，Which? WWF Deutschland， Consumers Protection Centre (KEPKA)， Consumer Council for Water (CCWater)， Oikos – Økologisk Landslag (OIKOS)， Association of Chief Executives of Voluntary Organisations (acevo)
次国家层面		Wales Council for Voluntary Action (WCVA)

注：＊这些协会是国际性的公民社会组织，对于此次咨询的立场文件是由其欧洲分部提交的。

Interest Representation）；对欧盟委员会的咨询最低标准的反馈 ［Feedback on the Commission's minimum standards for consultation（"consultation standards"）］；强制公开欧盟机构和成员国共同管理之下的欧盟基金的受益人信息（Mandatory disclosure of information about the beneficiaries of EU funds under shared management）。

　　根据笔者对此次咨询的答卷的考证，在第一部分有关游说者的问题上，公民社会群体的意见比较一致，希望游说活动有更多强制性的透明度，而私营部门意见比较分散。公民社会组织提倡公众的基本权利，保护弱势群体的普遍利益，给边缘群体以话语权，倾向于积极的、主动的透明度以重塑公民信任。而私营部门目标是推动工业和商业部门的特定利益、专业人员和某些公司的具体利益，彼此间意见不一。而对第二和第三部分的问题来说，公民社会组织和私营部门中较多的组织都同意委员会在执行咨询方面的行为应该更透明，希望成员国也必须及时充分公布资金收益人的信息。但他们的出发点和原因不同，因为他们的价值观和代表的利益不同。公民社会组织作为价值观为基础的组织，声称维护公众利益，代表弱势群体的集体权益，推动特定权利和价值观的实现，代表利益的多元性价值观和民众的偏好，而私营部门则声称代表特殊工业商业部门或专业人员的特殊利益。经济利益的优越地位，尤其是那些资源丰厚的协会和大公司在欧盟游说行业中的特殊地位也表现在此次咨询中，其数量超过了公民社会组织。

长达 4 个月的公共咨询期结束后，作为对此次咨询的回应，2007年 3 月 21 日委员会工作组发表了工作文件 SEC（2007）360，对本次咨询的情况进行了分析整理。欧盟委员会于当日出台了后续文件 COM（2007）127 final，对咨询中各方行为体提出的建议和批评作出回应。为了倡议的顺利开展，委员会决定有针对性地采取以下措施：一是于2008 年春创建并发布新的利益代表者志愿性登记系统，该系统带有提醒功能，届时 CONECCS 数据库将停止使用。二是增加透明度，强化委员会对咨询标准的执行，这个目标的实现将通过一系列实际的措施和继续实施网络公共咨询的方式来实现这个目标，咨询网站将与利益代表者登记系统链接起来。三是与利益相关者进行讨论起草利益代表者行为准则，这个准则将成为利益群体加入登记系统的条件要求。四是按照要求公布欧盟基金的受益人。这些承诺于近年来逐步实施，2007 年 4 月 18日到 7 月 31 日，欧盟委员会组织举行了《关于公众获取欧盟文献的规则回顾》的咨询（*consultation on the review of the rules on the public access to documents of the Parliament, Council and Commission*）（Regulation

1049/2001），回顾欧洲议会和理事会的 1049/2001 号规章的执行规则和做法。当年 12 月 10 日到 2008 年 2 月 15 日，委员会又按照透明倡议的后续文件的要求，举行了关于利益代表的行为准则的咨询（Consultation on a Code of Conduct for Interest Representation），起草了行为规范，这个规范已经成为新的利益代表者登记体系的要求。新的利益代表登记系统于 2008 年开始启用，而在线公共咨询网站 Your voice in Europe 与利益代表登记系统的网站相互链接。在欧盟的网站，关于各类欧盟基金的受益人信息也有专门的网页来提供。总之，委员会提出的各类提高透明度的措施，都得到了落实，起码是部分考虑到咨询参与者的意见。

（二）案例二：欧洲未来大会中公民社会组织的参与

2001 年 12 月，欧洲理事会（European Council）① 召集欧洲各国领导人在拉肯召开峰会，会议通过了《拉肯宣言》（Laeken Declaration on the Future of Europe），承诺欧盟将更民主透明和有效率，并确定要重新思考欧盟条约，设定了制宪程序。这个目标要经由一次大会来实现，为了考虑欧盟未来发展中的关键问题，确定欧盟未来发展方向，这次大会应该包括主要的利益攸关者。这次会议的最终文件应该是《欧盟宪法条约》的草案，接着呈送给欧盟的政府间会议审批。根据《拉肯宣言》的要求设立了欧洲未来大会（Convention on the Future of Europe），该大会拥有成员 102 个，汇集了欧盟成员国和候选国的议会成员、来自欧洲议会的议员、欧盟委员会的成员，以及国家政府首脑的代表，扩大了会议正式参与人员的代表性。这些成员们在布鲁塞尔的欧洲议会开展了公

---

① 欧洲理事会是欧盟内部的一个机构，负责确定政治方向和优先事项，但它不具备立法权。它由欧盟各成员国的国家和政府首脑，以及欧盟委员会主席构成。这个机构不同于欧盟理事会（Council of the European Union）和欧洲委员会（Council of Europe）。欧盟理事会通常简称 Council，指部长理事会（Council of Ministers），是欧盟立法机构之一。而欧洲委员会则不是欧盟内部机构，是成立于 1949 年的国际组织。这个组织有 47 个成员国，总部设立在法国的斯特拉斯堡。它的工作是服务于欧洲一体化，活动重点领域是法律标准、人权、民主发展、法制和文化合作。

开讨论和协商，目的是起草《欧盟宪法条约》，讨论欧盟未来走向。除了面对面的讨论以外，此次大会在因特网也设立了专门网页，并把相关进程、文件等面向公众公布，感兴趣的公民和组织可以随时了解会议的进展，并参与到讨论中来，这为人们提供了另外一个参与渠道。这也是必然的做法，近20年来，因特网作为信息交流互动的工具，越来越多地被用作政治体系中的精英与公民社会组织代表的广大公民群体对话和互动的促进器①，给予公民社会组织等以接近大会决策的途径。而此次正式大会之外的网络大会的形式使得制宪大会更为公开透明、参与者更为广泛。

关于公民社会的参与问题，《拉肯宣言》作了专门规定：*In order for the debate to be broadly based and involve all citizens, a Forum will be opened for organizations representing civil society (the social partners, the business world, non - governmental organizations, academia, etc.) . It will take the form of a structured network of organizations receiving regular information on the Convention's proceedings. Their contributions will serve as input into the debate. Such organizations may be heard or consulted on specific topics in accordance with arrangements to be established by the Praesidium.* 可以看出，各国首脑们对公民社会组织的概念认定比较宽泛，把经济商业团体也包含在其中，希望借此扩大会议的参与面。

这次会议的主页设立了一个在线论坛（Forum），面向所有公民社会的组织开放②，这就纳入了更多行为体，包括非政府组织、社会伙伴、学术团体机构等，这个做法更增加了利益代表的多样性。这个论坛是正式的组织网络结构，为所有的组织定期提供会议进程的信息，而这

---

① Cammaerts, Bart. *The eConvention on the Future of Europe: Civil society and the Use of the Internet in European Decision - making Processes.* Journal of European Integration, 2006. Volume 28, Issue 3, Pages 225 - 245.

② 《拉肯宣言》明确规定要设立一个 "Forum for organizations representing civil society", whose contributions would "serve as input to the debate"。

些社团提交的意见被当作对大会讨论的输入。根据大会主席团的安排，在特定议题上，参与网络在线论坛的组织和社团则可能成为大会的咨询对象，它们的声音将被倾听。据统计，通过会议的在线主页获得的意见文件共有 24000 多份，因特网承担了提供信息、交流和讨论的媒介任务。因而，因特网也成为在公民社会组织间进行协调和构成网络的工具，这是战略性的协作安排，是一种"机会结构"（an opportunity - structure），可能促成正式或非正式的政治过程。①

会议的副主席让 - 卢克·戴安（Jean - Luc Dehaene）还肩负一项任务，就是促成大会与公民社会组织间的互动，他在 2002 年 6 月 24 日和 25 日主持了专门针对公民社会的一场会议。为了筹备这次会议，并把公民社会组织分为不同的部门领域便于联系和管理，成立了 8 家公民社会联系组（civil society contact groups）（见表 4 - 5），这些联系组在 6 月 10 日至 18 日间单独召开多次小型会谈。显然，此处的公民社会概念依然包括了经济协会和地方性的公共机构。

表 4 - 5　欧洲未来大会中公民社会联系组及参与者数量

部门分类	参与者数量	组织数量
社会部门	105	74
环境部门	20	14
学术及智囊团	65	43
公民与机构	94	66
区域与地方政府	187	156
人权部门	94	64
发展部门	42	29
文化部门	71	53
总计	678	499

资料来源：European Convention Secretariat，转引自 Cammaerts 2006.

---

① Cammaerts, Bart. *The eConvention on the Future of Europe：Civil society and the Use of the Internet in European Decision - making Processes.* Journal of European Integration, 2006. Volume 28, Issue 3, Pages 225 - 245.

从图4-3也可以看出，这次大会中的公民社会组织的各个联络小组的确会集了大量的组织和个人。这样的组织安排和会议组织方式，使得他们得以以集体方式参与到会议中，对共同关心的问题开展讨论。而以集体的面貌参与大会，则增强了他们的声音，这对于他们向会议施加影响也是非常有益的。

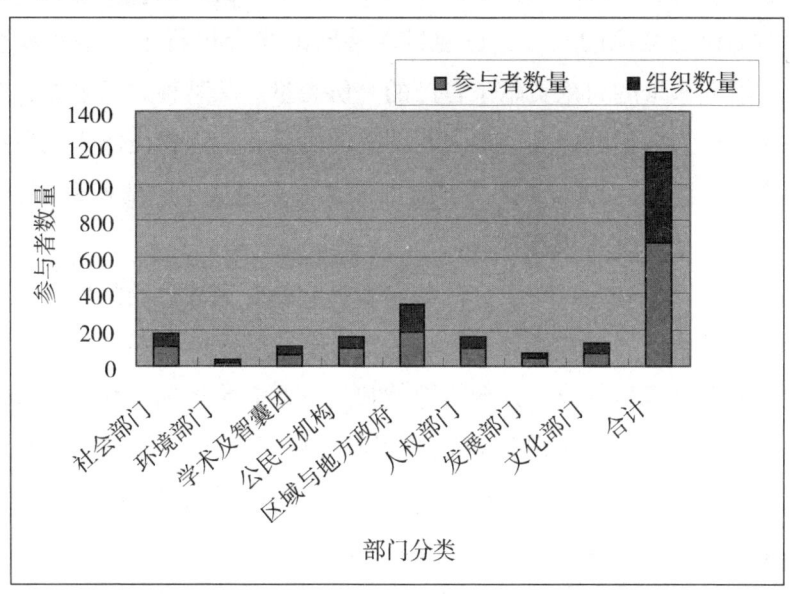

图4-3 公民社会联系组中参与者与组织数量分布

通过对欧盟制宪过程的考察，福苏穆和特伦茨指出，这一过程为社会争议开放了一个空间，而且把注意力集中对欧盟事务方面的公共讨论上。① 本次大会是一个取得共识的过程，而非多数投票决定，各位代表和委员们聆听其他成员的发言和评论，相互交流。在这个过程中，通过直接与会议代表接触、提交立场文件和修改提议等方式，非政府组织等

① Fossum, John Erik, and Hans - Jörg Trenz. *When the people come in: Constitution - making and the belated politicization of the European Union.* European Governance Papers (EUROGOV) No. C - 06 - 03, http://www.connex - network.org/eurogov/pdf/egp - connex - C - 06 - 03.pdf.

公民社会行为体可以对大会施加影响。这次大会也设立了青年论坛和在线咨询，还创造了另外一个非正式的机制，未来论坛（Futurum）来主管会议的在线论坛，给公民社会机会提交书面意见，让公民可以直接参与问题讨论，以更大限度地把大会过程向公民社会公开，增加社会力量对大会的参与。在此次大会中，公民社会组织和公民获得了与公共行为体面对面讨论交流的机会，也通过因特网的媒介进行了网络互动和参与，为欧洲未来的讨论贡献了自己的一份力量。从某种意义上说，此次制宪大会成为缩短欧盟和公民之间距离的桥梁，使人们更深入地参加对欧洲未来的讨论。2003 年 7 月，欧洲未来大会完成了它的使命，《欧盟宪法条约》的草案得以形成。

　　皮特斯（Peeters）对大会的与会者提交的对宪法草约的修订建议进行了梳理。他认为这些修订建议显示出对草约的不同阐释和了解，更多反映的是布鲁塞尔的公民社会组织的观点，它们希望确立新的原则来保证"在决策过程的每个阶段都与公民社会保持公开、透明的、制度化的、定期的对话"，或者把参与式民主定义为代议制民主的"补充"。①宪法草约中的确体现了参与式民主的原则，把对话机制也写入了条约，也确定了欧盟委员会和理事会的双重多数表决制，解决了困扰欧盟许久的决策机制问题，为欧盟确立了法律人格，以增强欧盟作为整体的声音。宪法草约规定并鼓励欧盟与非政府行为体之间的非正式互动，正式化了非正式的过程，因此，参与式民主半明确、半含糊地成为欧盟民主生活中正式非正式的过程②，虽然它只是代议制民主的补充。当然，并非所有的行为体的意见都被平等考虑到，根据凯莫特对参与制宪大会的

---

① Peeters, Marguerite A.. *The principle of participatory democracy in the new Europe: a critical analysis.* Paper for the Conference on "Nongovernmental organizations: the growing power of an unelected few". American Enterprise Institute. June 11, 2003.

② Peeters, Marguerite A. *The principle of participatory democracy in the new Europe: a critical analysis.* Paper for the Conference on "Nongovernmental organizations: the growing power of an unelected few". American Enterprise Institute. June 11, 2003.

公民社会组织所做的问卷调查，40%参与调查的公民社会组织认为他们关心的议题被大会采纳，作为大会最终文件的宪法条约草案，获得了相当肯定的评价，有72%的被调查者认为从草案来看这次制宪会议是成功的。[①] 对自己所属的组织参与制宪会议咨询过程的评价，54%的参与者表示相当肯定和非常肯定，仍然有20%的参与者持否定态度。

可以肯定的是，欧盟治理过程中设置的诸如制宪大会此类的参与式程序，为社会对话和争论开放了一个空间，而这或许会限制机构的未来选择。这样的做法增强了意识并推动了与公民社会组织的讨论和对话，而公民社会组织的加入和参与使得政治过程更加透明，因为它们有机会发挥监督职能。与所有政治层面的代表相加，公民社会的参与无疑带给最终的宪法草案更多合法性，限制了国家政府首脑对草案的大幅修改的可能。此次制宪大会也表明，欧洲公共领域和公民社会构成了"一个沟通和动员的中介空间，把机构的表现和公众的关心和期待联系起来"，因而公民社会组织成为欧盟政体的构成元素之一，也即"社会构成部分"（social constituency）。[②]

---

① Cammaerts, Bart. *The eConvention on the Future of Europe: Civil society and the use of the Internet in European Decision - making Processes.* Journal of European Integration, 2006. Volume 28, Issue 3, Pages 225 – 245.

② Fossum, John Erik, and Hans - Jörg Trenz. *When the people come in: Constitution - making and the belated politicization of the European Union.* European Governance Papers (EU-ROGOV) No. C – 06 – 03, http://www.connex - network.org/eurogov/pdf/egp - con-nex – C – 06 – 03. pdf.

第五章　嵌入与融合：欧洲公民社会组织
参与欧盟治理的价值与实效

后民族国家时代给现代民主体系带来了严重的挑战，因为当今的民族国家必须和国际机构分享决策权力①，让渡一部分主权。这一让渡在欧盟表现得尤为突出，也成功打造了区域经济和政治一体化的典范。在一定程度上，这样重大的转折改变了民主的运作方式和公共生活的组织方式，随着欧盟竞争力的扩展，多层治理安排也越来越重要。但同时，超越国界的治理安排的民主合法性也因为离公民太过遥远而屡受质疑，近年来民主赤字问题一直是欧盟的心头大患。对欧盟这一极其复杂和独特的体系来讲，为保证其健康地运行，寻找解决民主问题的良方势在必行。

对民主的合法性的治理而言，适当的制度设计和程序安排是必要的，并不充分。欧盟治理的民主化也需要一些特定的社会前提条件，尽管欧盟背景下的治理安排不同于民族国家，作为独立的政治体制，欧盟依然承诺要成为民主的体制，以公民熟悉的民族国家的方式满足它的成员的愿望与利益。适逢其时，公民社会概念理论及其组织的实践则具备了强大吸引力。传统上讲，作为民族国家内重要的社会元素，公民社会

---

① Friedrich, Dawid. *Old Wine in New Bottles? The Actual and Potential Contribution of Civil Society Organizations to Democratic Governance in Europe*. RECON Online working paper 2007/08.

被视为民族国家政府与公民之间的过渡带。社会学意义的规范性的民主理论把组织起来的公民社会视为民主治理的重要前提，它们具备充当政治结构、公共权威和公民之间的桥梁和纽带功能，而同时也可以为超国家体系里的公民提供政治参与的可能性。因而对欧盟来讲，作为政府与公民之间的缓冲带的公民社会规范性的概念依然适用，多层治理体系的发展也要求不同层面的行为体在政策过程中担任不同角色，多层治理的制度安排也为公民社会组织的参与提供了机会和可能。欧洲层面的公民社会组织的政治参与也就成为欧盟治理的标志性现象，具备了民主潜能。

一、欧盟和学界对公民社会组织价值的期待

理论上讲，参与不仅是民主制度安排中的保护性附属物，它也对参与者产生心理效应，能够确保在政治制度运行和这种制度下互动的个人的心理品质和态度之间具有连续的关联性。① 参与赋予公民对自己的生活和周围的环境进行控制的能力，因而提高个人对自由的反思和感受，参与还提升公民的归属感。在地方层次和地方社团中的参与使公民学会民主的方法，此时，参与具有教育功能，可以对公民在包括心理方面和民主技能与程序的获知进行社会训练，从而实现个人的社会化。而一个政体如果是民主的，它就要保证一个参与式社会的存在，即社会中所有领域的政治体系通过参与过程得到民主化和社会化。

在欧盟背景里，制度性的参与机制的设立是自上而下的努力，是欧盟机构解决合法性不足的尝试，近年来，参与式民主则已经成为欧盟机构的政治目标和原则：出于实现民主治理的动机，欧盟机构行为体早就开展了与社会角色的互动合作，着力构建适合参与的机制和条件，制定

---

① 卡罗尔·佩特曼. 参与和民主理论 [M]. 陈尧, 译. 上海：上海人民出版社，2006：22.

不同的战略，大力支持各类利益群体的代表参与到欧盟治理过程中，采纳来自社会的专家意见，增强决策的可接受性，特别指出公民社会组织在欧盟治理体系和过程中的重要作用。公民社会组织的参与被视为是欧盟"合法性赤字和民主缺乏症的解药"。① 组织起来的公民社会对决策者而言具有很大吸引力，因为它是自由结社权利实现的结果，是由公民自下而上发起的，是人们自发地聚集起来实行自我管理并行使参与社会管理权利的过程。由于公民是所有决策的最终目标群体，所有政策的终端都要落实影响到最基层的公民，公民对政策的认知、认同和接受是政策效果的终极保障。如果公民提供通过组织化的形式参与到政策制定过程中，政策制定中纳入了对他们利益和需求的考量，这必然会增加他们对政策的理解和认可，政策的执行也就顺理成章。作为公民群体的制度化的利益表达途径之一，公民社会组织成为欧盟治理结构中的参与主体之一。

如前所述，一般而言，欧盟层面的公民社会组织规模都比较庞大，会员组织分布在各成员国，其宣称所代表的成员数量则覆盖整个欧盟，甚至全欧，因而可以被认为是"具备高度包容性和代表性的"。② 欧盟

---

① Kohler – Koch, Beate et al. *Enhancing Multi – Level Democracy by Organizing Civil Society Input.* Paper presented at the 20th IPSA World Congress, Fukuoka, July 9 – 13, 2006; Kohler – Koch, Beate. *The Organization of Interests and democracy in the European Union.* In: Kohler – Koch, Beate and Berthold Rittberger (eds.). Debating the Democratic Legitimacy of the European Union. Lanham: Rowman & Littlefield, 2007; Kohler – Koch, Beate. *Does Participatory Governance Hold its Promises?* Paper presented at the CONNEX Final Conference "Efficient and Democratic Governance in a Multi – Level Europe". Mannheim, March 6 – 8, 2008; Maloney, William A. and Jan van Deth. 2008: *The associational impact on attitudes towards Europe: a tale of two cities.* In Maloney, William and Jan van Deth (eds.). *Civil Society and Governance in Europe from national to international linkages.* Cheltenham, UK [u. a.]: Edward Elgar, 2008: 4.

② Zimmer, Annette and Matthias Freise. *Bringing Society Back in: Civil Society, Social Capital, and Third Sector.* In: Maloney, William A. and Jan W. van Deth. (eds). Civil Society and Governance in Europe. From national to international linkages. Cheltenham & Northampton: Edward Elgar. 2008: 22.

机构认为，这样的公民社会能够而且应该发挥重要作用，尤其在增加欧盟公民和决策者之间联系的密度、多元性、宽度和广度方面。公民社会应该作为欧盟和欧洲公民间的中介，促动广泛的政策对话，并且在一体化进程中成为潜在的变革催化剂；而且，将来"欧盟治理的中心特征"，应该表现为公民社会具备更重要的地位和作用。① 也有学者认为，欧洲公民社会必须具备两大功能：将国家与欧洲层面联系起来，积极创造参与欧洲政治的机会以减少"民主赤字"；创造自己的欧洲舆论空间，从而逐渐形成欧洲认同和欧洲公共领域。② 这样的话语在欧盟机构的官方文件中屡次出现，成为欧盟机构工作的指导方针和原则。

二、欧盟治理中公民社会组织的作用和功能

在西方民族国家，公民社会的存在揭开了民主序幕，并为它铺平了道路。随着民主社会的形成，政府与公民社会之间的互动方式也逐渐演进，通过公民社会组织，公民作为集体发出声音，并得以进入政治体系。公民社会组织的存在和作用是现代国家政治和社会体系的寻常现象，是现代政府和治理的基本元素。在民主社会内部，作为治理体系安排中的行为体和中介，公民社会组织两端分别连接着治理和参与式民主，因而担负着诸多不同的角色和任务。

（一）社会化功能

正如托克维尔指出的，公民社会组织是民主的学校，可以给公民们提供民主生活必要的训练、知识和经验，具有教育和社会化功能③，因

---

① Warleigh, Alex. "*Europeanizing*" *civil society*：*NGOs as agents of political socializa-tion*. In：Journal of Common Market Studies, 2001, 39（4）：619 – 639.

② 伍慧萍. 欧盟治理中的公共领域与市民社会 [J]. 德国研究, 2008（3）.

③ Tocqueville, Alexis de. *De la dèmocratie en Amerique*, collection 10/18（Paris：1963）. 1835.

而民主的政治、文化可以通过公民社会的社会化功能培养得来。公民个人的社会和政治技能对于具有活力的民主体系不可或缺，这些技能是公民社会组织这个学校教育和训练成就的。这一民主派别的支持者们则关注的是微观层面，即在公民社会的要素中涉及了对公民的政治和社会技能进行训练的功能，也就是说，"公民社会也是政治社会化的因素"。①但这也激发了"社会资本"理论对公民在协会组织中的社会化问题的讨论，而这个社会化则是民主生活的必要前提。

社会资本理论探讨了公民社会组织在创造信任方面的功能，参与从事公民社会组织的活动也可以强化"社会资本"。而在塑造认同感方面，公民社会组织也有作为。认同指的是人们属于一个特定社区或共同体的感觉，这个共同体享有共同的规范和价值观，"共同的语言、符号、特定的认知是共同体的黏合剂"。② 对此，地方性的公民社会组织很容易做到这一点，因为本地区的人们往往拥有共同的归属感，而在互惠的交流中这种归属感可以强化为一种附属感。因此，公民社会组织在民主体制里承担了非常重要的作用。公民社会组织对公民群体的政治态度和行为有积极的影响，它们可以训练公民的社会和政治能力，养成民主的美德，"创造社会纽带并提供动员和集体行动的机会"。③

阿莱克斯·瓦莱（Alex Warleigh）把社会资本理论扩展到对欧盟层面 NGO 的研究，认为这些组织是"政治社会化的代理人"（agents of political socialization）④，并且是有关欧盟事务的政治教育和经验的提供

---

① Warleigh, Alex. *"Europeanizing" civil society：NGOs as agents of political socialization*. In：Journal of Common Market Studies, 2001, 39（4）：619 – 639.

② Zimmer, Annette. *Governance and Civil Society*. http：//www. nez. uni – muenster. de/download/Zimmer_ Civ_ Gov. pdf .

③ Eisele, Gudrun. *European civil society – a glance at recent literature*. Junior Research Group "European Civil – Society and Multilevel Governance". http：//nez. uni – muenster. de/download/eisele_ – _ european_ civil_ society. pdf.

④ Warleigh, Alex. *"Europeanizing" civil society：NGOs as agents of political socialization*. In：Journal of Common Market Studies, 2001, 39（4）：619 – 639.

者，他认为这个功能是公民社会欧洲化（Europeanizing civil society）的核心，理论上具备影响欧盟政策的能力，也发展了作为政治运动发起者和参与者的良好形象。

（二）组织社会生活功能

在欧洲，公民社会及其组织占据了国家政治和社会生活的重要位置，发挥了重要作用。传统上，公民社会被界定为"志愿活动和参与行为产生的领域"①，负责动员公民、把公民的声音传递到政治代表系统中去。如在德国，长久以来的结社传统把公民凝聚在不同的组织之下，为他们提供救济和帮助。各种各样的公民组织在国家生活中承担了组织社会和政治生活的部分功能。在新合作主义的制度安排中，公民社会组织与政府机构密切合作，不仅减轻了政府治理社会的负担，也起到了社会稳定器的作用。而20世纪80年代末期公民社会概念的复苏，及其在东欧剧变转型过程中的表现也使人看到了组织起来的公民社会在政治社会中的强大动员作用，这是洛克理论意义上的作为"国家的对立面"的公民社会组织。最新的研究表明，虽然中东欧社会的公民社会组织与西欧比较起来处于弱势，加入欧盟之后这些国家的公民社会组织对欧盟事务参与不足，影响力较小；② 但可以肯定的是，有活力的公民社会的存在对这些国家的社会发展仍然具有重要意义，它可以为"增

---

① Trenz, Hans - Jörg. European civil society: Between participation, representation and discourse. In: Policy & Society, 2009, Vol. 28 (1), 35 - 46.

② Börzel, Tanja A. 2010. *Why you don't always get what you want: EU enlargement and civil society in Central and Eastern Europe.* Acta Politica, 2010, 45: 1 - 10; Pleines, Heiko. *Is this the way to Brussels? CEE civil society involvement in EU governance.* Acta Politica, 2010, 45: 229 - 246 ; Sissenich, Beate. 2010. *Weak states, weak societies: Europe's east - west gap.* Acta Politica, 2010, 45: 11 - 40; Kutter, Amelie and Vera Trappmann. . *Civil society in Central and Eastern Europe: The mbivalent legacy of accession.* Acta Politica, 2010, 45: 41 - 69.

权、民主、文化交流和相互理解提供决定性的内驱力"。① 某种意义上，对公民社会的支持就相当于对民主化进程的支持，一个强大的公民社会的存在被视为是社会的民主和文化发展的条件。

理论上讲，公民社会组织是欧盟机构与公民之间的中介，或者是作为治理的伙伴，或者是作为社会构成部分成员，把多元的利益和经验传递到欧盟决策过程。② 作为同类处境公民的自愿集，这些处于国家和公民之间的中介组织可以把公民的意见带进政治过程，给弱势群体以发言的机会，即公民社会组织作为在政策过程中社会利益的表达和协调的辅助性渠道，提供了促使公民参与的另外一个"可替代的结构和过程"。③ 而组织起来的公民社会也为政治角色提供必要的技术知识和专家意见，使得政策的制定更具备可行性，并推动民主体制下各机构的顺利运行。因此，公民社会组织在欧盟治理机构内部承担了组织社会生活的功能，是阐明合法的国家的治理机构方法或手段，借由界定公共机构和民众的各自不同的活动范围，动员、鼓励并促成疏离的个人参与政治，既减轻了公共机构的负担，无疑也会强化公民之间的团结。

（三）利益表达功能

由于公民社会概念的模糊性和环境适应性，公民社会的作用也就需要和其生存的环境紧密结合才可以被清醒认识。公民社会与欧盟政治实

---

① Zimmer, Annette and Birgit Sittermann. *Brussels Civil Society*. Working Papers of ISTR Sixth International Conference "Contesting Citizenship and Civil Society in a Divided World". Ryerson University and York University, Toronto, Canada, July 11 – 14, 2004.

② Kohler – Koch, Beate. *Representation, Representativeness, and Accountability in EU – Civil Society Relations*. Paper presented at the CONNEX Final Conference "Efficient and Democratic Governance in a Multi – Level Europe" workshop 5. Mannheim, March 6 – 8, 2008; Kohler – Koch, Beate. *Civil Society and Representation: is there a Hole in the Whole*? Paper presented at the CONNEX workshop on Representation. EUI Florence, April 23 – 24 2008. http: //www. connex – network. org/eurogov/pdf/egp – connex – C – 05 – 01. pdf.

③ Sudbery, Imogen. *The European Union as political resource: NGOs as change agents*? Acta Politica, 2010, 45: 136 – 157.

体的本质特征紧紧联系在一起，对公民社会在欧盟治理中的地位和作用的界定，当然要根据对欧盟政体性质的理解。

按照科勒-科赫教授的观点，基于对欧盟政体性质的三种认识，也就有三种不同的公民社会观念。对欧盟政治体系的三种不同形象的认定，也塑造了对公民社会作用的不同认识。欧盟的第一种形象是一个或多或少类似于其他政府体系的政治系统。在这个系统内，没有政府，但其运作却能够发挥政府的功能，"各统治机构既独立又高度相互依存，并以不同的方式且在不同程度上，负起政治上的责任"。[①] 这个体系又处于动态的变化过程中，成员数量和地域的扩展要求它获得公众的支持。但它的民主合法性不足却又成了很大的挑战，公民社会被视为是这一问题的解决方案，"因为公民社会代表着欧洲民众多元化的利益、价值观和偏好"，具有为欧盟决策带来"附加值"的可能。[②] 欧盟的第二种形象是治理机制，要通过与非国家行为体的合作来解决问题。公民社会是在参与式治理中出现的，它发育并不完全。它们由于具备某种资源或者有能力为解决问题作出贡献，所以不仅是咨询的提供者，还是治理中的"制定者"。欧盟的第三种形象是变迁中的"凭借自身力量的权威决策体系"，要求民主参与和责任性的制度化，也要求欧洲政治共同体的形成，及一个欧洲公民社会的出现。在这个语境下，公民社会是要"融入欧盟决策体制的活跃的欧洲公民，亦是想象中的欧洲民众的共同体"。[③] 因而，公民社会生存在一个社会互动过程和机构体系中，制度在其中起到重要作用，如提供资源、创造政治结构等。欧盟机构致力于塑造理念以及制定公民社会应该遵循的各种原则和标准，并为欧洲公民

---

① 贝阿特·科勒-科赫. 三种欧盟概念及其对应的欧洲公民社会角色［J］. 德国研究，2009（3）.

② 贝阿特·科勒-科赫. 三种欧盟概念及其对应的欧洲公民社会角色［J］. 德国研究，2009（3）.

③ 贝阿特·科勒-科赫. 三种欧盟概念及其对应的欧洲公民社会角色［J］. 德国研究，2009（3）.

社会的发展提供各种机会和制约因素。在欧盟背景下，公民社会具有多种意蕴：超越国家边界的民主沟通空间；多元化的协会，它们作为传输带把欧盟机构与公民连接起来，并且它们是欧盟治理中高效的伙伴。

同样，不少学者在研究中提出，对具有积极意义的利益群体而言，欧盟是一个理想的活动场所。当然，此处的利益群体包括了私人经济利益团体，也包括了公共利益和普遍利益为主导的协会组织，这些组织对欧盟的运行起到不可低估的作用。首先，利益群体把欧盟需要的资源带入政策的制定、执行和监督过程；在欧洲一体化的发展中，它们还帮助欧盟获得更大的政策竞争力，把欧盟机构的需要和要求再反馈给成员国及公民，并帮助成员国的公民了解和认同欧盟。① 因此，利益群体不仅可以帮助欧盟决策，而且使欧盟更接近其公民，从而增强合法性的基础。一时间，组织起来的利益群体的参与可以有助于减少民主赤字的结论成为欧盟研究领域的主要论调②，因为欧盟政策过程中的公民社会组织参与可以构成参与式民主的一种形式，而参与式民主是代议制民主的补充。

---

① 参见 Greenwood，Justin. Interest Representation in the EU. Basingstoke：Palgrave Macmillan. 2003：146.

② 相关论述见 Abromeit，H. *Democracy in Europe：Legitimizing Politics in a Non – State Polity.* New York：Oxford，1998；Zimmer，Annette and Birgit Sittermann. 2004. *Brussels Civil Society.* Working Papers of ISTR Sixth International Conference "Contesting Citizenship and Civil Society in a Divided World". Ryerson University and York University，Toronto，Canada，July 11 – 14，2004；Finke，Barbara. 2007. *Civil Society Participation in EU Governance.* Living Reviews in European Governance. http：//www. Livingreviews. org/ lreg-2007 – 2（10 – 04 – 2008）；Charrad，Kristina. 2005. *Lobbying the European Union.* http：//nez. uni – muenster. de/download/Charrad_ Literaturbericht_ Lobbying_ mit_ Deckblatt. pdf；Kohler – Koch，Beate. *Representation，Representativeness，and Accountability in EU – Civil Society Relations.* Paper presented at the CONNEX Final Conference "Efficient and Democratic Governance in a Multi – Level Europe" workshop 5. Mannheim，March 6 – 8，2008；Kohler – Koch，Beate. *Civil society and EU democracy："astroturf" representation?* Journal of European Public Policy，2010，Vol. 17，Issue 1：100 – 116.

（四）民主能力培养

特伦茨对欧洲公民社会组织在欧洲一体化中的作用进行了研究，他认为有组织的公民社会既是政治统治的对立面，通过集体行动挑战欧洲的统治，又潜在地参与欧洲治理。公民可以通过公民社会组织，在公共领域中对关心的各类重要议题开展协商、辩论、批判，有组织地参与公共事务和政治实践，这就拓展了社会交往的空间，使公民能够行使对各个机构的监督权，并参与"社会制度的创建"。① 具体而言，欧洲公民社会组织在欧盟治理过程中，既是欧盟机构的合作伙伴，把民众的多元利益诉求传递到政策中心，提出议题、提高关注度，为政策过程提供专家意见、提供服务，使决策的过程更加民主，也参与政策的执行反馈过程，改善输出。这样，新型的治理模式与公民社会的结合可能引发良性循环，"既改善欧盟的输入合法性（input legitimacy），也提高欧盟的输出合法性（output legitimacy）"②，也就是民主治理的实现。

另外，欧盟层面的公民社会组织也影响成员国里的公民社会组织，增强其声音；还创造新的网络组织和联盟，扩大公民社会组织的影响和规模；公民社会组织间也进行好做法和经验的交流，并为其成员提供信息服务，进行培训，教授他们筹募资金和游说等技术技巧等，以提高会员能力与素养。这些都是实际工作中公民社会组织的功能和作用，在此不赘述。

三、欧盟民主生活中的欧洲公民社会组织

自亚伯拉罕·林肯的葛底斯堡演说发表以来，他关于民主政府的定

---

① Hans – Jörg Trenz. *Europaeische Offentliehkeit and die verspaetete Politisierung der EU*. Internationale Politik und Gesellschaft, 2006, Issue 1：117 – 133.

② Kohler – Koch, Beate. *Civil society and EU democracy*："*astroturf*" *representation*? Journal of European Public Policy, 2010, Vol. 17, Issue 1：100 – 116；贝阿特·科勒－科赫. 三种欧盟概念及其对应的欧洲公民社会角色［J］. 德国研究，2009（3）.

义——民有、民治和民享（government of the people，by the people and for the people），已经成为民主理论发展史的经典名句。任何政治体系如果想要成为民主的制度，就要满足为民所有、由民所治和为民共享这几个前提条件。因为，公民是所有决策、政策的利益攸关者，关系到决策的执行效果，他们的利益、关心的问题、愿望和要求应该被输送到决策层，无论是国家层面还是国际层面。根据学者们的研究，任何民主的政府都有合法性的输入和输出两个方面①；合法性不仅依赖于获得有效的结果（outputs），也依于给公民提供适当的机会以影响这些结果的形成。② 政治系统的民主合法性，有赖于对民主的自我决定权利的信任以及这种权利的现实实践，这必须确保是民有的政府同时也是民治和民享的政府，这也是所有的规范性理论中对民主的基本界定，虽然不同的流派强调的是民主的不同方面。真正的民主体制应当是确保所有公民可以直接参与公共事务的决策，从政策议程的设置，到制定、执行及反馈的阶段都应该有公民的参与。而参与行为能够培养人们对公共事务和公共议题的关注，减少人们对权力中心的疏离感，提高政治效能感③，只有在大众普遍和广泛参与的氛围中，才有可能实践民主的基本价值。

在欧盟层面，各机构至少是自从《马斯特里赫特条约》签订之日起，就向世界庄严申明了要发展盟内的民主，把民主的要素和维度引入欧盟的运转过程，尤其是政策过程，也着力从多方面入手探求欧盟民主的实现途径。这表明，林肯的民主定义仍然适用于欧盟这一体制。根据林肯关于民主的经典定义，我们可以把民主的治理如此界定：governance of the people，by the people and for the people。而公民社会组织对治

① Scharpf, Fritz. *Governing in Europe – Effective and Democratic*? Oxford：Oxford University Press，1999：1.

② Sudbery, Imogen. *The European Union as political resource：NGOs as change agents*? Acta Politica，2010，45：136 – 157.

③ 卡罗尔·佩特曼. 参与和民主理论 ［M］. 陈尧，译. 上海：上海人民出版社，2006.

理的参与过程，则是部分体现了民治原则（governance by the people），而且其真正参与行为的终极理想结果是民享（governance for the people），实现公民群体的利益。公民通过组织化的方式参与到欧盟的政策过程中，传递来自社会各群体的偏好和利益要求，监督欧盟机构的行为，在欧盟民主中也就具备了特定地位和作用。在欧盟治理框架内，代议制民主和参与式民主相辅相成，共同构成了欧盟民主生活。而公民社会组织就身处这样的民主环境中，具有了不同于其他社会和政治角色的身份和地位。

（一）欧盟民主代表体系中的公民社会组织

公民社会组织对政治事务积极的参与是现代民主的显性特征，不同的民主理论分支强调参与的不同侧面。对本课题而言，自由的民主理论中的多元主义观点有较强的解释力。在这一视角下，民主的基本规范是平等代表性：一个政治体系之所以可以称为民主，是因为它必须确保每个公民有同样的权利和同等的机会参与（Dahl 1989），这样公民可以对决策过程施加平等的实际的影响。但在现代社会，大多数人不能亲自出现在决策过程，因而需要由代表（representative）或代理人来行使这个对决策施加影响的职能。按照著名的学者汉娜·佩特金（Hannah Pitkin）的观点，代表（representation），词源上是指把某些字面上或者实际上没有显现的东西呈现出来，是一种实质性的为他人利益而代替他人做出的行动（representation as the substantive acting for others in the interest of others）。[1] 代表是一种机制，通过它公民可以间接地参与政府事务，是民主真正的构成元素；代表又是指"公民通过合法的方式影响政治决策和公共部门官员的行为的程序和过程"。[2] 按照自由主义民主

---

[1] 转引自 Kohler - Koch, Beate. *Civil society and EU democracy*："*astroturf*" *representation*? Journal of European Public Policy, 2010, Vol. 17, Issue 1：100 – 116.

[2] Eriksen, Erik O. and John Erik Fossum. *Reconstituting European Democracy*. ARENA working paper, 2008. No. 01.

的逻辑，一种代表行为之所以被称为是民主的，是因为被代表者有平等的有效的机会对代表过程施加影响。

在民族国家的政治传统中，除了由政党和选举出来的官员代表自己以外，公民还可以通过自由结社的方式加入不同类型的利益团体，经由社会组织的中介来表达自己的意志和利益诉求。公民社会组织就是具备这样功能的中介性角色。由此可见，就这一机制的来源而言，代表制有不同模式：选举性的代表制（通过从竞争的政党里投票选举出代表性的大会，即议会）和功能性代表制（通过公民的自愿组织和利益集团中的其他私人行为体）。本书要着重讨论功能性代表制，关注公民社会组织作为"政治过程的中介群体"而充当的代表功能，并支持"各类组织与公共权威部门的直接互动"。① 在功能性代表制下，平等权的实现比在选举代表制下困难得多，因为公民的自愿组织面临很多难题，其中最大的两个障碍是由角色的特质导致的结构失衡以及集体行动的逻辑。② 所以，并非所有公民和他们的组织及特定利益都能够同样被代表。

许多学者认为，欧盟内部呈现的是独特的多层治理体系和多重代表体系，或者是一个复合代表体系。③ 根据学者们的研究，欧盟内部存在

---

① Smismans, Stijn. *Law, legitimacy, and European governance: functional participation in social regulation.* Oxford [u. a.]: Oxford University Press, 2004.

② Kohler – Koch, Beate, Thomas Conzelmann und Michèle Knodt (2004): *Europäische Integration – Europäisches Regieren.* Wiesbaden: VS, Verl. für Sozialwissenschaften. [Grundwissen Politik; 34]; March, J. G. and J. P. Olsen, 1989. Rediscovering Institutions. New York: Free Press.

③ 详见: Lord, Christopher. *Parliamentary Representation in a Decentered Polity.* In Beate Kohler – Koch and Berthold Rittberger (eds). Debating the Democratic Legitimacy of the European Union. Lanham: Rowman&Littlefield, 2007: 129 – 156; Pollack, Johannes et al. *On Political Representation, myths and challenges.* RECON Online Working Paper, 2009/03, http: //www. reconproject. eu/projectweb/ portalproject/RECON Working Papers. html; Benz, Arthur. *Entwicklung von Governance im Mehrebenensystem der EU:* in: Ingeborg Tömmel (Hrsg.) Die Europäische Union. Governance und Policy – Making, PVS Sonderheft 40/2007, S. 36 – 57; Trenz, Hans – Jörg. *European civil society: Between participation, representation and discourse.* In: Policy & Society, 2009, 28 (1): 35 –46.

多种相关的代表性结构，如在部长理事会和欧洲理事会中的国家政府代表、国家议会的代表、由欧洲公民直选出来的欧洲议会，以及政党、利益集团、政策网络、区域性的或地方性的组织等。这个复合的代表体系，其特征就在于非选举出来的政治代表形式，打破了代议制民主和参与式民主的界限。与其说欧盟是多层次的议会体系，倒不如说它是个多层代表体系。欧盟这个体系的运作恰好是建构在"偏好的聚合及民主控制基础上的代表制的典型案例"①，因为它着力于推动公民社会组织的广泛代表，也寄希望于利益群体的加入可以让欧盟机构及欧盟的政治过程更加贴近欧洲公民，毕竟，欧盟政策最终是要落实到各成员国的，最终的受众是各国公民。当然，在平等代表性的意义上，欧盟机构还须确保能够照顾和考量到利益相关者的所有看法和利益，虽然这个任务非常艰巨。

在欧盟这个庞大的利益代表体系中，公民社会组织是重要的构成元素（a constitutive element or constituent）。这样，公民社会组织就获得了代表性的作用，是代表民意的另一类工具：公民在跨国的欧盟层面也可以由公民社会组织来代表，另外，公民社会组织也负责监督政治过程以使决策者对自己的行为负责。

（二）欧盟参与式民主中的欧洲公民社会组织

在欧盟治理过程中，公民社会有着独特的地位，发挥着重要作用，是欧盟不得不重视的力量。学者们研究了欧盟扩大后新的社会和经济治理模式中公民社会的参与及其责任性问题，认为公民社会对欧盟事务的参与可能促进参与性民主的形成以补充代议制民主，成为欧盟治理合法性的来源，具有解决欧盟治理、欧盟决策中民主赤字的潜质。合法的参与式民主是欧盟治理民主化进程的另外一个重要方面，学者们认为，在

---

① Kohler – Koch, Beate. *Representation*, *Representativeness*, *and Accountability in EU – Civil Society Relations*. Paper presented at the CONNEX Final Conference "Efficient and Democratic Governance in a Multi – Level Europe" workshop 5. Mannheim, March 6 – 8, 2008.

参与式民主中，公民社会组织是最重要的角色。① 自从 2004 年《欧盟宪法条约》提出了"参与式民主"概念以来，公民社会对于参与式治理的潜力也是欧盟机构大力赞成和提倡的，最近几年的战略文件中，欧盟委员会就明确表达了它对更灵活的、有活力的参与式民主安排的喜爱（more flexible and dynamic arrangements of participatory democracy），这有赖于公民在利益攸关网络和论坛（stakeholder networks and forums）中的表达而形成的直接输入，因而善治的原则就可以描述为保证咨商过程中所有被欧盟政策影响到的公民及利益的参与。这样，欧盟就成为社会输入和需求的迅捷接收器。

以欧洲公民社会为主体构成的参与式民主被认为是代议制民主的替代物，最起码是在代议制民主无法解决和达到效果的议题领域起到组织动员作用和改善民主输入的作用。公民社会组织开启了一个可能性的解决方案，即通过一个额外的补充性的制度化机制，使政策制定过程更加民主，可以摆脱对代议制民主的单纯依赖。对欧盟委员会的咨询实践的研究表明，欧盟委员会确实扩展了参与机制，受决策影响的不同的群体得以参与咨询机制，传达民声。而公民社会组织则从与超国家治理间的伙伴关系中获益良多，通过委员会的资助项目欧洲网络体系和跨国的运动都得到了布鲁塞尔的资金、技术甚至是精神支持，维护了本组织的运转，具备了与其他利益群体协调谈判的机会和资本，这也是它们参加欧盟治理活动的物质动力。

---

① Greenwood, Justin. Review Article：*Organized Civil Society and Democratic Legitimacy in the European Union.* British Journal of Political Sciences，2007. 37，333 – 357；Kohler – Koch，Beate and Barbara Finke. *The Institutional Shaping of EU – society Relations：A Contribution to Democracy via Participation?* Journal of Civil Society，2007，Vol. 3，No. 3；Friedrich，Dawid. *Old Wine in New Bottles? The Actual and Potential Contribution of Civil Society Organizations to Democratic Governance in Europe.* RECON Online working paper 2007/08.

四、欧洲公民社会组织参与欧盟治理的实效分析

从历史与现实来看，欧洲公民社会组织都嵌入在欧洲政治、经济社会体系中，在当代，更是作为公民群体的制度化的利益表达途径之一，融合到欧盟治理结构与过程中，成为欧盟治理主体，其参与有着一定的价值。

（一）欧洲公民社会组织的参与是欧盟民主生活的组成部分

根据民主理论，每个被特定决策影响的人必须有权利参与该决策的制定，政治机构要给公民提供"政治参与、影响和控制的机会"①，因而，从传统意义上讲，参与是一种使决策程序合法化的方式。而公民社会组织的参与则具有不同的意义。在托克维尔的理论中，参与不仅仅是给人话语权的根据，还是真正民主生活的组成部分，因为当公民们自由结社并追求共同的愿望目标时，他们就获得了精神、经验和技能，使他们成为挑剔的、积极的政治公民。② 总体而言，公民社会的参与是对传统政治参与模式的超越，它更好地代表公民的不同利益和需求，鼓励社会更大范围内公众以组织起来的形式开展的社会政治参与，从而促进了社会政治聚合，也构成了对政治权力的有效制约。③

在欧盟多层次治理框架下，公民社会组织作为参与治理过程的社会角色之一，作为利益代表系统中的构成要素，具备了特定的地位和作用：提供专家意见和建议，提供技术支持和服务，使欧盟的政策更具科学性、可操作性和可接受性；增进公民间对话，通过由下而上的方式缩

---

① Dahl, Robert A.. Democracy and its Critics. New Haven: Yale University Press, 1989: 115.

② Tocqueville, Alexis de. *De la dèmocratie en Amerique*, collection 10/18. Paris, 1963.

③ 郇庆治. 多重管治视角下的欧洲联盟政治 [M]. 济南：山东大学出版社，2002.

短欧盟与公众之间的距离和代沟；通过正式的政治机构实现私人利益或普遍关心的共同利益，促进问题的解决；增强政治责任性，因而成为民主社会主要的社会支持和构成部分，也促进欧盟决策的有效性、功能性和总体合法性。① 在某些领域，公民社会组织可以对欧盟决策施加比较大的影响，如环保领域。公民社会组织是公共机构（超国家机构、成员国政府等）与公民之间的中介，具有把欧盟政策过程拉近欧洲民众的潜质，在统一和凝聚社会秩序方面也必不可少。公民社会组织间的联合与合作，将可能导致欧洲公民社会的出现并最终深化欧洲一体化进程。

（二）公民社会组织获得的是发言权而不是决定权

欧盟是基于国家间的协议和同意基础上设立的机构和组织，是主权聚合的联合运用。在欧洲一体化进程中，加入欧盟就意味着承认共同体的法律是最高权威，自愿将部分主权转移给超国家的决策机构，增强了欧盟机构及联合起来整体的决策和解决共同面临的挑战和问题的能力。这样成员国的主权与自治权受到了削弱，但这并不意味着国家丧失了实际行为能力和追求个体政治偏好的能力，国家自身的特征依然保持。同时，国家还获得了另外一种权力，即可以在超国家层面追求实现自身利益，以更灵活的方式抵制社会行为体的强大压力。② 换句话说，主权集中有利于解决共同问题，同时增强成员国的行动能力使它们获得更大的回旋余地。

---

① Lane，David. *Civil Society in the Old and New Member States：Ideology，institutions and democracy promotion.* In：European Societies，2010. Volume 12，Issue 3，293 – 315；Heinelt，Hubert. *Zivilgesellschaftliche Partizipation im EU – Mehrebenensystem – ein Vergleich der Umwelt – und Verbraucherpolitik*，in：Knodt/Finke（HG.）：Europäische Zivilgesellschaft. Konzepte，Akteure，Strategien. Wiesbaden：VS Verlag Sozialwissenschaften，2005：273 – 289.

② 贝阿特·科勒-科赫. 转型视角下的欧洲联盟治理［J］. 南开学报（哲社版），2006（1）.

欧盟是一个相互交织的多层多边谈判协商体系，主导着决策过程的是"共同体方式"（community method），在关键议题的决策上要求全体一致（consensus），各成员国政府依然在其中发挥着重要作用。换句话说，在欧盟这一特别体制下，共同决策的模式中民族国家的安排仍然起着实质性的决定作用，国家及其代理人仍然掌握着欧盟机构的运行及决策过程。国家行为体在欧盟治理的中心地位是毋庸置疑的，无论是在质上还是在量上，它们都发挥了"政治企业家"（political entrepreneur）的作用。①

从另一方面讲，代议制民主是欧盟民主治理的基石，由公民社会等组织为关键角色的参与式民主只能起到辅助（complement，auxiliary）作用②，不可能取代代议制民主的决定性地位：欧盟的决策过程首要是由立法者使其合法化的，即由选举出来的欧洲公民的代表来进行立法；由委员会组织的咨询过程"永远也不可能取代政治协调的地位"。③ 然而，辅助式的参与民主也不可或缺，因为它遵循着自己的轨迹在代议制民主之外运行，弥补了代议制民主的不足。因而，欧洲公民社会组织参与欧盟的决策过程，只是获得了发言权，而并非投票决定权，"voice，not a vote"就是公民社会组织地位和作用的最好诠释。

（三）公民社会组织的影响小于经济利益团体

诚然，欧洲公民社会组织作为欧洲一体化进程的参与者和欧盟内部

---

① 贝阿特·科勒-科赫. 转型视角下的欧洲联盟治理［J］. 南开学报（哲社版），2006（1）.

② 原文：Dialogue between the European Commission and NGO is an important complement to the institutional process of policy－shaping. The specific value of these consultations derives from the Commission's right of initiative. Timely consultation with all stakeholders at an early stage of policy－shaping is increasingly part of the Commission's practice of consulting widely，in particular before proposing legislation，to improve policy－design and to increase efficacy. 见于 European Commission. discussion paper "*The Commission and non－governmental organisations：building a stronger partnership*"，COM（2000）0011 final.

③ European Commission. *Consultation and participation of civil society*（Group 2a）. Report of working group. 2000.

利益群体的一种，作为欧盟治理主体之一，对欧盟民主化进程可以起到一定的作用。但对治理过程的参与和影响也如同处于竞争性的买卖市场，具有重要价值的物品——对决策的参与和施加影响的机会——的供应数量有限①，对物品的获得要取决于行为体本身所具备的资源情况。如此看来，与拥有雄厚资源实力的经济利益集团和大公司比较起来，欧洲公民社会组织可以获得的机会、能够施加的影响却又有限。

　　欧洲一体化最初的动因是部门化的经济利益，煤炭与钢铁业在欧洲层面的联合催生了经济一体化进程。《罗马条约》承诺要促成"经济行为的和谐发展"，最重要的任务是完成共同市场的构建和实现经济的增长。在一体化的进程中，经济部门的跨国联合及对欧盟（欧共体）的决策的影响则有着长期的历史渊源，也具备了累积效应。欧洲一体化起初的前几十年，经济领域一直是共同体的主要竞争力所在，也即是说欧盟的"第一支柱"的政策是所有角色关注的焦点，来自工业和农业等方面的利益团体也很早在欧盟层面组织起来影响决策。时至今日，欧盟已经成长为具有强大竞争力的经济体，经济利益仍然是一体化的主导动力。无疑，在欧盟层面的利益群体的不对称性是缘于历史和现实的情况。

　　而另一方面，相对于经济利益而言，代表着公共利益和分散利益（diffuse interest）的欧洲公民社会组织在欧盟层面的兴起和发展时间上比较晚，是在欧盟决策范围逐步扩展到社会政策乃至外交领域等（第二支柱和第三支柱）之后才获得了快速发展的机会。由于发展历史较短，欧盟层面的公民社会组织其组织程度比较低。更重要的影响因素是公民社会组织自身资源的限制。这一点是显而易见的，因为在任何政体中，并非所有的利益和议题都能够以同样的程度和成本被组织起来。欧洲公民社会组织所代表和维护的利益的分散性和普遍性，如发展、人权、环境

---

　　① Bouwen, Pieter. Exchange Access Goods for Access: a comparative study of business lobbying in the European Union Institutions. European Journal of Political Research, 2004, Vol. 43, Issue 3.

保护和消费者权益保护等，使得它们比那些较狭窄的特定利益（如商业和农业利益）更难被组织起来，也更难提高自己的话语能力；欧盟的多层治理体系更加大了这个难度，因为决策权力的分层化、部门化使得有效参与和影响这个体系决策的成本增加。而对政治体系的游说、咨询、信息收集、反馈等参与活动则需要足够的资金和专门的人力资源的支持。欧洲公民社会组织由于其代表的是公共利益，其活动又是非营利性的，资金来源也就非常有限，这极大制约了其参与的可能性和程度。

另外，欧洲公民社会组织结构的多层次性导致与普通公民会员距离的加大，也出于组织行为的效率和系统的有效性（efficiency and system effectiveness）的考虑①，其位于布鲁塞尔的总部和其地方性的部门分支及公民的接触就相对较少。而公民社会组织由于能够为成员提供的资源和机会相对弱小，对社会利益的动员能力也低，这也是影响其参与及影响的因素。

虽然如此，欧洲公民社会组织在欧盟治理机构中参与的影响是比较有限的，但它们在布鲁塞尔以组织化的面貌出现已经昭示了公共利益的存在受到了欧盟机构的重视，它们对欧盟政治过程的参与也是欧盟善治原则的体现。公民社会组织的参与是欧盟民主生活的组成部分，在欧盟政治体系中发挥了"重要的并在不断稳定增强的作用"。② 可以肯定的

---

① Dahl, Robert A. *A Democratic Dilemma*: *System Effectiveness versus Citizen Participation*. In: Political Science Quarterly, 1994, 109: 23 – 24.

② Tömmel, Ingeborg. *Civil society in the EU*: *a strong player or a fig – leaf for the democratic deficit?* (Policy Brief). Canada – Europe Transatlantic Dialogue: Seeking Transnational Solutions to 21st Century Problems. March 2010; Kohler – Koch, Beate. *Political Representation and Civil Society in the EU*. Paper prepared for CONNEX Thematic Conference on Political representation. European University Institute Florence, May 25 – 26, 2007; Kohler-Koch, Beate. *The Organization of Interests and democracy in the European Union*. In: Kohler – Koch, Beate and Berthold Rittberger (eds.). Debating the Democratic Legitimacy of the European Union. Lanham: Rowman & Littlefield, 2007; *Kohler – Koch, Beate. Civil society and EU democracy*: *"astroturf" representation? Journal of European Public Policy*, 2010, *Vol.* 17, *Issue* 1, 100 – 116.

是，欧盟治理的实践起码为各类包括公民社会组织在内的社会角色提供了渠道或者机会结构，使得它们的意见和利益得以被欧盟官方机构获悉，公民社会组织和普通公民都可以主动参与欧盟的政策形成过程，而不再只是被动接受和回应政策对自己的影响，这样的实践会影响公民对欧盟的认知，对于进一步的欧洲认同的形成或有益处。

结　语

　　在欧洲一体化进程中，各类社会角色参与欧盟公共事务和政治事务已经成为欧盟多层治理语境中的独特景观。在欧盟治理复杂的综合体系中，决策过程包括了多元化的利益和多样的行为者。在利益集团的大家庭里，非营利、非政府性的公民社会组织是种特殊的、有组织的社会力量，它们代表着不同于商业利益和领土性的政府部门利益的其他多元化的利益，为了更好地保护和促进特定公民群体的利益，公民社会组织也试图接触决策者以阐明各自的利益和主张。因而，公民社会组织是积极参与欧盟治理过程的重要角色，充当了欧盟超政府机构与公民之间的沟通桥梁。从这个角度讲，公民社会组织对欧盟多层治理的参与和影响是一个很有意义的课题，但这也正是目前关于欧盟政治研究中比较薄弱的环节。作者希望借公民社会组织对欧盟治理的参与现象进行比较深入的研究，了解其发展壮大过程及组织程度，分析其参与治理的渠道和方式，并以相关的政治学和国际政治学方面的理论解读其参与的价值和实效，以求抛砖引玉。

　　罗伯特·阿兰·达尔认为，如果有一种制度，能够使所有积极的、合法的团体的声音在决策过程的不同阶段都得到倾听，这是非常好的，它也是一种"实施协议、鼓励自我节制和维护社会和平的相对有效的制度"。① 依此来看，欧盟机构在政策过程中把公民社会组织等角色纳入进来，建立起正式的咨商机制，强调政策过程的公开和透明，通过制度化的方式听取利益攸关团体的偏好和利益诉求，这样的治理安排在一定程度上可以使决策更可行，减少政策执行中的障碍，继而增加欧盟的民主合法性。

　　总之，欧盟治理背景下的欧洲公民社会组织具有独特的地位和作用，深植于欧洲各国的文化和政治、经济传统之中，它们对欧盟多层治理的参与相当活跃，参与的方式方法也各不相同。本书也只是对欧洲公民社会组织的历史发展和组织现状进行了介绍，并对其在欧盟政策过程中的政治参与情况作了初步的梳理和分析，而更有意义的内容就是其对欧盟决策的影响程度，而这个问题是开放的，其真正影响还有待未来治理的实践来进一步证明，也是接下来要继续跟进和深入研究的。

---

① 转引自卡罗尔·佩特曼. 参与和民主理论［M］. 陈尧，译. 上海：上海人民出版社，2006：14.

参考文献

中文

［1］鲍景华. 市民社会基本概念梳理［J］. 中共四川省委省级机关党校学报，2004（3）.

［2］贝阿特·科勒－科赫. 欧洲研究中的"治理转向"［J］. 马克思主义与现实，2007（4）.

［3］贝阿特·科勒－科赫. 转型视角下的欧洲联盟治理［J］. 南开学报（哲社版），2006（1）.

［4］贝阿特·科勒－科赫. 欧洲治理的演变和转型［M］//俞可平. 全球化：全球治理. 北京：社会科学文献出版社，2003.

［5］贝阿特·科勒－科赫. 社会进程视角下的欧洲区域一体化分析［J］. 南开学报（哲社版），2005（1）.

［6］贝阿特·科勒－科赫. 三种欧盟概念及其对应的欧洲公民社会角色［J］. 德国研究，2009（3）.

［7］戴维·米勒，韦农·波格丹诺. 布莱克维尔政治学百科全书［G］. 邓正来，等，译. 北京：中国政法大学出版社，1992.

［8］邓正来，亚历山大. 国家与市民社会：一种社会理论的研究路径［M］. 北京：中央编译出版社，1998：93.

［9］法布里斯·拉哈. 欧洲一体化史（1945—2004）［M］. 北京：中国社会科学出版社，2005.

［10］付鹏，王宏禹．欧洲一体化进程中的治理理论及其模式［J］．产业与科技论坛，2009（2）．

［11］哈贝马斯．公共领域的结构转型［M］．曹卫东，等，译．上海：学林出版社，1999：1990年版序言29.

［12］何增科．市民社会概念的历史演变［J］．中国社会科学，1994（5）．

［13］黑格尔．法哲学原理［M］．北京：商务印书馆，1996.

［14］胡昕蕾．论欧盟治理结构的多元性［J］．法制与社会，2008（2）．

［15］郇庆治．多重管治视角下的欧洲联盟政治［M］．济南：山东大学出版社，2002.

［16］霍志军．欧洲联盟决策机制的演进与改革［D］．石家庄：河北师范大学，2005.

［17］卡罗尔·佩特曼．参与和民主理论［M］．陈尧，译．上海：上海人民出版社，2006：14.

［18］克里斯多夫·尼尔，安德烈亚·伦斯考．欧洲治理的不同路径及其对国家制度的影响［J］．南开学报（哲社版），2009（3）．

［19］赖纳·艾辛．欧洲化和一体化：欧盟研究中的核心概念［J］．南开学报（哲社版），2009（3）．

［20］李佃来．葛兰西与当代市民社会理论传统［J］．学术月刊，2004（1）．

［21］李佃来．古典市民社会理念的历史流变及其影响［J］．武汉大学学报（人文科学版），2007（5）．

［22］李昆．试析欧洲一体化进程中的合作主义机制［J］．现代国际关系，2004（9）．

［23］刘文秀，欧洲联盟政策及政策过程研究［M］．北京：法律出版社，2003.

［24］刘玉安．北欧福利国家剖析［M］．济南：山东大学出版

社，1995.

[25] 卢静，衡孝军. 透析欧盟治理困境 [J]. 国际问题研究，2008（2）.

[26] 洛克. 政府论（下篇）[M]. 叶启芳，瞿菊农，译. 北京：商务印书馆，1964.

[27] 孟德斯鸠. 论法的精神（上册）[M]. 张雁深，译. 北京：商务印书馆，1978.

[28] 牛海彬. 欧盟治理的变量与困境 [J]. 现代国际关系，2004（7）.

[29] 斯万·安德森，契尔·艾里亚森. 欧洲政策制定 [M]. 陈寅章，等，译. 北京：国家行政学院出版社，2003.

[30] 苏海龙. 马克思市民社会概念的历史演变 [J]. 学术探索，2007（1）.

[31] 谭康林. 公民社会组织对欧盟政策制定的影响——以生物技术政策为例 [J]. 欧洲研究，2008（6）.

[32] 田也. 浅析市民社会组织在欧盟治理中的作用 [D]. 石家庄：河北师范大学，2006.

[33] 王瑞强. 欧洲一体化进程中的治理机制探析 [D]. 西安：陕西师范大学，2005.

[34] 吴志成，李客循. 欧洲联盟的多层级治理：理论及其模式分析 [J]. 欧洲研究，2003（6）.

[35] 吴志成，杨娜. 战后欧洲治理机制的历史演进 [J]. 马克思主义与现实，2008（3）.

[36] 吴志成. 欧盟超国家制度安排的政治合法性分析 [J]. 国际政治研究，2008（4）.

[37] 吴志成. 欧盟治理与制度创新 [J]. 马克思主义与现实，2004（6）.

[38] 吴志成. 欧洲多层级治理：理论及其模式分析 [J]. 欧洲研

究，2003（6）.

[39] 吴志成.战后欧洲治理机制的历史演进 [J].马克思主义与现实，2008（3）.

[40] 吴志成.治理创新：欧洲治理的理论、历史与实践 [M].天津：天津人民出版社，2003.

[41] 伍慧萍.欧盟治理中的公共领域与市民社会 [J].德国研究，2008（3）.

[42] 伍贻康.欧盟软力量探析——欧盟治理模式的效应评价 [J].世界经济与政治，2008（7）.

[43] 伍贻康.欧盟治理模式的特征和发展趋势 [J].世界经济研究，2008（5）.

[44] 夏群友.葛兰西的市民社会理论浅析 [J].西安电子科技大学学报（社科版），2004（4）.

[45] 徐静.欧洲联盟多层级治理的理论和实践——以结构基金的运作为例 [D].上海：华东师范大学，2006.

[46] 亚里士多德.政治学 [M].吴寿彭，译.北京：商务印书馆，1983.

[47] 杨解朴.欧盟治理下社会伙伴的角色变化 [J].欧洲研究，2007（5）.

[48] 杨仁忠.市民社会概念的政治哲学解读及其学理价值 [J].理论与现代化，2005（5）.

[49] 俞可平.全球治理引论 [J].马克思主义与现实，2002（1）.

[50] 袁柏顺，丛日云.17世纪"公民社会"概念辨析 [J].辽宁师范大学学报（社科版），2001（6）.

[51] 约瑟夫·奈，约翰·唐纳胡.全球化世界的治理 [M].王勇，等译.北京：世界知识出版社，2003.

[52] 詹·齐隆卡.欧盟扩大后的多边治理 [J].南开学报（哲社

版），2009（3）．

　　［53］詹姆斯·N. 罗西瑙. 没有政府的治理［M］. 张胜军，刘小林，等，译. 南昌：江西人民出版社，2001.

　　［54］曾远英. 西方公民社会理论的历史嬗变述评［J］. 前沿，2008（11）．

　　［55］张康之，张乾友：市民社会演变中的社会治理变革［J］. 浙江学刊，2009（6）．

　　［56］赵叶珠，胡世君. 欧盟治理的新工具——开放式协调法的特点及应用［J］. 科学与管理，2009（2）．

　　［57］赵映诚. 古希腊公民社会与公民精神［J］. 理论月刊，2005（5）．

　　［58］周国文. "公民社会"概念溯源及研究述评［J］. 哲学动态，2006（3）．

　　［59］周弘，贝阿特·科勒－科赫. 欧盟治理模式［M］. 北京：社会科学文献出版社，2008.

　　［60］朱德米. 网络状公共治理：合作与共治［J］. 华中师范大学学报（人文社会科学版），2004（3）．

外文

　　［1］ABROMEIT H. . Democracy in Europe：Legitimizing Politics in a Non – State Polity［M］. New York：Oxford，1998.

　　［2］ALEMANN U V. Bürgergesellschaft und Gemeinwohl：Analyse，Diskussion，Praxis［M］. Opladen：Leske ＋ Budrich，1999.

　　［3］ALEMANN U V. Interessenverbände. Informationen zur politischen Bildung（Heft 253）　［M］. Bonn：Die Bundeszentrale für politische Bildung，1996.

　　［4］ANHEIER H. K. A Profile of the Third Sector in West Germany

[M] // ANHEIER, H. K., SEIBEL W.. The Third Sector: comparative studies of nonprofit organizations. Berlin: de Gruyter, 1990: 314 - 329.

[5] ANHEIER H., GLASIUS M., KALDOR M.. Global Civil Society 2001 [M] . Oxford University Press, 2001.

[6] ARMSTRONG K.. Inclusive Governance? Civil Society and the open method of co - ordination [M] // SMITHMANS S.. Civil Society and Legitimate European Governance. Cheltenham: Edward Elgar, 2006: 68 - 86.

[7] ARMSTRONG K.. Rediscovery Civil Society: the European Union and the White Paper on Governance [J] . European Law Journal, 2002, 8 (1) .

[8] BALDINI M. , et al. Targeting welfare in Italy: old problems and perspectives on reform [J] . Fiscal Stuties, 2002, 23 (1): 51 - 75.

[9] BARADAT L.. Political Ideologies: Their Origins and Impact [M]. Upper Saddle River, NJ: Prentice - Hall, 1997.

[10] BEETHAM D.. The Legitimation of Power [M] . Atlantic Highlands: Humanities Press International, 1991.

[11] BENZ A.. Accountable Multilevel Governance by the Open Method of Coordination? [J] . European Law Journal, 2007, 13 (4): 502 - 522.

[12] BENZ A.. Entwicklung von Governance im Mehrebenensystem der EU [M] // TÖMMEL I . Die Europäische Union. Governance und Policy - Making, PVS Sonderheft 40/2007, 2008: 36 - 57.

[13] BENZ A.. Der Moderne Staat: Grundlagen der politologischen Analyse [M] . München: Oldenbourg , 2008.

[14] BENZ A., ZIMMER C.. The EU' s competences: The 'vertical' perspective on the multilevel system [J] . Living Reviews in European Governance, 2010, 5 (1) .

[15] BERKHOUT J., LOWERY D.. Counting organized interests in

the European Union: a comparison of data sources [J]. Journal of European Public Policy, 2008, 15 (4): 498 –513.

[16] BEYME K.. Interessengruppen in der Demokratie Beyme [M]. R. Piper, 1980.

[17] BIERHOFF J., SHAHIN J.. An Electronic Union? First Steps Towards a New Relationship between the EU and Civil Society [R]. Workshop of CONNEX, 2005.

[18] BOBBIO N.. Left and Right: The Significance of a Political Distinction [M]. Cambridge: Polity Press, 1996.

[19] BÖRZEL T. A.. Why you don't always get what you want: EU enlargement and civil society in Central and Eastern Europe [J]. Acta Politica, 2010, 45: 1 –10 (14 April 2010).

[20] BOURGEOIS F.. 'European Civil Society': Analytical and Political Problems in the Use of a Loaded Concept [C]. Paper prepared for the workshop 'The Institutional Shaping of EU – Society Relations', CONNEX Research Group 4, Mannheim, October 14 –15, 2005.

[21] BOUWEN P.. Exchange Access Goods for Access: a comparative study of business lobbying in the European Union Institutions [J]. European Journal of Political Research, 2004, 43 (3).

[22] BOZZINI E.. Organized Civil Society and European Governance: Findings and Contributions to the State of the Art from the CIVGOV project [M] // FREISE M.. European Civil Society on the Road to Success? Baden-Baden: Nomos, 2008.

[23] BROWN J. W., CHASEK P. S., DOWNIE D. L.. Global Environmental Politics (Dilemmas in World Politics) [M]. Routledge, 2003.

[24] CAMMAERTS B.. The eConvention on the Future of Europe: Civil Society and the Use of the Internet in European Decision – making Processes [J]. Journal of European Integration, 2006, 28 (3): 225 –245.

[25] CHARRAD K. , EISELE G. . Civil Society Actors from Central Eastern European Countries in European Network Governance [C] . Paper for Workshop "The Institutional Shaping of EU – Society Relations", CON-NEX Research Group 4, MZES：October 14 – 15, 2005.

[26] CHARRAD K. . Lobbying and European Civil Society：Problems and perspectives of civil society actors from Visegrád countries [M] // Matthias F . European Civil Society on the Road to Success? Baden – Baden：Nomos, 2008：109 – 128.

[27] CHARRAD K. . Lobbying the European Union [EB/OL]. University of Muenster, 2005.

[28] CIVICUS. Civil society index shortened assessment tool report for the case of Greece [R/OL] . access 2democracy, 2009 – 04 – 15.

[29] CIVICUS. Civil Society without the Citizens, an assessment of Bulgarian civil society [R/OL] . CIVICUS civil society index report for Bulgaria, 2005.

[30] COEN D. . The European Business Interest and the Nation State：Large – firm Lobbying in the European Union and Member States [J]. Journal of Public Policy, 1998 (18)：75 – 100.

[31] COEN D. . Empirical and theoretical studies in European lobbying [J] . Journal of European Public Policy, 2007, 14 (3)：333 – 345.

[32] COHEN D. , VEGA R. , WATSON G. . Advocacy for social justice [M] . Bloomfield, CT：Kumarian Press Inc. , 2001.

[33] COHEN J. L. , ARATO A. . Civil Society and Political Theory [M]. Boston MA：MIT – Press, 1994.

[34] CRAM L. . Inventing the People：Civil Society Participation and the Enhabitation of the EU [C] . Paper prepared for the workshop "The Institutional Shaping of EU – Society Relations", CONNEX Research Group 4, Mannheim, 14 – 15 October 2005.

[35] CRUM B. , FOSSUM J. E.. The Multilevel Parliamentary Field: a framework for theorizing representative democracy in the EU [J]. European Political Science Review, 2009, 1 (2): 249 –271.

[36] CURTIN D.. Private Interest Presentation or Civil Society Deliberation? A Contemporary Dilemma for European Governance [J] . Social Legal Studies, 2003 (12): 55 –75.

[37] DAHL R. A.. Democracy and its Critics [M] . New Haven: Yale University Press, 1989.

[38] DAHL R. A.. On Democracy [M] . New Haven: Yale University Press, 1998.

[39] DAHL R. A.. A Democratic Dilemma: System Effectiveness versus Citizen Participation [J] . Political Science Quarterly, 1994, 109: 23 –24.

[40] DALTON R. J.. Politics in Germany [M] . Scott – Foresman, Harper Collins, 2003.

[41] De Nieuwe Dialoog. CIVICUS Civil Society Index Report for the Netherlands [R/OL] . CIVICUS , 2009 –05 –15.

[42] DE SCHUTTER O.. Europe in Search of its Civil Society [J]. European Law Journal, 2002, 8 (2): 198 –217.

[43] DELLA PORTA D.. The Emergence of European Movements? Civil Society and the EU [C] . Paper presented at the plenary session of the CINEFOGO Network of Excellence. Mid – Term conference on European Citizenship – challenges and possibilities. Roskilde University, Denmark, June 1 –3, 2007.

[44] DETTLING W.. Macht der Verbände – Ohnmacht der Demokratie? [M] . München [u. a.]: Olzog, 1976.

[45] SALAMON L. M. , ANHEIER H. K. , et al. Global Civil Society: Dimensions of the non – profit Sector. Baltimore [M] . MD: Johns Hop-

kins Center for Civil Society Studies, 1999.

[46] DRUCKER P. F.. Managing the Nonprofit Organization: Principles and Practices [M]. Collins, 1994.

[47] DUDLEY G., RICHARDSON J.. Competing Policy Frames in EU Policy Making: The Rise of Free Market Ideas in EU Steel Policy 1985 – 1996 [J]. European Integration online Papers (EIoP), 1997, 1 (13).

[48] EDER K., TRENZ H., KOHLER – KOCH B., et al. Debating the Democratic Legitimacy of the European Union [M]. Lanham: Rowman & Littlefield, 2007: 165 – 181.

[49] EHIN P.. Competing Models of EU Legitimacy: the Test of Popular Expectations [J]. Journal of Common Market Studies, 2008, 46 (3): 619 – 640.

[50] EISELE G.. European civil society – a glance at recent literature [R/OL]. Junior Research Group "European Civil – Society and Multilevel Governance", 2005.

[51] EISING R.. Multilevel governance and business interests in the European Union [J]. Governance, 2004, 17 (2): 211 – 246.

[52] EISING R., KOHLER – KOCH B.. Governance in the European Union: a comparative assessment [M] // KOHLER – KOCH B., EISING R.. The Transformation of Governance in the European Union. London: Routledge, 1999.

[53] EISING R.. The access of business interests to European Union institutions: notes towards a theory [J]. working – papers of ARENA, 2005 (29).

[54] EISING R.. Interest groups in EU policy – making [J]. Livingreviews on European Governance, 2008 (4).

[55] ERIKSEN E. O., FOSSUM J. E.. Europe in Search of Legitimacy: Strategies of Legitimation Assessed [J]. International Political Science

Review, 2004, 24 (4): 435 –459.

[56] ERIKSEN E. O.. How to Reconstitute Democracy in Europe? Proceedings from the RECON Opening Conference [R] . Oslo: RECON Report No. 3, ARENA Report 8/2007, September 2007.

[57] ERIKSEN E. O., FOSSUM J. E.. What Democracy for Europe? Proceedings from the RECON Midterm Conference [R] . ARENA Report No. 3/2010, RECON Report No. 11.

[58] ERIKSEN E. O., FOSSUM J. E.. Europe in Transformation. How to Reconstitute Democracy [R] . RECON Online Working Paper 01/2007.

[59] ERIKSEN E. O., FOSSUM J. E.. Reconstituting European Democracy [J] . ARENA working paper 01/ 2008.

[60] ESPING – ANDERSEN G.. The three worlds of welfare capitalism [M] . Cambridge: Polity Press, 1990.

[61] EU Research on Social Sciences and Humanities. Organised civil society and European governance [R] . CIVGOV Final Report, 2007.

[62] European Institute for Public Participation (EIPP) . Public participation in Europe, An international perspective [R/OL] . EIPP website, June 2009.

[63] FINKE B.. Civil Society Participation in EU Governance [J]. Living Reviews in European Governance, 2007 (2) .

[64] FISHKIN J., LUSKIN R.. The Quest of Deliberative Democracy// SAWARD M.. Democratic Innovation. London: Routledge, 2000: 1 –20.

[65] FLORA P.. Growth to Limits: the western welfare states since world war II [M] . Berlin: De Grueter, 1986.

[66] FOLLESDAL A., HIX S.. Why there is a democratic deficit in the EU: A response to Majone and Moravcsik [J] . Journal of Common Market Studies, 2006, 44 (3): 533 –562.

[67] FOSSUM J. E. , TRENZ H. . The EU's fledgling society: From deafening silence to critical voice in European constitution making [J]. Journal of Civil Society, 2005, 2 (1) .

[68] FOSSUM J. E. , TRENZ H. . When the people come in: Constitution-making and the belated politicization of the European Union [J]. European Governance Papers (EUROGOV), 2006 (3) .

[69] FREISE M. . European Civil Society on the Road to Success? [M]. Baden – Baden: Nomos, 2008.

[70] FRIEDRICH D. . Old Wine in New Bottles? The Actual and Potential Contribution of Civil Society Organizations to Democratic Governance in Europe [G] . RECON Online working paper, 2007 (8) .

[71] GOODSELL C. T. . The Social Meaning of Civic Space: Studying Political Authority through Architecture [M] . Lawrence: University Press of Kansas, 1988.

[72] GORMLEY W. . Regulatory issue networks in a federal system [J]. Polity, 1986, 18 (4): 595 – 620.

[73] GRANT R. W. , KEOHANE R. O. . Accountability and Abuses of Power in World Politics [J] . American Political Science Review, 2005, 99 (1): 29 – 43.

[74] GREENWOOD J. . Inside the EU Business Associations [M]. Basingstoke: Palgrave, 2002.

[75] GREENWOOD J. . Interest Representation in the EU [M]. Basingstoke: Palgrave Macmillan, 2003.

[76] GREENWOOD J. . Review Article: Organized Civil Society and Democratic Legitimacy in the European Union [J] . British Journal of Political Sciences, 2007, 37: 333 – 357.

[77] GREENWOOD J. . Interest Representation in the European Union [M] . Basingstoke [u. a.]: Palgrave Macmillan, 2007.

[78] HABERMAS J. . Faktizität und Geltung: Beiträge zur Diskustheorie des Rechts und des demokratischen Rechtstaats [M] . Frankfurt am Main: Suhrkamp Verlag, 1992.

[79] HABERMAS J. . Between Facts and Norms [M] . Cambridge: Polity Press, 1996.

[80] TRENZ H. . Europaeische Offentliehkeit and die verspaetete Politisierung der EU [J] . Internationale Politik und Gesellschaft, 2006 (1): 117 - 133.

[81] HEINELT H. . Zivilgesellschaftliche Partizipation im EU - Mehrebenensystem - ein Vergleich der Umwelt - und Verbraucherpolitik [M] // KNODT, FINKE (HG.): Europäische Zivilgesellschaft. Konzepte, Akteure, Strategien. Wiesbaden: VS Verlag Sozialwissenschaften, 2005: 273 - 289.

[82] HEINELT H. . Participatory Governance and European Democracy [M] // KOHLER - KOCH B. , RITTBERGER B. . Debating the Democratic Legitimacy of the European Union. Lanham: Rowman and Littlefield Publishers, 2007.

[83] HEINRICH F. , KHALLAF M. . Assessing civil society in Cyprus and across the world – the CIVICUS civil society index [M] // Management in the Non – Profit sector: the role of civil society organizations in participatory democracy and reconciliation. Nicosia: Management Centre of Mediterranean, 2005.

[84] HELANDER V. . Finland [M] // SALAMON L. M. , ANHEIER H. K. , et al. Global Civil Society: Dimensions of the non – profit Sector. Baltimore, MD: Johns Hopkins Centre for Civil Society Studies, 1999.

[85] HELFFERICH B. , KOLB F. . Multilevel Action Coordination in European Contentious Politics: The Case of the European Women's Lobby [M] // IMIG D. , TARROW S. . Contentious Europeans. Oxford: Rowman

& Littlefield, 2001: 143 - 159.

[86] HOLLOWAY R.. Establishing and Running an Advocacy NGO (Handbook) [M]. Lusak: Pact Inc., 1998.

[87] HOLZHACKER R.. Democratic Legitimacy and the European Union [J]. Journal of European Integration, 2007, 29 (3): 257 - 269.

[88] HOOGHE L., Marks G.. Multi - Level Governance and European Integration [J]. European Integration online Papers (EIoP), 2001, 5 (11).

[89] HUELLER T., Kohler - Koch B.. Assessing the Democratic Value of Civil Society Engagement in the European Union [M] // KOHLER - KOCH B., De Bièvre D., Maloney W.. Opening EU - Governance to Civil Society. Mannheim: CONNEX Report Series Nr. 5, 2008.

[90] JACHTENFUCHS M., KOHLER - KOCH B.. The Transformation of Governance in the European Union [G]. MZES Arbeitspapiere Arbeitsbereich Ⅲ / Nr. 11. Mannheim, 1995.

[91] JACHTENFUCHS M., KOHLER - KOCH B.. Governance in der Europäischen Union. Fragestellungen für eine interdisziplinäre Forschung [J]. Politische Vierteljahresschrift, 1996, 37 (3): 537 - 556.

[92] JACHTENFUCHS M., KOHLER - KOCH B.. Regieren im dynamischen Mehrebenensystem [M] // JACHTENFUCHS M., KOHLER - KOCH B.. Europäische Integration. Opladen: Leske and Budrich, 1996: 15 - 46.

[93] JACHTENFUCHS M., KOHLER - KOCH B.. Regieren und Institutionenbildung [M] // JACHTENFUCHS M, KOHLER - KOCH B. Europäische Integration. Opladen: Leske + Budrich, 2003: 11 - 46.

[94] JACHTENFUCHS M., KOHLER - KOCH B.. Governance and Institutional Development [M] //WIENER A., DIEZ T.. European Integration Theory. Oxford: Oxford University Press, 2004: 97 - 115.

[95] JACHTENFUCHS M.. Democracy and Governance in the Europe-

an Union [J] . European Integration Online Papers, 1997 (4) .

[96] JACHTENFUCHS M. , DIEZ T. , JUNG S.. Which Europe? Conflicting Models of a Legitimate European Political Order [J] . European Journal of International Relations, 1998, 4 (4): 409 – 445.

[97] JORDAN L.. Mechanism for NGO Accountability [R] . GPPi research paper series, 2005 (3) .

[98] KAELBLE H.. Gibt es seine europaeische Zivilgesellschaft? [M] //GOSEWINKEL D, et al. Zivilgesellschaft – national und transnational. Berlin: Edition Sigma, 2004: 267 – 284.

[99] KAELBLE H.. Wege zur Demokratie, Von der Französischen Revolution zur Europäischen Union [M] . Stuttgart – München: Deutsche Verlags – Anstalt (DVA), 2001.

[100] KAUTTO M.. Welfare in Finland in the 1990s [J]. Scandinavian Journal of Public Health, 2003 (31): 1 – 4.

[101] KENIS P. , TRAXLER F.. Belgium [M] // TRAXLER F. , HUEMER G.. Handbook of business interest associations, firm size and governance: A Comparative Analytical Approach. Routledge, 2007: 64 – 84.

[102] KINGDON J. W.. Agendas, Alternatives and Public Policies [M] . New York: Harper Collins, 1995.

[103] KNODT M. , FINKE B.. Europäisierung der Zivilgesellschaften oder Europäische Zivilgesellschaft? Ein Tagungsbericht [J] . Zeitschrift für Internationale Beziehungen, 2003 (2): 413 – 420.

[104] KOCKA J.. Civil Society and the role of politics [M] // SCHER G . Progressive Governance for the XXI Century. Contribution to the Berlin Conference. Munich. 2002: 27 – 35.

[105] KOHLER – KOCH B. , RITTBERGER B.. The "Governance turn" in EU studies [J] . Journal of Common Market Studies, 2006, 44 (s1): 27 – 49.

[106] KOHLER – KOCH B. , FINKE B. . The Institutional Shaping of EU – society Relations: A Contribution to Democracy via Participation? [J]. Journal of Civil Society, 2007, 3 (3) .

[107] KOHLER – KOCH B. , EISING R. . The Transformation of Governance in the European Union [M] . London: Routledge, 1999.

[108] KOHLER – KOCH B. , QUITTKAT C. , BUTH V. . Civil Society Organizations under the Impact of the European Commission's Consultation Regime [C] . Paper presented at the CONNEX Final Conference 'Efficient and Democratic Governance in a Multi – Level Europe' workshop 5. Mannheim, March 6 – 8, 2008.

[109] KOHLER – KOCH B. , QUITTKAT C. . Intermediation of Interests in the European Union [G] . Arbeitspapiere – Mannheimer Zentrum für Europäische Sozialforschung / No. 9. Mannheim, 1999.

[110] KOHLER – KOCH B. , CONZELMANN T. , KNODT M. . Europäische Integration – Europäisches Regieren [M] . Wiesbaden: vs Verlag für Sozialwissenschaften, 2004.

[111] KOHLER – KOCH B. , et al. Enhancing Multi – Level Democracy by Organizing Civil Society Input [G] . Paper presented at the 20th IPSA World Congress, Fukuoka, July 9 – 13, 2006.

[112] KOHLER – KOCH, Beate and Vanessa BUTH. Civil Society in EU Governance? Lobby Groups like any other? [J] . TranState Working Paper, 108. SFB 597. Staatlichkeit im Wandel, 2009.

[113] KOHLER – KOCH B. . Interessen und Integration. Die Rolle organisierter Interessen im westeuropäischen Integrationsproze? [C] . MZES – Arbeitspapiere Arbeitsbereich Ⅲ / Nr 1. Mannheim, 1992.

[114] KOHLER – KOCH B. Organized Interests in the EC and the European Parliament [J] . European Integration online Papers (EIoP), 1997, 1 (9) .

[115] KOHLER – KOCH B.. Europe in Search of Legitimate Govern-ance [G] . ARENA Working Papers, 1999 (27) .

[116] KOHLER – KOCH B.. Framing: the bottleneck of constructing legitimate institutions [J] . Journal of European Public Policy, 2000. 7: 4.

[117] KOHLER – KOCH B.. Interdependent Governance: Accounta-bility and System Transition [C] . Paper presented at the First Pan – Europe-an Conference on European Union Politics, Bordeaux, 2002.

[118] KOHLER – KOCH B.. Interdependent European Governance [M] // KOHLER – KOCH B . Linking EU and National Governance. Ox-ford: Oxford University Press, 2003.

[119] KOHLER – KOCH B.. The Organisation of Interests and Democ-racy in the European Union [C] . Paper prepared for the workshop "The In-stitutional Shaping of EU – Society Relations", CONNEX Research Group 4, Mannheim, 14 – 15 October 2005.

[120] KOHLER – KOCH B.. European governance and system integra-tion [J] . European Governance Papers (EUROGOV), 2005 (1) .

[121] KOHLER – KOCH B.. Network Governance within and beyond an enlarged European Union [M] //VERDUN A. , CROCI O.. The Euro-pean Union in the Wake of Eastern Enlargement, institutional and policy – making challenges. Manchester and New York: Manchester university press, 2005: 35 – 53.

[122] KOHLER – KOCH B.. Political Representation and Civil Society in the EU [C] . Paper prepared for CONNEX Thematic Conference on Politi-cal Representation. European University Institute Florence, May 25 – 26, 2007.

[123] KOHLER – KOCH B.. The Organization of Interests and Democ-racy in the European Union [M] //KOHLER – KOCH B. , RITTBERGER B.. Debating the Democratic Legitimacy of the European Union. Lanham:

Rowman & Littlefield, 2007.

[124] KOHLER - KOCH B.. Does Participatory Governance Hold its Promises? [C]. Paper presented at the CONNEX Final Conference "Efficient and Democratic Governance in a Multi - Level Europe". Mannheim, March 6 - 8, 2008.

[125] KOHLER - KOCH B.. Representation, Representativeness, and Accountability in EU - Civil Society Relations [C]. Paper presented at the CONNEX Final Conference 'Efficient and Democratic Governance in a Multi-Level Europe' workshop 5. Mannheim, March 6 - 8, 2008.

[126] KOHLER - KOCH B.. Civil Society and Representation: is there a Hole in the Whole? [C]. Paper presented at the CONNEX workshop on Representation. EUI Florence, April 23 - 24, 2008.

[127] KOHLER - KOCH B.. Civil Society in EU governance - a remedy to the democratic accountability deficit? [J]. Concepts & Methods, 2008, 4 (1): 3 - 6.

[128] KOHLER - KOCH B.. A Critical Appraisal of EU Governance [M] // Zhou Hong, KOHLER - KOCH B. EU Governance Model. Beijing: Social Science Academic Press, 2008: 73 - 87.

[129] KOHLER - KOCH B.. The Three Worlds of European Civil Society - What role for civil society for what kind of Europe? [J]. Policy and Society, 2009, 28 (1): 47 - 57.

[130] KOHLER - KOCH B.. Civil society and EU democracy: 'astroturf' representation? Journal of European Public Policy, 2010, 17 (1): 100 - 116.

[131] KOHLER - KOCH B.. Multi - Level Governance and the European Union [C]. "Federalism, Regionalism & Public Policy", Summer School Regions in Europe - ECPR Standing Group on Federalism and Regionalism, School of Social and Political Science, University of Edinburgh,

August 20 – 28, 2010.

[132] KOHLER – KOCH B., DE BIèVRE D., MALONEY W.. Opening EU – Governance to Civil Society [M]. Mannheim: CONNEX Report Series Nr. 5, 2008.

[133] KOOIMAN J.. Social – Political Governance: Introduction [M] //KOOIMAN J.. Modern Governance. New Government Society Interactions. London: Sage, 1993: 1 – 9.

[134] KOSLOWSKI P., FOLLESDAL A.. Democracy and the European Union [M]. Berlin: Springer, 1997.

[135] KRASNER S. D.. Structural Causes and Regime Consequences: regime as intervening variables [J]. International Organization, 1982, 36 (2).

[136] KUTTER A., TRAPPMANN V.. Civil Society in Central and Eastern Europe: The ambivalent legacy of accession [J]. Acta Politica, 2010, 45: 41 – 69. (April 14, 2010).

[137] KV Æ RK G O. Organised Civil Society in the EU Constitution – making Process [M] // FOSSUM J. E., SCHLESINGER P., KV Æ RK G. O.. Public Sphere and Civil Society? Transformations of the European Union. ARENA Report 2/2007.

[138] LANE D.. Civil Society in the Old and New Member States: Ideology, institutions and democracy promotion [J]. European Societies, 2010, 12 (3): 293 – 315.

[139] LANE J.. The Public Sector: Concepts, Models and Approaches [M]. London: Sage, 2000.

[140] LARAT F, SCHNEIDER T. Trends and Patterns in Governance Research: what do the GovData tell us? [M] // Kohler – Koch B, Larat F.. European Multi – Level Governance, contrasting images in national research. Cheltenham & Northampton: Edward Elgar, 2009: 167 – 189.

[141] LEE J.. NGO Accountability: rights and responsibilities [C]. Paper presented for the Annual Conference of the Program on NGOs and Civil Society (CASIN), October 19, 2004. Geneva: Switzerland.

[142] LEHMANN W., BOSCHE L.. Lobbying in the European U-nion: Current Rules and Practices [G]. Working Paper on Constitutional Affairs Series of Directorate – General for Research of European Parliament. Luxembourg. 2003.

[143] LEIF T., SPETH R.. Die fünfte Gewalt: Lobbyismus in Deutschland [M]. Bonn: VS Verlag für Sozialwissenschaften, 2006.

[144] LEVITT T.. The Third Sector: New Tactics for a Responsive Society [M]. New York: Amacom, 1973.

[145] LIEBERT U., TRENZ H.. Civil society and the reconstitution of democracy in Europe: Introducing a new research field [J]. Policy and society, 2009, 28 (1).

[146] LIPSET S. M.. Political Man: The Social Bases of Politics [M]. Garden City: Doubleday, 1960.

[147] LIPSET S. M., ROKKAN S.. Cleavage Structures, Party Systems, and Voter Alignments [M] // LIPSET S. M., ROKKAN S.. Party Systems and Voter Alignments. New York: The Free Press of Glencoe, 1967: 1 – 64.

[148] LORD C.. Democracy in the European Union [M]. Sheffield Academic Press, 1998.

[149] LORD C.. Parliamentary Representation in a Decentered Polity [M] // KOHLER – KOCH B., RITTBERGER B.. Debating the Democratic Legitimacy of the European Union. Lanham: Rowman&Littlefield, 2007: 129 – 156.

[150] LÖSCHE P.. Schadet Lobbyismus der Demokratie – Verbände können den Staat entlasten [J]. Kulturaustausch, No. 2/2007.

[151] LOTTMAN H. R.. Barcelona: The Translation Market in Spain's Trade Capital [J] . Publishers Weekly, 12/9/2002.

[152] MAGNETTE P.. European Governance and Civic Participation: Can the European Union be politicised? [G] . Jean Monnet Working Paper No. 6/01, Brussels. 2001.

[153] MAIR P., THOMASSEN J.. Political representation and government in the European Union [J] . Journal of European Public Policy, 2010, 17 (1): 20 -35.

[154] MAIR P.. Popular Democracy and the European Union Polity [J]. European Governance Papers (EUROGOV) No. C -05 -03, 2005.

[155] MAJONE G.. Transaction - cost efficiency and the democratic deficit [J] . Journal of European Public Policy, 2010, 17 (2): 150 -175.

[156] MAJONE G.. Europe's "Democratic De fi cit": The Question of Standards [J] . European Law Journal, 1998, 4 (1): 5 -28.

[157] MALONEY W. A., VAN DETH J.. The associational impact on attitudes towards Europe: a tale of two cities [M] // MALONEY W., VAN DETH J.. Civil Society and Governance in Europe from national to international linkages. Cheltenham, UK [u. a.]: Edward Elgar, 2008.

[158] MARCH J. G., OLSEN J. P.. Rediscovering Institutions [M]. New York: Free Press, 1989.

[159] MARCH J. G., OLSEN J. P.. Democratic Governance [M]. New York: Free Press, 1995.

[160] MARCH J. G., OLSEN J. P.. Elaborating the new Institutionalism [J] . ARENA Working Paper, 2005 (11) .

[161] MARCH J. G., OLSEN J. P.. The Logic of Appropriateness [M] // MORAN M., REIN M., GOODIN R. E.. Oxford Handbook of Public Policy. Oxford: Oxford University Press, 2006: 3.

[162] MARKS G., HOOGHE L., BLANK K.. European integration

from the 1980s: state – centric vs. multi – level governance [J] . Journal of European Common Market, 1996, 34 (3) .

[163] MAURER A. . Committees in the EU system: a deliberative perspective [M] // ERIKSEN E. O. , JOERGES C. , NEYER J. . European Governance, Deliberation and the Quest for Democratisation. ARENA REPORT 2/03. Oslo/Florence, 2003.

[164] MAVRIKOS – ADAMOU T. . Challenges to democracy building and the role of civil society [J] . Democratization, 2010, 17 (3): 514 – 533.

[165] MAYNTZ R. . Verbände Zwischen Mitgliederinteressen und Gemeinwohl [M] . Gütersloh: Verl. Bertelsmann – Stiftung, 1992.

[166] MAYNTZ R. . Governing Failures and the Problem of Governability: some comments on a theoretical paradigm [M] // KOOIMAN J. . Modern Governance. New Government Society Interactions. London: Sage, 1993: 1 – 9.

[167] MAYNTZ R. . Policy – Netzwerke und die Logik von Verhandlungssystemen [M] // HERITIER A. . Policy Analyse. Kritik und Neuorientierung (PVS – Sonderheft 24), 1993.

[168] MAYNTZ R. . Governance im modernen Staat [M] // BENZ A. . Governance – Regieren in komplexen Regelsystemen. Eine Einführung. Wiesbaden: VS Verlag für Sozialwissenschaften, 2004: 65 – 76.

[169] MCLEAN I. , MCLEAN A. . The concise Oxford dictionary of politics [M] . Oxford: Oxford University Press, 2009.

[170] MITTAG J. . Civil Society and European Integration: New Democratic Forces in the European Union? [C] . Paper for the conference Interest groups in the 21st century in France and Europe, 2004.

[171] MOELLER K. . European Governmentality or decentralizd network governance? The case of European employment strategy [G] . RECON

Online Working Paper 2010/08.

[172] MORAVCSIK A.. In defence of the democratic deficit: reassessing legitimacy in the European Union [J]. Journal of Common Market Studies, 2002, 40 (4).

[173] NAIDOO K.. Civil Society Accountability: Who Guards the Guardians? [R]. (CIVCUS) Speech on 3 April 2003. New York: UN.

[174] NASSMACHER H.. Politikwissenschaft (4. Auflage) [M]. München, Wien: Oldenbourg, 2002.

[175] NESHKOVA M.. Local and Regional Interest and Democratic Representation in the EU [C]. Paper presented at annual meeting of MPSA Annual National Conference, Hilton, Chicago, April 03, 2008.

[176] NEUHOLD C.. The European Parliament: a venue for "civil society interests"? [C]. Contribution for Workshop? "The Institutional Shaping of EU – Society Relations"?, CONNEX Research Group 4, Mannheim, 14 – 15 October 2005.

[177] NEWTON K.. Trust, Social Capital, Civil Society, and Democracy [J]. International Political Science Review, 2001, 22 (2): 201 – 214.

[178] NEYER J.. Globale Demokratie. Eine zeitgemä Æ e Einführung in die internationalen Beziehungen [M]. Nomos, 2002.

[179] O' CONNOR B.. Some Basic Ideas on Decision Making and Lobbying in the European Union [G]. Liuc papers No. 47, Serie Impresa e Istituzioni. November 3, 1997.

[180] OLSEN J. P.. Institutional Design in Democratic Contexts [G]. ARENA working paper 96/No. 27, 1996.

[181] PARKINSON J.. Legitimacy Problems in Deliberative Democracy [J]. Political Studies, 2003, 51: 180 – 196.

[182] PASHA M. K., BLANEY D.. Elusive Paradise: the promise

and peril of global civil society [J] . Alternatives, 1998, 23 (4) .

[183] PEETERS M. A.. The principle of participatory democracy in the new Europe: a critical analysis [C] . Paper for the Conference on "Nongovernmental organizations: the growing power of an unelected few" . American Enterprise Institute. June 11, 2003.

[184] PERSSON T.. Democratizing European Chemicals Policy: Do Consultations Favor Civil Society Participation? [J] . Journal of civil society, 2007, 3 (3): 223 –238.

[185] PETERS B. G.. Is it the Institutions? Explaining the Failure of Health Care Reform in the United States [J] . Public Policy and Administration, 1996, 11 (1): 8 –25.

[186] PITKIN H. F.. The Concept of Representation [M] . Berkeley and Los Angeles: University of California Press, 1967.

[187] Pleines H.. Is this the way to Brussels? CEE civil society involvement in EU governance [J] . Acta Politica, 2010, 45: 229 – 246 (14 April 2010) .

[188] POLLACK J. , et al. On Political Representation, myths and challenges [G] . RECON Online Working Paper, 2009/03, 2009.

[189] POWELL G. B. Jr. Political Cleavage Structure, Cross – Pressure Processes, and Partisanship: An Empirical Test of the Theory [J]. American Journal of Political Science, 1976, 20 (1): 1 –23.

[190] PRICE R. G.. Redefining the political spectrum: the rational spectrum [EB/OL] . rationalrevolution. net, 2004. (March 11, 2009) .

[191] PUTNAM R. D.. Bowling Alone: America's Declining Social Capital [J] . Journal of Democracy, 1995, 6 (1): 65 –78.

[192] QUITTKAT C. , FINKE B.. The EU Commission Consultation Regime [M] // KOHLER – KOCH B. , DE BIèVRE D. , MALONEY W.. Opening EU – Governance to Civil Society [CONNEX Report Series /

No. 5〕. Mannheim, 2008: 183 – 222.

［193］REIN M. , SCHÖN D. . Frame – Reflective Policy Discourse ［M］// WAGNER P. C. , WEISS H. , WITTROCK B. , et al. Social Sciences and Modern States, National Experiences and Theoretical Crossroads. Cambridge: University Press, 1991.

［194］REKTOR L. . Advocacy – The Sound of Citizen's Voices, A position paper from the Advocacy Working Group ［EB/OL］. 2002. http: // www. ginsler. com/documents/sound_ of_ citizens_ voices. pdf, Febrary 17, 2009.

［195］RINGQUIST E. J. , WORSHAM J. , EISNER M. A. . Salience, Complexity, and the Legislative Direction of Regulatory Bureaucracies ［J］. Journal of Public Administration Research and Theory, 2003, 13 (2): 141 – 164.

［196］RITTBERGER B. . The historical origins of the EU's system of representation ［J］. Journal of European Public Policy, 2009, 16 (1): 43 – 61.

［197］ROEHRIG J. . Bruessel en bloc, Lobbyisten bleiben undercover ［J］. Der Stern, 04 July 2008.

［198］ROSAMOND B. . Theories of European Integration ［M］. Palgrave Macmillan, 2000.

［199］ROSENAU J. N. , CZEMPIEL E. . Governance without Government: Order and Change in World Politics ［M］. Cambridge University Press, 1992.

［200］RUDZIO W. . Die organisierte Demokratie: Parteien und Verbände in der Bundesrepublik ［M］. Stuttgart: Metzler, 1982.

［201］RUZZA C. , BOZZINI E. . Organised Civil Society and European Governance: Routes of Contestation ［J］. European Political Science, 2008, 7 (3): 296 – 303.

[202] RUZZA C. , DELLA SALA V.. Governance and Civil Society in the European Union (Vol. 1: Normative Perspectives) [M] . Manchester: Manchester University Press, 2007.

[203] RUZZA C.. EU Public Policies and the Participation of Organized Civil Society [G] . Working Papers del Dipartimento di studi sociali e politici, Università degli studi di Milano, 2005 - 11 - 25.

[204] SABEL C. F. , ZEITLIN J.. Learning from Difference: the New Architecture of Experimentalist Governance in the EU [J] . European Law Journal, 2008, 14 (3): 271 - 327.

[205] SALAMON L. M.. The Rise of the Nonprofit Section [J]. Foreign Affairs, 1994, 74 (3): 109.

[206] SáNCHEZ - SALGADO R. Giving a European dimension to civil society organizations [J] . Journal of Civil Society, 2007, 3 (3) .

[207] SAURUGGER S.. "Organized civil society" as a legitimate partner in the European Union [EB/OL] . http: //www. ceri - sciences - po. org, 2007.

[208] SCHARPF F.. Governing in Europe － Effective and Democratic? [M] . Oxford: Oxford University Press, 1999.

[209] SCHARPF F.. Economic and Institutional Constraints of Full － employment Strategies. Sweden, Austria, and Western Germany, 1973 － 1982 [M] // GOLDTHORPE J H. Order and Conflict in Contemporary Capitalism. Oxford: Clarendon Press, 1984: 257 - 290.

[210] SCHMID J.. Wohlfahrtsstaat [M] // NOHLEN D. , GROTZ F.. Kleines Lexikon. Bonn: Bundeszentrale für politische Bildung, 2008: 643.

[211] Schmidt V. A.. Discursive Institutionalism: the explanatory power of ideas and discourse [J] . Annual Review of Political Science, 2008 (11): 303 - 326.

[212] SCHMITTER P. C. , LEHMBRUCH G. . Trends towards corpo-ratist intermediation [M] . Beverly Hills: Sage Publications, 1979.

[213] SCHMITTER P. C. . Modes of interest intermediation and models of societal change in Western Europe [M] // SCHMITTER P. C. , LEHM-BRUCH G. . Trends toward corporatist intermediation. London and Beverly Hills: Sage Publications, 1979: 63 –94.

[214] SCIGLIANO R. . Representation [M] // LIPSET S. M. . Ency-clopaedia of Democracy. London: Routledge, 1995: 1054 –1058.

[215] SCOTT W. R. . Institutions and Organizations (2nd edition) [M]. Thousand Oaks: Sage, 2001.

[216] SISSENICH B. . Weak states, weak societies: Europe's east – west gap [J] . Acta Politica, 2010, 45: 11 –40 (14 April 2010) .

[217] SMISMANS S. . Civil Society and Legitimate European Govern-ance [M] . Cheltenham: Edward Elgar, 2006.

[218] SMISMANS S. . New Modes of Governance and the Participatory Myth [J] . European Governance Papers (EUROGOV) No. N – 06 – 01, 2006.

[219] SMISMANS S. . The European Economic and Social Committee: towards deliberative democracy via a functional assembly [J] . European In-tegration online Papers (EIoP), 2000, 4 (12) .

[220] SMISMANS S. . "Civil Society" in European Institutions Dis-courses [C] . Paper presented to the ECPR joint sessions, 2002: 19 –20.

[221] SMISMANS S. . European Civil Society: Shaped by Discourse and Institutional Interests [J] . European Law Journal, 2003, 9 (4) .

[222] SMISMANS S. . Law, legitimacy, and European governance: functional participation in social regulation [M] . Oxford [u. a.]: Oxford University Press, 2004.

[223] SOTIROPOULOS D. A. , KARAMAGIOLI E. . Greek Civil Soci-

ety: The Long Road to Maturity ［R］. CIVCUS report, 2006.

　　［224］STEFFEK J. , NANZ P. . Emergent Patterns of Civil Society Participation in Global and European Governance ［M］// STEFFEK J. , et al. Civil Society Participation in European and Global Governance, A Cure for the Democratic Deficit? London: Palgrave, 2007: 1 – 29.

　　［225］STEFFEK J. , et al. Assessing the democratic legitimacy of transnational CSOs: five criteria ［G］. TranState Working Paper, Bremen: SFB 597. Staatlichkeit im Wandel, 2009.

　　［226］STEFFEK J. , SMISMANS S. . Civil Society participation in European Governance ［G］. NEWGOV Policy Brief, No. 11, 2007.

　　［227］Sudbery I. . The European Union as political resource: NGOs as change agents? ［J］. Acta Politica, 2010, 45: 136 – 157 (14 April 2010).

　　［228］TAKAHASHI M. . Transition in Welfare Model: The Case Study of Finland and Its Theoretical Implications on Welfare Model ［J］. Shimane journal of policy studies, 2003 (6): 31 – 48.

　　［229］TOCQUEVILLE A. . De la dèmocratie en Amerique ［M］. collection 10/18. Paris, 1963 .

　　［230］TÖMMEL I. . Civil society in the EU: a strong player or a fig – leaf for the democratic deficit? (Policy Brief) ［C］. Canada – Europe Transatlantic Dialogue: Seeking Transnational Solutions to 21st Century Problems. March 2010.

　　［231］TRENZ H. . The imaginary of a European Civil Society ［C］. Paper presented at RECON WP5 Kick – Off International Conference: "Reconstituting Democracy from below: New Approaches to Civil Society and the Public Sphere", Delmenhorst, May 17 – 19, 2007.

　　［232］TRENZ H. . European civil society: Between participation, representation and discourse ［J］. Policy & Society, 2009, 28 (1): 35 – 46.

［233］ VIELER A.. Interessen, Gruppen und Demokratie, Eine sozialökonomische Untersuchung über den Einfluss von Interessen Verbänden auf wirtschaftspolitische Entscheidungen ［M］. Tübingen: Mohr Siebeck, 1986.

［234］ VOGEL J. , et al. Statistics Sweden – Associational Life in Sweden ［R］. Living Conditions Report, 2003, 101.

［235］ WALLACE H. , WALLACE W.. Policy – making in the European Union ［M］. Oxford University Press, 2005.

［236］ WARLEIGH A.. "Europeanizing" civil society: NGOs as agents of political socialization ［J］. Journal of Common Market Studies, 2001, 39 (4): 619 – 639.

［237］ WARLEIGH A.. The hustle: citizenship practice, NGOs and "policy coalitions" in the European Union – the cases of auto oil, drinking water and unit pricing ［J］. Journal of European Public Policy, 2000, 7 (2): 229 – 243.

［238］ WARLEIGH A.. Democracy in the European Union: Theory, Practice and Reform ［M］. London: SAGE, 2003.

［239］ WARREN M. E.. Citizen Participation and Democratic Deficits: Considerations from the Perspective of Democratic Theory ［M］ // DEBARDELEBEN J. , PAMMETT J.. Activating the Citizen: Dilemmas of Participation in Europe and Canada. Palgave MacMillan, 2009.

［240］ WEBER J.. Die Interessengruppen im politischen System der Bundesrepublik Deutschland ［M］. Stuttgart ［u. a. ］: Kohlhammer, 1977.

［241］ WEBER M.. Economy and Society ［M］. California: University of California Press, 1913.

［242］ WEBSTER R.. What drives interest group collaboration at the EU level? Evidence from the European environmental interest groups ［G］. European Integration online Papers (EIoP), 2000, 4 (17): 2000.

［243］ WEILER J.. Fundamental Rights and fundamental boundaries:

on standards and values in the protection of human rights [M] // NEU-WHAL N. A. , ROSAS A. . The European Union and Human Rights. The Hague, Kluwer, 1995: 51 - 76.

[244] WESSELS B. . Interest Groups and Political Representation in Europe [C] . Paper presented at the joint sessions of workshops of the ECPR, Bern, 27 February - 4 March 1997.

[245] WHITE G. , et al. Civil Society and Governance [Z] . A concept paper of project Civil Society and Governance funded by the Ford Foundation, 1999 (2006 - 2 - 28) .

[246] WIENER A. . Analysing Democratic Legitimacy Collaboratively Civil Society and Governance [J] . European Integration, 2007, 29 (3): 381 - 385.

[247] WILLIAMSON P. F. . Corporatism and Neocorporatist Theory [M] // THOMAS C. S. . Research Guide to U. S. and International Interest Groups. Westport, Connecticut: Praeger Publishers, 2004: 48 - 53.

[248] World Bank. Working with NGOs: A Practical Guide to Operational Collaboration between the World Bank and Non - Governmental Organizations [R] . Operations Policy Department, World Bank, 1995, 29.

[249] YOUNG L. , EVERITT J. . Advocacy groups [M]. Vancouver, BC: UBC Press, 2004: 5.

[250] ZIMMER A. , SITTERMANN B. . Brussels Civil Society [C]. Working Papers of ISTR Sixth International Conference "Contesting Citizenship and Civil Society in a Divided World" . Ryerson University and York University, Toronto, Canada, July 11 - 14, 2004.

[251] ZIMMER A. , SITTERMANN B. . Brussels Civil Society [C]. ISTR Conference working papers series, 2005.

[252] ZIMMER A. , FREISE M. . Bringing Society Back in: Civil Society, Social Capital, and Third Sector [M] // MALONEY W. A. , VAN

DETH J. W.. Civil Society and Governance in Europe. From national to international linkages. Cheltenham & Northampton: Edward Elgar, 2008: 19 – 44.

[253] ZIMMER A.. Governance and Civil Society [G]. Nachwuchsgruppe "Europäische Zivilgesellschaft und Multilevel Governance" – NEZ – Working Paper, 2007.

[254] ZITTEL T.. Participatory Engineering: Theoretical Assessment and Empirical Findings [M] // KOHLER – KOCH B., DE BIèVRE D MALONEY W.. Opening EU – Governance to Civil Society. Mannheim: CONNEX Report Series /Nr. 5, 2008: 119 – 144.

欧盟官方文件

[1] European Commission. Promoting the role of voluntary organizations and foundations in Europe. COM (1997) 0241 final, 1997.

[2] European Commission. Consultation and participation of civil society. (Group 2a). Report of working group, 2000.

[3] European Commission. Communication from the Commission of 2nd December 1992 "An open and structured dialogue between the Commission and special interest groups". OJ C 63, 5/3/1993.

[4] European Commission. Discussion Paper "The Commission and Non Governmental Organizations: Building a Stronger Partnership". COM (2000) 11 final, 2000.

[5] European Commission. European Governance – A White Paper. COM (2001) 428 final, 2001.

[6] European Commission. Communication from the Commission "Towards a reinforced culture of consultation and dialogue – General principles and minimum standards for consultation of interested parties by the Commis-

sion". COM（2002）704 final, 2002.

［7］European Commission. Communication from the Commission. European Governance：better regulation. COM（2002）275 final, 2002.

［8］European Commission. REPORT ON EUROPEAN GOVERNANCE （2003 – 2004）. SEC（2004）1153, 2004.

［9］European Commission. Green paper "European Transparency Initiative". COM（2006）194 final, 2006

［10］European Commission. White paper ON A EUROPEAN COMMUNICATION POLICY. COM（2006）35 final, 2006.

［11］European Economic and Social Committee. OPINION on The role and contribution of civil society organizations in the building of Europe. CES 851/1999, 1999.

［12］European Economic and Social Committee. OPINION on the Commission discussion paper. CES 811/2000, 2000.

［13］European Economic and Social Committee. OPINION on "Organized civil society and European governance：the Committee's contribution to the drafting of the White Paper". CES 535/2001, 2001.

［14］European Economic and Social Committee. FINAL REPORT of the ad hoc group on "Structured cooperation with European civil society organizations and networks". CESE 1498/2003 fin, 2003.

［15］EP. EU lobbying under spotlight. Focus. 20080414FCS26459, 2008.

［16］European Commission. Communication from the Commission. Follow – up to the Green Paper 'European Transparency Initiative'. COM （2007）127 final, 2007.

［17］Commission Staff Working Document. 2007. Results of the Commission Consultation on the Green Paper 'European Transparency Initiative'. SEC（2007）360. on 21 March 2007.

[18] European Commission. Green paper Public access to document held by institutions of the European community, a review. COM (2007) 185 final, 2007.

[19] European Commission. Europe in figures – Eurostat statistical yearbook 2008.

致　谢

感谢国家留学基金委和德国学术交流中心（DAAD）给我提供了在曼海姆大学欧洲社会研究中心（MZES）留学两年撰写博士论文的机会，使我扩大了视野、增长了学术修养。

感谢德国曼海姆大学贝阿特·科勒－科赫（Beate Kohler－Koch）教授的悉心指点，给我最严格的学术训练和专业的引导，使我修习到严谨、科学的研究方法，夯实了本专业的理论基础知识，顺利完成论文的英文初稿。

感谢恩师刘玉安教授的谆谆教导，让我明白做学问与做人同样重要，尤其是在我中文论文修改过程中付出了很多心血，给我莫大的精神鼓励。

感谢方雷教授、郇庆治教授、王学玉教授、杨鲁慧教授给予我的关心与支持，也感谢在山东大学政治学和公共管理学院求学过程中所有给我授业解惑的其他老师。感谢陈岳教授、蔡拓教授、吴志成教授提出的宝贵意见和修改建议。

最后更要感谢所有我爱的和爱我的家人、朋友给我的鼓励和支持，给我加油打气，给我强大的精神动力。因为你们的一路陪伴，我才在痛并快乐中把论文完成。

胡爱敏

2020 年 2 月 8 日